JOGADAS
DA VIDA

INSTITUTO PHORTE EDUCAÇÃO
PHORTE EDITORA

Diretor-Presidente
Fabio Mazzonetto

Diretora Executiva
Vânia M. V. Mazzonetto

Editor Executivo
Tulio Loyelo

JULIO CESAR DE SOUZA

JOGADAS DA VIDA

UMA HISTÓRIA DE AMOR E SUPERAÇÃO

Phorte
editora

São Paulo, 2009

Jogadas da vida: uma história de amor e superação
Copyright © 2009 by Phorte Editora

Rua Treze de Maio, 596
CEP: 01327-000
Bela Vista – São Paulo – SP
Tel/fax: (11) 3141-1033
Site: www.phorte.com   *E-mail*: phorte@phorte.com

Nenhuma parte deste livro pode ser reproduzida ou transmitida de qualquer forma ou por quaisquer meios eletrônico, mecânico, fotocopiado, gravado ou outro, sem autorização prévia por escrito da Phorte Editora Ltda.

CIP-BRASIL. CATALOGAÇÃO-NA-FONTE
SINDICATO NACIONAL DOS EDITORES DE LIVROS, RJ

S713j

Souza, Julio Cesar
   Jogadas da vida: uma história de amor e superação / Julio Cesar Souza. - São Paulo : Phorte, 2009.
   344p. : il.

Inclui bibliografia
ISBN 978-85-7655-211-6

1. Souza, Julio Cesar. 2. Jogadores de futebol - Brasil - Biografia. I. Título.

09-0606.   CDD: 927.96334
                 CDU: 929.796.332

10.02.09 12.02.09   010983

Impresso no Brasil
Printed in Brazil

FOTO 1 – Edison de Souza.

Este livro é dedicado ao meu querido pai, que me ensinou a perseguir os meus sonhos com amor, perseverança e, acima de tudo, com toda a força do meu coração.

Julio Cesar de Souza

AGRADECIMENTOS

Este é um momento extremamente delicado e importante para que não sejamos injustos em esquecer de alguém.

São tantos a agradecer!

Entretanto, de uma forma geral, agradeço a todos aqueles que, durante minha trajetória, foram verdadeiras "pontes" que Deus colocou em meu caminho, e pelas quais eu pude transpor "abismos profundos" que jamais conseguiria atravessar sozinho.

FOTO 2 – Julio Cesar de Souza.

Agradeço a todos os meus mestres que tiveram a paciência, o carinho e a abnegação necessária para sempre me mostrar os caminhos do bem.

Aos meus pais e irmãos, que foram coautores desta trajetória, vivenciando muitas das emoções aqui narradas.

Agradeço aos meus ídolos de infância, Félix, Leivinha, Zé Maria e Badeco, que deram rumo à minha vida quando me fizeram sonhar.

Quero agradecer ao meu filho Leonardo, que nunca reclamou do fato de se privar de suas brincadeiras prediletas na companhia de seu pai, para que este livro fosse escrito.

Também agradeço à professora Solimar Garcia, que se empenhou ao máximo para que este projeto se tornasse realidade.

Não poderia deixar de agradecer ao meu grande amigo e mentor, Professor Roberto W. Dias, o maior responsável por esta nova etapa da minha trajetória, como também ao Leonel, coordenador da SIRCESP, que serviu de ponte para que a Phorte Editora viesse a publicar este livro.

Agradeço à Phorte Editora, em particular ao editor-executivo Tulio Loyelo, que, desde o primeiro momento, acreditou que esta história pudesse fazer a diferença na vida das pessoas, contribuindo para um mundo melhor.

Obrigado a René da Silva, que sempre me incentivou e orientou por meio da sua experiência, conhecimento e elevação espiritual, para que este projeto proporcionasse desenvolvimento pessoal e inclusão social a tantos quanto dele tomassem conhecimento.

Um agradecimento à Mônica Nunes, que me ingressou nos caminhos da espiritualidade, usando toda sua doçura e candura, para exemplificar a força do amor.

Por fim, agradeço a Deus, que, em meu coração, sempre esteve presente, cuidando, orientando e intuindo para que eu escolhesse os caminhos que levariam ao meu desenvolvimento e de tantos outros que estivessem à minha volta.

Julio Cesar de Souza

Apresentação

Nasci na cidade de Osvaldo Cruz, no interior de São Paulo e ainda criança fui com minha familia para Marília, outra cidade do interior. Marília se tornou minha cidade, e foi lá que iniciei minha carreira de radialista. Não foi nada fácil para mim. Mas não me faltaram determinação e vontade de vencer.

Meu sonho era ser narrador de futebol e conseguir me sobressair no meio esportivo. Ainda muito jovem, recebi a chance de me mudar para São Paulo e ser contratado pela Rádio Jovem Pan. Quando já tinha destaque no rádio da capital, conheci um atacante rápido, habilidoso e preciso nos arremates ao gol. Era Julio Cesar, que estava iniciando no Corinthians. Logo me identifiquei com aquele garoto alegre e determinado, que prometia encantar e jogava com estrelas como Sócrates, Vladimir, Casagrande, Zenon e Zé Maria, na época daquele maravilhoso time da Democracia Corinthiana.

Julio Cesar fez parte do Timão bicampeão paulista em 1982 e 1983. Eu sempre me encantava com o futebol do jovem chileno e filho de pais brasileiros que estava se destacando no Corinthians. Voltei a encontrá-lo em uma das maiores manifestações políticas que já houve no Brasil, o comício pelas Diretas Já, em que lutávamos a favor da mesma ideologia: a democracia do país. Em 1985, na cidade de Ribeirão Preto, Julio Cesar e eu fomos homenageados por toda a imprensa paulista. Eu, como melhor narrador, e ele, como artilheiro do interior paulista, jogando pelo Comercial de Ribeirão Preto. Eu já trabalhava na Rádio Globo e também na Rede Globo, apresentando o Globo Esporte, e foi com emoção muito grande que narrei todos os gols desse menino que eu já admirava. Julio Cesar foi jogar na Europa e nós nunca mais tivemos contato.

Entretanto, quis Deus que encerrássemos nossas carreiras pela fatalidade das respectivas deficiências.

Porém, fico muito feliz em reencontrá-lo neste momento e saber que ele superou sua surdez para desenvolver um projeto que beneficia milhares de crianças surdas pelo futebol e pelo esporte. Sinto-me honrado e orgulhoso em fazer este depoimento para este livro. Julio Cesar, que conheci ainda menino, exemplifica e ilumina a vida de todos. Este livro ajudará a melhorar o mundo. Parabéns, Julio Cesar, você é um vencedor, dentro e fora dos gramados.

Existem pessoas que vêm à Terra para mostrar o caminho e guiar multidões. Julio Cesar é uma delas.

Osmar Santos,
narrador esportivo

FOTO 3 – Osmar Santos.

Sumário

Introdução 15

Parte primeira

    Capítulo um – O início
        Copa de 70...................... 19
        Copa de 62...................... 21
        Meu nascimento.................. 22
        Descoberta do sonho 25
        A rua de cima................... 28
        Descoberta do ídolo............. 32
        A família....................... 35
        A infância...................... 40
        Aulas de catecismo 49
        Além da Lei da Atração 55
        A escola........................ 57
        Portuguesa de Desportos.......... 59
        Treinos 62

    Capítulo dois – Futebol
        Teste no Palmeiras............... 65
        Presente inesperado.............. 70
        O terremoto..................... 72
        Viagem ao Chile................. 78
        Teste no Corinthians............. 80
        As dificuldades.................. 85
        O estádio como lar............... 95
        Volta por cima 100
        O alojamento.................... 110
        Natal com a família.............. 113
        Volta aos treinos................ 117
        Início da Democracia Corinthiana...... 121

Capítulo três – Futebol
    Estreia no profissional 129
    Papel social do futebol 136
    O ídolo 138
    Copa de 82. 139
    A força da democracia 141
    Depoimento do Zé Maria 143
    O prêmio 147
    Natal feliz. 149
    Saída do Corinthians 150
    Comercial de Ribeirão Preto – 1984. . . . 152
    O asilo 154
    O artilheiro. 165
    Europa 170
    Portugal 173
    Bélgica. 177
    Contrato milionário. 184
    A contusão 186
    Volta ao Brasil 191
    Presente de Deus. 196
    Depoimento de Félix 197
    Novos objetivos 202
    Meu Casamento. 205

Capítulo quatro – A surdez
    Em busca de soluções 207
    Volta ao futebol 210
    Clínica de dependência química 211
    Cooperesportes 216
    Depoimento de Badeco 216
    Depoimento de Leivinha. 219
    Negritude Junior 221
    Nascimento de Leonardo 229
    Parque da Aclimação 231
    Depoimento do Dr. Joaquim Grava 233

PARTE SEGUNDA

Capítulo cinco – Superação da surdez
Verdadeira missão 241
Depoimento de Vanessa Vidal 245
Escola de Futebol de Campo para Surdos. . 246
Origem da exclusão 251
Libras e a cultura do surdo. 254
Escola da Mooca 255
Escola de Pirituba. 260
Comprovação científica 261

Capítulo seis – A missão em prática
Quadrangular de futebol 269
A final. 272
Inclusão social 280
Depoimento de Coutinho 281
Mudanças no projeto 285
Projeto educação do surdo na Mooca . . 296
Projeto esportivo em Pirituba. 297
Escola da Vila Nova Cachoeirinha 300
Palestras em universidades 305
Festival Esportivo de Surdos 309
Depoimento de Mara Gabrilli. 319

EPÍLOGO 325
APÊNDICE 329

Introdução

Esta é a história de um menino que, como tantos, descobriu ainda cedo o amor pelo futebol. O que talvez o diferenciasse dos demais foi a ousadia de buscar esse sonho com toda a força do seu coração.

A partir dos 6 anos, Deus foi revelando-me os caminhos que eu deveria seguir, e, por meio de nossas conversas, mostrou-me como isso deveria ser feito.

Isso pode soar um pouco irreal, mas garanto ao leitor que foi exatamente como aconteceu. Entretanto, não sou um privilegiado, pois é assim que Deus age com todos, basta que cada um esteja aberto ao canal da espiritualidade

Muitos têm me chamado de "iluminado", outros de "escolhido", mas na verdade somos nós que escolhemos estar ou não à altura dos desígnios que Deus tem para cada um de seus filhos, de acordo com os Seus propósitos. Muitas vezes, esses propósitos exigem a renúncia de nós próprios, mas quando escolhemos os caminhos do amor com entusiasmo e confiança, acontecimentos inimagináveis se descortinam à nossa frente, contribuindo para nosso crescimento espiritual e de tantos outros que estejam à nossa volta.

Portanto, o maior segredo que Deus me revelou e que foi, posteriormente, comprovado pela minha trajetória, é o de que:

QUANTO MAIS PENSAR QUE ESTÁ DANDO, É QUANDO MAIS ESTARÁ RECEBENDO!

Por isso, somos nós que escolhemos o nosso destino. Fazemos isso todos os dias, por meio de nossas atitudes, pensamentos, sentimentos e palavras, tornando-nos os grandes responsáveis por nossa felicidade ou vítimas de nós mesmos!

Meu único intuito ao escrever este livro é o de mostrar ao leitor que, mesmo não sendo ainda perfeitos, somos infinitamente amados por Deus. A cada curva dos caminhos da vida, Ele nos presenteia com oportunidades de nos elevar e contribuir para o desenvolvimento do todo, subindo, assim, os degraus de uma escada que termina em nosso inevitável destino. O seio do Criador!

Este livro é, portanto, um tributo a Deus e ao Seu amor por todos os Seus filhos, e foi com este amor que se iniciou a primeira de muitas das minhas jogadas da vida!

Parte primeira

Capítulo Um
O Início

Copa de 70

O sol ameno fazia agradável aquela tarde de 3 de junho. Nas ruas, todos tinham pressa de chegar em casa: ninguém queria perder o início do jogo.

Naquele ano de 1970, pela primeira vez, seria transmitida, ao vivo pela televisão, a Copa do Mundo de Futebol, e, naquela tarde, a Seleção Brasileira faria sua estreia contra a Tchecoslováquia. A equipe canarinho fora para o México desacreditada, mas tínhamos em Pelé a grande esperança de devolver um pouco da alegria que nosso povo havia perdido com a repressão da ditadura militar.

Para Edison, a falta de liberdade de expressão era motivo de grande preocupação, pois isso interferia muito em seu trabalho de publicitário. Optara por morar no distante bairro de Pirituba... Pelo menos seus três filhos não iriam crescer na agitação central que havia naqueles tempos. Há pouco chegara do trabalho, e Odette, sua prestimosa esposa, aguardara-o com o almoço pronto, pois sabia que o marido queria descansar antes do jogo.

A transmissão da Copa começara e mostrava o gramado do estádio Jalisco, no México, quando Edison veio sentar-se em sua poltrona predileta. Só via futebol de 4 em 4 anos, mas, nessas ocasiões, torcia muito. Tivera a oportunidade de presenciar uma Copa e, apesar de nunca ter chutado uma bola, adorava futebol.

Chamou pela esposa, que chegou à sala limpando as mãos no avental. Estava fazendo um bolo de chocolate e esperava que pudessem comê-lo após o jogo, em comemoração à primeira vitória do Brasil. Sentou-se no sofá e estendeu o olhar, procurando pelos filhos. Denise, com menos de 2 anos, dormia no quarto, e Ricardo e Julio Cesar brincavam no canto da sala, alheios ao que passava na televisão. Ricardo era mais velho e, por isso, recebera todas as honras da casa. Crescera assim, uma criança calma e segura. Era dócil. Tinha os cabelos escuros e os olhos castanhos da mãe.

Seu porte avantajado beirava a obesidade, por isso preferia atividades intelectuais. Sobressaía-se pela inteligência, e os óculos que usava contribuíam para seu ar professoral. Com apenas 8 anos, era o melhor aluno da classe.

Julio Cesar era inquieto, parecia sempre estar à procura de algo, talvez a segurança e o amor que não sentia como segundo filho. Era magro e ágil, o que facilitava atividades físicas que tanto adorava. Tinha cabelos loiros e lindos olhos azuis, como o pai. Sua inteligência era prática e sua mente, aguçada. Sua forte personalidade contrastava com seu jeito carinhoso e sensível. Odette olhou para ele. Lembrou-se das dificuldades que passou para ter esse filho... Uma ponta de amor invadiu seu coração. Esticou o braço e afagou os cabelos loiros do menino... Nesse momento, ouviu o Hino Nacional, virou-se para a televisão e reparou que o adversário do Brasil, a equipe da Tchecoslováquia, era a mesma que havia disputado a final na Copa do Mundo de 1962! Odette começou a cantar o hino e essas lembranças a fizeram voltar ao passado...

COPA DE 62

Era final da Copa de 1962. O estádio nacional de Santiago do Chile estava completamente lotado. Odette aguardava ansiosa. Havia dois anos que ela mudara-se com o marido para o Chile, mas sentia saudades do Brasil. Tudo que a fazia lembrar de seu país era motivo de prazer. Por isso, ir ao estádio ver a seleção canarinho era um privilégio.

A Seleção do Brasil era a grande favorita contra a equipe da Tchecoslováquia e já estava em campo para o início da partida.

Pelé havia se machucado e passara quase toda a Copa fora da equipe, mas Garrincha estava "endiabrado" e não deixou ninguém sentir falta do famoso Camisa 10. Havia feito dois gols contra o Chile, e o Brasil jogou tão bonito que os próprios chilenos passaram a torcer pela nossa Seleção.

Começa o jogo. A tensão dos primeiros momentos é grande, até que o Brasil leva um susto! A Tchecoslováquia faz 1 x 0! O Brasil vai para cima do adversário e empata com um gol de Amarildo. A partir daí, a Seleção Brasileira faz jus a seu papel de favorita marcando mais dois gols fechando o placar em 3 x 1!

Parecia que a partida era no Brasil, tamanha a comemoração dos chilenos. Odette e Edison se emocionaram ao ouvir o apito final. Foi difícil segurar as lágrimas. O Brasil era bicampeão mundial. Meus pais tinham muitos motivos para comemorar.

No dia seguinte, foram à concentração do Brasil parabenizar os jogadores, levando o filho Ricardo, de apenas 3 meses. Todos os jogadores da seleção fizeram questão de assinar o babador daquele garotinho recém-nascido, que era o mais novo campeão do mundo.

FOTO 4 – Estádio Nacional de Santiago, Chile.

FOTO 5 – Papai, mamãe e Garrincha segurando meu irmão Ricardo. Concentração da Seleção, 1962.

Meu nascimento

Passados alguns meses, meu pai foi transferido e a família mudou-se para a cidade de Viña del Mar.

Essa mudança foi difícil, pois deveriam separar-se de Ivo e Kátia, que permaneceram em Santiago.

Ivo era também publicitário e foi quem levou Edison para trabalhar naquela agência de propaganda no Chile. Os dois tinham vindo juntos para aquele país, facilitando a adaptação em terras estrangeiras. Ivo e Kátia eram padrinhos de batismo de Ricardo e, posteriormente, viriam também a ser os meus. Esse foi o motivo de maior união entre aquele casal de amigos e meus pais.

Havia seis meses que a Copa tinha terminado e, em alguns dias, seria Natal. Apesar da distância do Brasil, Odette estava feliz, pois havia se adaptado bem àquele país, onde fizera vários amigos; além disso, amava o filho e o marido. Passaram bem as festas natalinas e, logo no começo do ano, tiveram ótimas novidades. No final do mês de fevereiro, recebeu a grande notícia: estava grávida novamente. Edison vibrou de alegria ao saber que seria pai novamente e comemoraram com um bom vinho chileno.

Passada uma semana, marcou uma outra consulta, pois o médico lhe havia pedido alguns exames e, assim que o marido chegou do trabalho, dirigiram-se para o consultório. Após avaliação dos exames, o médico daria a triste notícia:

— A senhora tem um grave problema de falta de cálcio no organismo e não conseguirá formar os ossos do bebê. O risco de vida para a senhora é muito grande, e a criança poderá nascer com todo tipo de problema. Com este quadro, não me resta nada a fazer senão aconselhá-la a tirar o bebê por meio de um aborto.

Odette quase perdeu os sentidos... Parecia que sua cabeça iria explodir! Edison ficou tão chocado que não conseguia falar. Foi a mulher que, em prantos, quebrou o silêncio:

— Mas, doutor! Não há nada que se possa fazer?

E o doutor respondeu:

— Infelizmente não, sra. Odette. Sinto muito.

Tal operação foi marcada duas semanas depois. Os dias antecedentes pareceram-lhe uma eternidade. Católica fervorosa, pediu muito para que lhe fosse dada uma luz que a auxiliasse. Orava todos os dias. Entretanto, o momento havia chegado, e, acompanhada do marido, dirigiu-se ao local. Estava na clínica aguardando ser chamada, e, em alguns minutos, tudo estaria consumado. Pensou no filho com infinito amor e duas lágrimas rolaram pela sua face. Sua sensibilidade de mãe lhe dizia que não estava sozinha naqueles derradeiros momentos. Foi então que sentiu uma paz enorme abraçá-la com muito amor, parecendo dizer-lhe o que fazer. Foi o bastante para tomar uma decisão que há muito sabia que era a certa. Sentiu-se confiante e, nesse exato momento, quando a porta do consultório se abriu, ela viu a figura do médico dizendo:

— Vamos entrar, sra. Odette? Fique calma que tudo dará certo.

Odette, calmamente, segurou a mão do marido e entrou no consultório. Esperou que o médico e ele se sentassem e, tomada de uma decisão irrevogável, disse:

— Doutor, eu já me decidi. Não vou tirar meu filho. Vou enfrentar esta gravidez com todas as minhas forças e, se no final algo acontecer a mim ou ao meu bebê, eu recebo com a consciência tranquila por ter feito o que me cabia. Coloco nas mãos de Deus.

Diante dessa decisão, não restou ao médico outra alternativa senão começar imediatamente um rigoroso tratamento de calcificação.

Foram seis meses de angústias e preocupações mas, na madrugada de 20 de setembro de 1963, a coragem e o amor de minha mãe foram coroados com o nascimento de um bebê lindo, forte e sadio de 3,2 kg, 51 cm e grandes olhos azuis. Foi então que ela disse:

— Graças a Deus meu filho nasceu bem. Lutou tanto pela vida! Merece um nome de guerreiro! Irá se chamar Julio Cesar!

"O amor e a coragem de minha mãe me trouxeram à vida.

Eu havia vencido minha primeira grande batalha."

FOTO 6 – Eu e mamãe – 1963. Viña del Mar, Chile.

Descoberta do sonho

O barulho de um rojão traz Odette de volta à realidade dos anos 1970. Ela olhou para a televisão. O jogo havia começado e, logo nos primeiros momentos, o Brasil faz 1 x 0 contra a Tchecoslováquia. Edison solta um grito e pula da poltrona, correndo eufórico para o quarto.

Eu fiquei assustado, sem entender o que se passava, e o segui, mas, ao chegar no quarto, deparei com meu pai pulando em cima da cama, gritando de felicidade! Ele então me pegou no colo e continuou a pular. Não tardou para que meu irmão também estivesse se jogando em cima de nós.

Ouvimos mais rojões e corremos para a rua. Toda a vizinhança pulava e se abraçava e, feliz, comemorava. Eu mesmo, sem nada entender, aderi à festa. Momentos depois, voltamos para a sala, o jogo recomeçara, e eu, querendo saber o que poderia despertar tanto interesse nas pessoas, perguntei ao meu pai:

— Papai? Por que você está tão feliz?

E ele me respondeu:

— É a Copa do Mundo de Futebol! O Brasil acaba de fazer um gol!

E começou então a me ensinar como era aquele jogo e quais os seus objetivos.

Passei a prestar atenção e, após um tempo, eu tive um dos momentos mais marcantes da minha vida. Jairzinho recebe um lançamento pelo alto, espera o goleiro sair e dá-lhe um "chapéu" e, sem mesmo a bola cair, mata no peito e chuta estufando as redes do adversário, marcando um gol de placa! O Brasil explode novamente!

Eu fiquei encantado! Aquilo era como poesia pura! Passei a ver todos os jogos do Brasil e a cada vitória eu ficava mais fascinado com o futebol!

O próximo jogo seria contra a Inglaterra. Meu pai tinha nos alertado que seria um jogo muito difícil, o que de fato foi, mas, para nossa sorte, o goleiro Félix estava em uma tarde inspirada e fez defesas milagrosas, barrando todo o ataque inglês. Somente aliviamos a tensão após Jairzinho fazer 1 x 0 e dar a vitória ao Brasil. O sofrimento foi pior contra os uruguaios, pois saímos perdendo de 1 x 0, mas viramos para 3 x 1. Estávamos na final!

A Itália havia feito um jogo difícil contra a Alemanha, mas saiu vencedora. Seria nosso adversário pela disputa do título.

Chega o grande dia. O jogo começa nervoso. Brasil faz 1 x 0 e a torcida explode em festa por todo o país!

Mas a alegria durou pouco: logo depois a defesa do Brasil se atrapalha e os italianos empatam. Termina o primeiro tempo 1 x 1. No começo do segundo tempo, o Brasil faz 2 x 1 e a partir daí foi uma festa só! O jogo termina em 4 x 1, sem falar no *show*! Nós éramos tricampeões mundiais! O Brasil inteiro saiu às ruas. Todas as principais cidades estavam tomadas pela multidão que comemorava a conquista do tri, e eu ainda podia ouvir a música da Copa:

"Noventa milhões em ação, pra frente Brasil do meu coração!
Todos juntos vamos pra frente, Brasil, salve a Seleção!"

O jogador que mais me marcou foi o goleiro Félix. Talvez por ser o goleiro e usar uma roupa diferente, ficou marcado para mim como a síntese daquele time campeão que viria representar o maior sonho da minha infância.

FOTO 7 – Félix, campeão de 1970.

Entretanto, aquela paixão pelo futebol me deixava confuso.

Desde garoto, eu era muito racional. Tudo tinha um porquê, e eu precisava entendê-lo para me sentir seguro. Essa característica típica do meu signo de Virgem fez que eu questionasse o meu amor pelo futebol, e, sem saber, eu teria minha primeira conversa com Deus:

— Como posso amar uma coisa que mal conheço?

— PORQUE DESCOBRIU A SEMENTE DO SONHO NO SEU CORAÇÃO.

— Como assim? Que semente? Que sonho?

— O SONHO DE SE TORNAR JOGADOR DE FUTEBOL.

— E por que devo ser jogador de futebol?

— PORQUE O FUTEBOL LHE TRARÁ RECONHECIMENTO E RESPEITO DAS PESSOAS, NECESSÁRIOS PARA QUE DESENVOLVA UM IMPORTANTE TRABALHO NO FUTURO.

— E o que devo fazer para realizar meu sonho?

— REGAR ESSA SEMENTE COM MUITA DETERMINAÇÃO, PERSEVERANÇA E AMOR, PARA QUE ELA SE TORNE UMA ÁRVORE FRONDOSA E DÊ MUITOS FRUTOS.

— Imagino que todo garoto da minha idade queira a mesma coisa. Não deve ser fácil!

— ESSA TAREFA ESTÁ DE ACORDO COM SUA PERSONALIDADE E CAPACIDADE, NEM MAIS, NEM MENOS. AGORA DEPENDE SOMENTE DE VOCÊ! SE TIVER FORÇA E CORAGEM NECESSÁRIAS, VAI CONSEGUIR. CUIDADOS FORAM TOMADOS PARA QUE AS CONDIÇÕES LHE SEJAM FAVORÁVEIS.

— Quais cuidados?

— O LAR EM QUE NASCEU, POR EXEMPLO. ALÉM DISSO, ESTAREI SEMPRE CONTIGO.

— Mas quem é Você?

— ANALISE SEU SENTIMENTO E SABERÁ! VOCÊ MESMO DISSE QUE AMA O FUTEBOL E TODO AMOR VEM DE MIM.

— Mas como vou saber o que fazer?

— SEGUE SEMPRE TEU CORAÇÃO, POIS SOU EU, FALANDO COM VOCÊ POR MEIO DELE!

Na época não me dei conta da transcendência daquela conversa, que seria o início de um relacionamento por onde Deus conduziria meus passos a partir das minhas escolhas. O que me importava é que, naquele momento, eu decidi o que faria com o resto da minha vida.

A Copa havia terminado, mas para mim era somente o início do que estaria por vir e, com apenas seis anos de idade, sem nunca haver sequer chutado uma bola, disse a meu pai:

— Vou ser jogador de futebol!

E meu pai aconselhou-me:

— Tudo que fizer na vida faça com amor, pois somente assim encontrará forças para sobrepor as dificuldades e fazer a diferença na vida das pessoas. Esforce-se ao máximo, pois mesmo um gênio é feito de 99% de esforço. Se você quiser, eu ajudarei no que puder.

Meu pai sempre me incentivou a fazer o que eu gostava, talvez porque soubesse que um homem é aquilo que sonha.

Comprou-me um uniforme completo de jogador, bola, chuteira etc.

Eu não tirava aquela roupa nem para dormir, pois, para mim, ela era motivo de muito orgulho.

Na realidade, eu queria ser jogador para dar alegria e ser amado por toda aquela multidão que tinha visto nas ruas, comemorando a conquista do tricampeonato, e faria isso com minhas jogadas e, principalmente, meus gols.

A RUA DE CIMA

Para realizar esse sonho, eu teria que começar a jogar, e, alguns dias depois, para minha alegria, meu irmão chegou em casa correndo e quase sem fôlego me disse:

— Na rua de cima tem uns meninos jogando futebol! Vamos até lá ver se eles nos deixam jogar?

Meu coração disparou!

Enfim, teria uma oportunidade de começar a trilhar o meu grande sonho, pois sabia que, se quisesse realizá-lo, a primeira coisa a fazer seria aprender a jogar.

E foi com esses pensamentos que respondi a meu irmão:

— Claro! Vamos agora!

E lá fomos nós, ansiosos, para a tal "rua de cima".

Quando lá chegamos, de fato havia vários garotos jogando. A rua tornara-se um verdadeiro campo de futebol. As linhas eram pintadas com tinta látex. Tinham improvisado cada trave com uma lata cheia de cimento e haviam fixado um cano de um metro de comprimento. Reparei que todos usavam tênis. Olhei para meus pés e os do meu irmão e vi as sandálias tipo franciscano que nossa mãe insistia para que usássemos. Eu não gostava daquilo, mas, enfim, a vontade dela prevalecia. As sandálias seriam um problema para jogar, mas eu estava determinado a entrar assim mesmo, e foi com esse pensamento que tomei coragem e gritei para a molecada que jogava:

— A gente pode jogar com vocês?

E eles responderam:

— Os times estão completos. Quando alguém sair, vocês entram.

Ficamos ali aguardando ansiosos e, depois de algum tempo, um dos garotos que jogava disse que precisava ir embora. Foi então que o mais velho deles, provavelmente o líder da turma, gritou para nós:

— Vocês querem entrar?

E nós respondemos em uníssono:

— Queremos!

Apontando para meu irmão, o garoto disse:

— Só dá para entrar um. Entra o maior.

Naquele momento eu me senti frustrado por ter sido novamente preterido pelo meu irmão. Em casa era comum minha mãe dar pequenas preferências a ele, pelo menos era assim que eu entendia, e toda vez que aquela situação se repetia, dentro ou fora de casa, eu ficava com muita raiva!

Engoli minha frustração e fiquei aguardando a próxima oportunidade.

Até que, um tempo depois, outro garoto saiu do jogo e eu fui finalmente convidado a entrar em seu lugar.

Estava excitado. A princípio não sabia onde ficar. Estava completamente perdido! Foi quando um garoto de nome Cidão, o mais habilidoso do grupo, pegou a bola e veio para cima de mim. Chegando a aproximadamente um metro à minha frente, ele tirou a bola de lado, tentando me driblar.

Eu estava concentrado na bola e, quando ele a jogou para o lado, instintivamente levei o pé naquela direção, tentando acertá-la. Logicamente, ele tinha mais agilidade e coordenação do que eu, e apenas consegui acertar sua canela e o derrubei no chão. A rua inteira parou. Cidão levantou furioso, limpando a mão machucada pela queda no asfalto e gritou com indignação:

— Quem deixou este imbecil entrar?

Engoli em seco, olhei em volta e percebi que todos os garotos estavam muito bravos. O mesmo menino que havia nos convidado a entrar virou para mim e meu irmão e disse:

— Vocês dois que entraram agora. Podem sair, pois não vão mais jogar com a gente!

Fomos para casa derrotados. Meu irmão reclamava e me xingava o trajeto todo por tê-lo prejudicado. Agora não mais teria lugar para jogar. Eu havia estragado tudo. Assim terminou minha primeira experiência com o futebol.

Passaram-se alguns dias, e minha vontade de aprender a jogar só aumentava. Eu não desistiria assim tão fácil do meu sonho. Tinha receio de voltar à rua de cima, pois não sabia como seria recebido. Entretanto, a vontade de jogar futebol falou mais alto, e tomado de coragem, voltei ao local.

Os garotos jogavam e eu, chegando devagar para não chamar a atenção, sentei-me na guia da calçada e fiquei observando o jogo. Após um tempo, um garoto saiu do jogo e meu coração disparou. Será que eles me convidariam a entrar? Um menino me chamou, mas Cidão, que estava jogando, antecipou-se e disse:

— Este moleque não é aquele que me derrubou?

Neste momento, eu pensei: "Vão me colocar para fora de novo".

Mas, para minha alegria, Cidão disse a seguir:

— Pode jogar, mas só se for no gol!

Eu aceitei na hora!

Minha vontade de jogar bem era grande, pois queria reverter a imagem negativa que havia deixado no primeiro dia. Assim, defendi cada bola como se fosse a própria vida!

Naquele dia, cheguei em casa todo esfolado de cair no asfalto, mas feliz em ter sido aceito pelo grupo e, com ar triunfante, disse ao meu irmão:

— Acabei de chegar da rua de cima e eles me deixaram jogar no gol. Fiz grandes defesas e eles me chamaram para voltar amanhã!

E, com ar de importante, finalizei:

— Você pode ir comigo, se quiser.

Assim, jogávamos todos os dias, na rua de cima, onde passei boa parte de minha infância.

A cada dia eu me superava e, após algum tempo, fui considerado o melhor goleiro da rua. Isso me rendeu o apelido de "Ado", pela semelhança física que tinha com o goleiro do Corinthians que fora reserva do Félix na Copa do Mundo e estava em grande fase da sua carreira.

Eu alternava entre jogar no gol e na linha e, assim, fui ganhando habilidade e destreza naquele jogo que era o motivo da minha vida.

FOTO 8 – Rua de cima.

Descoberta do ídolo

Quando não havia número suficiente de participantes na rua de cima, eu chamava os poucos disponíveis e íamos jogar na rua onde eu morava.

Em frente à nossa casa, morava o sr. Edmundo, corinthiano roxo que amava futebol. Como era aposentado, passava horas no portão a nos ver jogar. Em uma dessas oportunidades, eu aprendi uma das grandes lições de minha vida. Estávamos jogando na rua de casa quando dei um maravilhoso "chapéu" no adversário, matando a bola no peito. O sr. Edmundo, que assistia do portão, começou a bater palmas e me disse:

— Que jogada maravilhosa, garoto! Se continuar assim, um dia você será um grande jogador!

Essas palavras ficaram gravadas em minha memória e me ensinaram a força de um incentivo. Aquele senhor jamais imaginara a importância que elas teriam em meu futuro...

Assistia pela televisão a todos os jogos que podia, e, de tantos clubes, aquele com que mais me identifiquei foi o Palmeiras.

O time do Parque Antártica estava no auge. A "academia" passava por seus adversários como rolo compressor! Ídolos como Leão, Luis Pereira, Ademir da Guia, Dudu e, principalmente, Leivinha, o maior goleador daquela equipe, faziam a torcida vibrar! Este último me fascinava. Seus cabelos loiros, seu porte elegante e sua fome de gol foram, para mim, motivos suficientes para elegê-lo um semideus que eu amava e cujos gestos eu até imitava. Quando, na rua, eu fazia gol, minha imaginação me transportava ao estádio lotado pela torcida alviverde e eu gritava, comemorando:

— Golaço! Leivinha! Leivinha! Leivinha!

FOTO 9 – Leivinha – 1971.

Ali, mesmo sem saber, a força da minha imaginação começava a criar o meu futuro...

Meus pais ficavam preocupados em nos ver jogando na rua, e, quando havia oportunidade, eles conversavam a esse respeito:

— Nossos filhos adoram jogar, mas a rua não é o melhor lugar para isso. Tenho medo de que algo aconteça. Esses meninos mal prestam atenção aos carros que passam!

— Verdade, querida. Também não gosto disso.

— Conheci um clube aqui perto. Eles poderiam ir sozinhos. Lá estariam mais seguros. Pesquisei o valor da mensalidade. É bem barato.

— Ok, querida. Se pudermos pagar, daremos a eles esse presente.

E foi assim que, em uma sexta-feira à noite, minha mãe nos chamou e deu a grande notícia:

— Nós compramos o título do Pirituba Futebol Clube. Amanhã é sábado e vamos todos conhecê-lo. Tem uma quadra de futebol onde vocês poderão jogar.

Eu não acreditava! Teria um local de verdade para jogar! Corri a abraçar e beijar minha mãe com os olhos rasos d'água!

Foi difícil dormir naquela noite, e, logo pela manhã, estava pronto para ir ao clube. Lá chegando, olhei a quadra e reparei que havia alguns dos meninos que jogavam na rua de cima. Aquilo me deu mais tranquilidade e confiança, afinal, eu não seria um completo desconhecido. Logo na entrada, veio um homem muito baixo em nossa direção e cumprimentou minha mãe:

— Olá, dona Odette! Que bom que trouxe os meninos!
— Olá, sr. Zezinho! Eles estão eufóricos para jogar!
— Pois então podem ir para a quadra.

Não precisou falar duas vezes! Lá estávamos nós jogando na quadra.

Depois ficamos sabendo que o sr. Zezinho era uma espécie de "coringa" do clube. Vendia títulos, cobrava a mensalidade e era o técnico do time dos garotos. Seu filho, Celsinho, também participava. Era baixinho como o pai, mas jogava muito bem.

Passamos assim a jogar no Pirutubão todos os dias. Íamos sozinhos, pois o clube era muito perto de casa.

Naquele ano, eu havia entrado para a escola e dividia meu tempo entre estudar e jogar.

Não perdia oportunidades para treinar. Meu amor pelo futebol era tão grande que eu dormia abraçado à minha bola. Isso me traria uma intimidade muito grande com ela, e a cada dia aprimorava minha técnica, pois eu "vivia futebol"!

Tornara-me, assim, o predileto do sr. Zezinho, e, quando havia jogo de futebol de salão contra outros clubes, eu era o primeiro a ser chamado, pois já me sobressaía entre os garotos. Por esse motivo, sempre me colocavam para jogar contra garotos maiores, e isso exigia mais de mim, ajudando em meu desenvolvimento e me ensinando a superar obstáculos.

Meu sonho era jogar futebol de campo, e eu sabia que o Pirutubão mantinha um para seus associados. Entretanto, somente os mais velhos podiam jogar. Eu acalentava esse desejo e quando ouvia alguém mencionar "futebol de campo", meus olhos brilhavam, sonhando com o dia que teria aquela oportunidade.

FOTO 10 – Entrada do Pirituba Futebol Clube.

A FAMÍLIA

Meu relacionamento familiar era diferente com cada um de seus membros, e com quem eu tinha mais dificuldade era meu irmão. Até certo ponto isso era natural, visto que a diferença de idade de apenas um ano e meio e fato de sermos homens geravam uma certa disputa.

Eu brincava muito com ele, mas havia entre nós uma forte competição, que gerava muita confusão. Não conseguíamos brincar 15 minutos sem que houvesse briga, e a origem disso era a disputa pela atenção de nossos pais. Até as escolhas que fazíamos eram em direções completamente opostas. Provavelmente por isso que eu escolhi torcer pelo Palmeiras e ele, pelo Corinthians.

Com minha irmã se dava o inverso. Desde pequena, ela se parecia muito comigo. Tanto em fisionomia quanto em personalidade. Isso criava um clima de cumplicidade entre nós. Quando ela me via, abria um enorme sorriso e seus olhos cintilavam de alegria como duas estrelas a iluminar meu coração. Corria então ao meu encontro, pois sabia que encontraria meus braços sempre dispostos a recebê-la. Eu a amava. E ela sabia disso...

Era em sua companhia que eu consolava minha mágoa de filho malcompreendido. Sentava-me a seu lado, muitas vezes chorando, quando me sentia injustiçado com as atitudes de minha mãe, e ela me olhava com ternura, como a entender o que se passava em meu coração. Denise me amava. E eu também sabia disso...

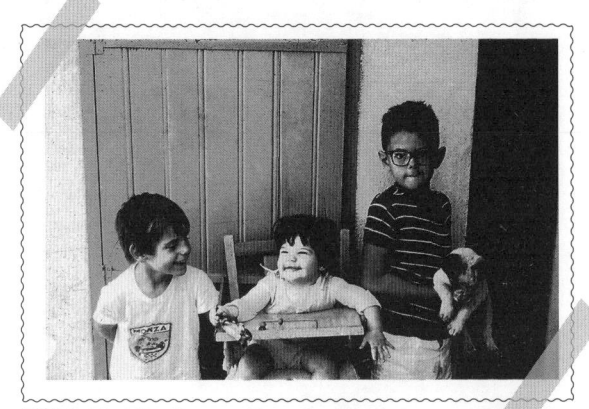

FOTO 11 – Eu, Denise, Ricardo e Dick, meu primeiro cão – 1970.

Meu pai não brincava muito e nos amava a seu modo. Era o protótipo do gaúcho. Tinha um ar austero e sisudo. Não era bravo, mas não dava muita liberdade a ninguém. Sua autenticidade beirava o radicalismo e defendia suas convicções com a própria vida. Essa falta de maleabilidade o impedia de olhar o mundo sobre outros prismas, o que lhe custara ótimas oportunidades no trabalho. Por mais que a necessidade de sustentar a família lhe obrigasse, não conseguia ter jogo de cintura, mesmo sabendo que a vida muitas vezes exigia isso. Essa característica tinha também seu lado positivo. Sua determinação, perseverança e otimismo eram ingredientes certos em tudo que fazia, e justo seria dizer que essas características eram como um espelho de dupla face entre nós, pois eu era exatamente como ele, o que, em casa, valia-me certos privilégios.

Meu pai teve uma infância extremamente difícil. Odília, sua mãe, gaúcha de descendência alemã, criou sete filhos praticamente sozinha, pois meu avô Abrão (que nem cheguei a conhecer) trabalhava em outra cidade e vinha em casa somente a cada 15 dias lhe trazer o dinheiro para o sustento da família. Para complementar aquele minguado orçamento, Odília costurava lindas bonecas de pano para vender. Mesmo com essa renda adicional, tudo era racionado e distribuído equitativamente entre os filhos. Quem sonhasse com alguma coisa que estivesse fora desse orçamento básico, deveria conquistá-la por si.

Por esse motivo, meu pai saiu de casa aos 15 anos e tornou-se responsável por si. Nasceu um artista, e, como todo artista vive de sonho, deveria lutar muito para conquistar seu espaço. Amava a arte, em particular a pintura, mas sabia como era difícil viver somente dela, num país que mal conseguia resolver seus problemas sociais básicos. Resolveu então trabalhar como publicitário. Veio para São Paulo, onde conheceu a futura esposa Odette. Trabalhou com Petit e Zaragoza, que se tornaram famosos dentro do mundo da propaganda e publicidade. Tempos depois, foi convidado por Ivo, um grande amigo, para trabalhar no Chile.

Uma agência de propaganda norte-americana, que acabara de se instalar naquele país, procurava sul-americanos para seu quadro de funcionários, principalmente brasileiros, por serem tão famosos internacionalmente pela sua grande criatividade. Dessa forma, Edison mudou-se para Santiago, capital chilena. Após alguns meses, levou a esposa. Tiveram o primeiro filho, Ricardo, e foram presenteados por Deus quando viram seu país consagrar-se bicampeão mundial de futebol em solo estrangeiro. No terceiro ano de seu contrato de cinco, a empresa norte-americana para a qual trabalhava o dispensou, e a partir daí, com a indenização que recebera pela quebra de contrato por parte da agência, pode colocar em prática o sonho há tanto acalentava: viver da venda de suas aquarelas. Fora fácil se firmar no Chile como artista plástico, pois o país atravessava bom momento econômico, além disso, o povo chileno tinha uma cultura extremamente desenvolvida, e valorizar a arte era coisa natural naquele país, mesmo entre os mais humildes. Seu maior orgulho foi ser premiado com medalha de ouro no Salão Internacional do Chile, por sua obra que até hoje está exposta na parede do Museu Nacional de Viña del Mar.

Mas, voltando ao Brasil, não pôde se dar ao luxo de viver da venda de suas obras, pois, com o golpe militar, as pessoas não tinham na arte sua prioridade. Além disso, Edison tinha a responsabilidade de manter três filhos pequenos. Então, foi trabalhar como publicitário novamente e não via a hora de os meninos crescerem para que pudesse retomar o sonho que acalentava com tanto carinho. Sabia que era bom artista e, para chegar a isso, muito tinha se dedicado.

Aos sete anos, pintava com nanquim. Passava o dia com o lápis na mão. Não havia o que não conseguisse desenhar. Aprendeu perspectiva de figuras e mistura de tintas. Aos 12, sabia várias técnicas de pintura. Traçava uma reta com o pincel, que ninguém conseguiria mesmo usando uma régua! Só ele sabia a determinação e a perseverança que tivera em todos aqueles anos para chegar aonde estava. Isso lhe valera o lugar de diretor de artes na agência que trabalhava. Ganhava relativamente bem e tinha certo *status*. Por isso, não tolerava "vagabundice", como ele mesmo dizia, pois sabia, por experiência própria, que para conquistar um sonho teria que dar muito duro, e não perdia a oportunidade de passar esses ensinamentos para os filhos.

Minha mãe nasceu no interior de São Paulo, na cidade de Cravinhos, província de Ribeirão Preto. Era a segunda entre seis irmãos.

Fora criada na fazenda, onde meu avô, José Prado, mais conhecido como Juca, era o administrador geral.

O Brasil vivia a época áurea do café, e muitos estrangeiros chegavam à procura de trabalho na lavoura, principalmente os vindos da Itália. Assim, José Prado casou-se com uma imigrante italiana de nome Teresa, que viera trabalhar na fazenda que ele administrava.

Odette tinha uma personalidade forte, o que a ajudou a quebrar algumas regras sociais para a época. Odiava a fazenda e, aos 15 anos, casou-se grávida para morar na cidade. Com apenas 17 anos, já era mãe de dois filhos. Aos vinte, separou-se do marido e decidiu vir para São Paulo a trabalho, deixando os filhos sob os cuidados dos avós. Instalou-se em uma pensão no centro da capital e logo começou a trabalhar em uma loja vendendo eletrodomésticos. Inteligente e de fala fácil, logo se destacou e passou a gerente. Ganhava bem, e, a cada 15 dias, ia de trem até Ribeirão Preto para levar dinheiro ao pai e ver José Carlos e Paulo Roberto, os filhos que tanto amava. Sofria com a distância deles, mas era a única forma de ajudar no sustento da família. Foi nessa pensão que conheceu meu pai, e, após um tempo, resolveram se casar. Três meses depois, meu pai foi convidado a trabalhar no Chile, que seria ótima oportunidade profissional. Após se instalar no novo país, ele mandou buscar minha mãe, que, em pouco tempo, estava grávida de meu irmão.

De minha mãe, puxei a habilidade com as palavras e o jeito intempestivo, característica peculiar dos italianos. Ela era completamente passional. Em um momento tinha a candura de um anjo, em outro, a raiva de um touro! Esse era um dos motivos pelos quais nosso relacionamento se alternava entre amor e ódio. Isso ocorria principalmente quando eu me sentia preterido pelo meu irmão, coisa que ocorria com certa frequência. Não que minha mãe gostasse mais dele, mas por ser o protótipo do bom filho. Ricardo era pacato, organizado, bom aluno e dócil, enquanto eu era questionador, bagunceiro e inquieto. A geração de meus pais não estava preparada para educar os filhos respeitando suas individualidades. O que queriam é que ficássemos quietos e que déssemos o mínimo de trabalho possível. Por isso, cresci ouvindo as seguintes frases:

— Por que você não se comporta como seu irmão?

— Por que você não estuda como seu irmão?

— Por que você não é bonzinho como seu irmão?

Isso muito contribuiu para acirrar ainda mais a rivalidade que existia entre eu e Ricardo. Quando reuníamos os amigos em casa, em qualquer confusão que surgisse eu era sempre o culpado e, sem que fosse averiguado o motivo do problema, eu era excluído da brincadeira. Nessas ocasiões, eu ficava com muita raiva e brigava com minha mãe, que me ameaçava com boas surras. Eu então corria para a rua, voltando somente à noite, quando meu pai chegava do trabalho, pois sabia que ele me defenderia.

Na verdade, eu amava muito minha mãe, e minha briga era pelo seu amor.

Ela era extremamente caprichosa e andávamos sempre limpos e bem vestidos. A comida ia à mesa na hora certa e disso ela muito se orgulhava. Fazia os doces que os filhos gostavam. À noite, contava belas histórias que sempre proporcionavam um aprendizado ético. Ajudava-nos com a lição da escola e participava de tudo que podia. Colocava-nos em cursos de violão, natação e tudo que ajudasse a desenvolver nossas habilidades. Não media esforços pelo bem-estar da família. Odette era séria e austera. Uma mulher em quem se podia confiar.

A INFÂNCIA

Naquele tempo, todas as crianças brincavam na rua. Não havia perigo e assim nos divertíamos de várias formas. Nossas brincadeiras envolviam balão, pipa, bola de gude, bicicleta, carrinho de rolimã, pião, taco, futebol... Tudo tinha sua época e quase não existiam brinquedos industrializados e os que haviam eram muito caros e quase nenhum pai podia comprar. Por isso, tudo era criado de improviso e assim exercitávamos toda nossa criatividade.

Lembro-me que para fazer pipas pegávamos bambu de terrenos baldios e com facas afiadas cortávamos as varetas. Fazíamos "vaquinha" para comprar papel de seda, linha e cola e confeccionávamos as mais lindas pipas coloridas. O cerol (cortante) que aplicávamos na linha para cortar as outras pipas era feito de cola de madeira e pó de vidro que comprávamos em depósitos de material de construção. Assim também era feito com os enormes balões que produzíamos na época de São João. Reuníamos os amigos e passávamos dias colando as folhas. No dia de soltá-los, era um grande evento em toda comunidade e a garotada deslumbrava-se acompanhando-os pelo céu até desaparecerem, ou ficávamos frustrados quando eles queimavam antes mesmo de subir!

Minha geração cresceu livre e feliz, e nem de longe havia a neurose da violência urbana que vemos na atualidade. Exercitávamos mais naturalmente o convívio com o outro, e a pedagogia da rua muito nos ensinava, principalmente solidariedade. Um amigo era de fato um amigo e isso, para nós, muito significava. O único perigo eram os vícios, principalmente o cigarro, e minha mãe tinha medo que isso pudesse nos levar às drogas e sempre alertava para esse perigo nos informando e nos educando por meio de conversas e exemplos. A venda de drogas era realizada principalmente na porta do colégio ou na "boca de fumo", como eram chamados os locais de tráfico. Vivíamos em uma metamorfose cultural, em que o mundo pregava sexo, drogas e *rock'n'roll*. Essa apologia dos jovens muito contrastava com a rígida educação dos seus pais, e era comum acontecerem as maiores brigas entre pais e filhos adolescentes, em que estes prometiam fugir de casa.

Promessa quase sempre não cumprida. Todo garoto adolescente era socialmente pressionado, principalmente com o *marketing* que havia na mídia, sendo necessário beber ou fumar para se tornar um homem. Propagandas realçavam com orgulho a pessoa bem-sucedida fumando Hollywood ou Minister, abraçado com lindas mulheres em carrões que só víamos na televisão.

Entretanto, nada disso me seduzia, pois o que queria era ser jogador de futebol e sonhava com isso.

O dia mais esperado era o domingo, quando iria jogar futsal contra outros times na quadra do Pirituba. Eu treinava muito, tanto em casa quanto na rua. No domingo, iria colocar em prática meu aprendizado. Quanto mais eu treinava, mais gravava os movimentos no subconsciente e passava então a fazê-los com maior facilidade. Assim, cada dia eu me destacava e chegava mais perto do meu sonho.

Um dia, meu pai chegou em casa carregando uma enorme tábua. Eu e meu irmão pensamos que era mais uma de suas invenções. Porém, para nossa surpresa, ele foi colocá-la no quarto onde eu e meu irmão brincávamos e, orgulhoso, veio nos chamar dizendo:

— Venham ver o que eu mandei fazer para vocês!

Quando chegamos no quarto, levamos um susto!

A enorme tábua, que mais parecia o tampo de uma mesa, era uma réplica de um campo de futebol e estava toda envernizada. Meu pai então começou a nos explicar o que significava aquilo:

— É um campo para jogar futebol de botões! Venham que vou ensinar vocês!

Não entendi bem como poderia jogar aquilo, mas a palavra futebol me agradou. Fiquei aguardando atento ao que meu pai faria.

Ele tirou de um saco vários botões enormes, cada um com uma foto na parte de cima, e foi espalhando-os sobre a tábua. Um time tinha o distintivo do Palmeiras e os botões eram verdes. O outro era preto com emblema do Corinthians. Meu pai posicionou uma equipe de cada lado do campo e uma trave de plástico no lugar do gol. Uma pequena bolinha no centro do campo e os goleiros. E assim nos ensinou a jogar.

Reuníamos os amigos e fazíamos campeonatos em que cada um representava um clube. Obviamente, eu era o Palmeiras e meu irmão, o Corinthians. Eu cresci olhando a foto que havia em cada botão. Leão, Luis Pereira, Alfredo Mostarda, Dudu, Leivinha, Ademir da Guia e Edu Bala eram os astros do Palmeiras.

Ado, Zé Maria, Luis Carlos, Rivelino, Adãozinho, Vladimir e Basílio eram os craques do grande rival Corinthians. Mesmo sendo palmeirense, eu os idolatrava, afinal, antes de tudo, eram jogadores profissionais de futebol, o que eu tanto almejava ser.

Nesses campeonatos que promovíamos em casa, participavam mais de vinte garotos. Porém, eu e meu irmão tínhamos desenvolvido muita habilidade naquele jogo e não era raro ficarmos para disputar as finais dessas competições. Quando isso ocorria, os amigos se dividiam para torcer por mim ou pelo Ricardo. Isso muito contribuía para acirrar ainda mais nossa rivalidade, entretanto, o lado positivo era que nos estimulava a melhorar sempre. Em muito pouco tempo, eu e Ricardo éramos praticamente imbatíveis naquele jogo.

Tempos depois, minha mãe nos fez uma enorme surpresa. Sabendo que eu e Ricardo éramos apaixonados por jogar futebol de botão, foi logo nos dizendo:

— Eu estava na Lapa e passei na Mesbla. Eles estão promovendo um campeonato de futebol de botão. Virão garotos de toda cidade para jogar. O campeão e o vice ganharão muitos presentes. Pensei em levá-los.

Odette sabia que provavelmente os filhos não passariam da primeira fase daquele campeonato municipal, mas nada custaria a ela levá-los uma única vez. Afinal, os jogos eram eliminatórios desde o início, e quem perdesse estaria fora.

Foi com enorme alegria que recebemos aquela magnífica notícia e nos abraçamos felizes e comemorando.

Minha mãe sabia que passávamos quase todo o dia jogando botão, mas ela não fazia ideia do nível que havíamos desenvolvido naquele jogo. Mal sabia o quanto poderia estar enganada...

Chegou o dia do primeiro jogo. Eu, meu irmão e minha mãe pegamos o ônibus para meia hora depois estarmos na rua Doze de Outubro, centro comercial da Lapa onde ficava a famosa Mesbla.

Minha mãe apresentou nossas inscrições. Ricardo iria jogar primeiro. Apesar da rivalidade, ele era meu irmão e eu o amava. Torci muito para que vencesse. O jogo foi fácil e ele ganhou pelo placar de 4 x 1!

Chegara minha vez. Iniciei o jogo e não demorei muito para descobrir que meu adversário não tinha muita habilidade. O placar final foi de 3 x 0 a meu favor!

Eu e meu irmão nos abraçamos e nos beijamos emocionados por termos passado para a próxima fase.

Foi sem saber se ficava triste ou alegre que minha mãe ouviu do coordenador do campeonato dizer:

— A senhora deverá trazer seus dois filhos na próxima terça-feira às 14 horas para a próxima rodada.

Voltamos para casa felizes.

E assim passamos a vencer todos os adversários. Era a sétima vez que minha mãe nos levava à Mesbla. Naquele momento, ela já havia esquecido todo o trabalho e o tempo que aquilo levava e estava completamente orgulhosa dos dois filhos que eram elogiados por todos. Os dois vencedores daquele dia disputariam a final. Foi meu irmão quem venceu o adversário, despontando como primeiro finalista do torneio. Àquela altura eu já torcia contra ele, pois sabia que, se eu vencesse, jogaria contra ele na final e a disputa pelo amor de nossa mãe estaria em campo novamente.

No segundo jogo, eu empatei com meu adversário em 1 x 1. O jogo estava no final quando, de repente, me aprontei para chutar ao gol. Avisei o adversário para que arrumasse seu goleiro. O juiz disse, nesse momento:

— O jogo se encerrará após este chute.

Era minha última chance de eliminar meu adversário sem ter que disputar os pênaltis. Aquela semifinal estava sendo dramática! Coloquei a ficha sobre meu botão. Instintivamente, olhei a foto que estava em cima dele e uma ponta de esperança brotou em meu coração.

O jogador era o Leivinha! Aquilo me deu a certeza que eu iria marcar o gol. Mirei no canto esquerdo do goleiro, fechei os olhos e chutei.

O primeiro grito que ouvi foi da minha mãe:

— Gooooool!

Eu e meu irmão estávamos na final do campeonato de futebol de botão da cidade de São Paulo!

Voltamos para casa sem acreditar no que havia acontecido. Minha mãe não se aguentava de tanto orgulho dos dois filhos. Chegou a chorar emocionada! Todo seu esforço em nos levar tantas vezes havia valido a pena!

Seus filhos eram os dois melhores jogadores de botão de São Paulo!

Meu pai bendizia o dia em que tinha trazido aquela tábua nas costas e nos presenteado com aquele jogo.

Aquela semana foi um inferno dentro de casa, e provavelmente minha mãe se arrependeu do dia que passou em frente à Mesbla. Naquela semana, cada jogo de botão que eu disputava com meu irmão parecia uma final de Copa do Mundo! Na realidade, estava em jogo muito mais do que o campeonato. Cada um daria a própria vida para vencer o outro. Porém, nossas personalidades eram completamente diferentes.

Meu irmão perdia com um certo cavalheirismo. Eu fazia voar os botões com meu jeito intempestivo.

Foi nesse clima que minha mãe nos levou à Mesbla. A briga começou logo dentro do ônibus. Eu comecei:

— Você vai ver, moleque! Vou arrebentar seu time!

— Coitado! Você não joga nada!

— Cala a boca, senão vou te arrebentar aqui mesmo!

Minha mãe interveio:

— Vocês querem ficar quietos? Senão vou voltar daqui e ninguém mais vai jogar!

— Está bem, mãe, mas fala para este moleque parar!

— Você vai ver a hora que chegarmos lá, seu gordão!

A coisa só acalmou quando entramos na Mesbla e nos apresentamos para o coordenador do campeonato.

Após estarmos a postos, o jogo começou.

A partida estava completamente disputada. Foi meu irmão quem fez o primeiro gol.

Logo em seguida eu consegui o empate.

Passaram-se cinco minutos. Os dois suavam muito, concentrados naquele jogo de vida ou morte. Em volta havia vários expectadores que tinham vindo de longe para assistir àquela eletrizante final. Nossas fotos e histórias tinham saído até nos jornais!

Fiz o segundo gol e comecei a debochar de meu irmão, mas fui advertido pelo juiz pela falta de ética contra o adversário. Como punição, ele deu tiro direto do meio campo para meu irmão. Ele aproveitou e empatou. Na hora pensei: "Eu e minha boca enorme! Preciso aprender a ficar quieto!"

Quando faltava um minuto, meu irmão estava no ataque e avisou que iria chutar. Meus nervos estavam à flor da pele, pois eu sabia que dificilmente teria tempo de reagir se levasse aquele gol.

Arrumei o goleiro. Olhei a foto do jogador do time do meu irmão que iria chutar. Era Zé Maria!

Ainda bem! O Zé Maria era defesa e não estava acostumado a fazer gols. Fiquei mais tranquilo. Perguntei sobre o tempo restante ao juiz, que me informou faltarem 35 segundos de partida. Meu irmão colocou a ficha em cima do botão e pressionou. A bola voou em direção ao meu gol, e o que eu vi parecia passar em câmera lenta diante de meus olhos. A bola bateu no canto do meu goleiro, na trave e entrou!

Meu irmão deu um grito de alegria! Senti uma enorme frustração! Voltei ao jogo e quase em seguida o juiz apitou o final do jogo.

Meu irmão era campeão da cidade de São Paulo e eu, o vice. Neste momento eu fiquei tão revoltado que peguei todos os botões e joguei para cima. Saí batendo o pé. Não voltei nem para receber os presentes destinados ao vice-campeão.

Meu irmão ganhou inclusive a mesa de jogo oficial e vários outros prêmios.

Na volta para casa, minha mãe foi me abraçando e consolando, dizendo que havia nos levado aquele torneio para nossa diversão e que deveríamos estar orgulhosos por sermos os dois melhores da cidade.

Dizia ela:

— Você estava vencendo seu irmão, mas começou então a debochar. Foi punido pelo juiz e permitiu que ele empatasse. Devemos sempre respeitar nossos adversários. É importante que você aprenda com seus erros!

E quanto mais eu chorava, mais ela me abraçava e me afagava os cabelos.

Por mais que a gente brigasse, era por minha mãe que eu queria ser consolado na hora da dor, fosse ela física ou moral.

Ela sempre esteve presente no meu dia-a-dia e praticamente participou de todas as fases importantes de minha infância.

Foi minha mãe quem me ensinou o amor pela Literatura.

Desde pequeno, sempre incentivou-me a ler.

Para mim, era o momento em que minha fértil imaginação ganhava asas. Lembro-me da primeira frase que li e fez sentido para mim. Estava na cozinha com ela, gaguejando algumas sílabas, quando de repente decifrei toda a frase. Era um mundo que se descortinava em minha frente. Minha alegria foi tanta que gritei emocionado:

— Mãe! Estou entendendo tudo!

E ela correu a meu encontro sorrindo para me parabenizar.

Pela leitura, conheci lugares e pessoas imaginárias, vi-me em muitos personagens e várias situações. Minhas emoções eram vivenciadas a cada página e meu espírito sensível agradecia! Minha mãe, vendo meu interesse pela Literatura, começou a me incentivar a ler cada vez mais. Mas não tínhamos condições financeiras para gastar dinheiro com livros, e a alternativa que ela encontrou foi ficar sócia da biblioteca ambulante municipal. Essa biblioteca consistia em uma "jardineira" adaptada a uma biblioteca. A pessoa subia naquele ônibus, escolhia até dois livros entre os milhares que haviam nas prateleiras, e eram anotados na ficha do sócio os nomes dos livros escolhidos e a data para devolução que geralmente era de uma semana, tempo em que a biblioteca ambulante levava para voltar ao nosso bairro. Aquele serviço era municipal e gratuito, o que possibilitou enorme conhecimento a todos os que tinham sede de aprender...

Minha mãe não media esforços para nos incentivar a desenvolver habilidades e qualidades, talvez como forma de se realizar por meio dos filhos, já que ela própria não teve muitas oportunidades para isso. Com esse intuito, um belo dia ela chegou com um violão e um professor que seria responsável pelas primeiras aulas para toda a família. Meu pai já dedilhava alguns acordes, o que me incentivou ainda mais a aprender a tocar. Após algumas semanas, todos desistiram e somente eu, com minha natural determinação, continuei cada vez mais a tomar gosto pela música e pelo violão e desenvolvi enorme "ouvido musical".

Essa habilidade teria enorme peso em meus trabalhos futuros, além de ser uma forma de extravasar todo sentimento represado em meu espírito. Em pouco tempo, o violão fazia parte de minha vida como se fosse um pedaço de mim!

Meus pais adoravam viajar. Entretanto, naquela época, as famílias de classe média, na qual nos enquadrávamos, não tinham nenhuma condição financeira para dormir em hotéis. O turismo ainda não tinha alcançado um grande desenvolvimento no Brasil e os hotéis disponíveis ou eram espeluncas, ou eram muito caros, que somente os mais abastados podiam frequentar. Por isso, era comum a prática do acampamento familiar. Havia o *camping* particular e o *camping* clube. Este último era uma verdadeira rede de *camping* espalhada por todo Brasil. Quem comprava o título de sócio poderia usufruir de todos eles mediante uma taxa anual e um pequeno valor por pernoite. Esses *campings* tinham uma estrutura de clubes. Piscinas, quadras esportivas, restaurantes, banheiros, iluminação etc. Era uma maneira romântica de viajar, porém, sem abrir mão do mínimo de conforto. Os proprietários do *camping* sempre criavam novos atrativos para cativar o cliente e ali comecei a ter minhas primeiras noções de *marketing* de vendas.

Meu pai entrou de sócio para a rede de camping mais famosa e mais estruturada chamada *Camping* Clube do Brasil e comprou uma linda barraca com espaço para até seis pessoas. Atrelou uma pequena carreta na traseira do carro para carregar tudo que era necessário à prática do acampamento e assim íamos quase todo final de semana, alternando entre Ubatuba, Ilhabela e Guarujá. Nossa maior alegria era chegar no *camping* e ajudar a montar a barraca. Criávamos, assim, uma cumplicidade importante entre todos os membros da família.

Lembro-me de uma viagem inesquecível, quando meus pais resolveram que iríamos conhecer todo o sul do Brasil, inclusive Porto Alegre, local onde morava quase toda a família paterna. Ficamos por

35 dias acampando, visitando Paraná, Santa Catarina, Rio Grande do Sul e Foz do Iguaçu. Passamos para a Argentina e Paraguai. Em Porto Alegre, conhecemos toda a família de meu pai, inclusive primos que nunca havíamos visto.

Minha maior alegria foi rever minha avó Odília, que já tinha vindo nos visitar em São Paulo em várias oportunidades, e para mim foi um enorme prazer passar algum tempo com ela. Além disso, essa viagem proporcionou-me uma enorme noção da importância dos laços familiares e de nossas raízes ao ver meu pai se emocionar toda vez que passava por lugares que o faziam relembrar sua infância, ou mesmo abraçar um parente que há tempos não via.

Assim, meu horizonte ampliava-se e me dava maior noção de que o mundo era muito mais do que meu bairro, minha cidade ou mesmo meu país. Percebi que as pessoas tinham costumes e culturas diferentes da nossa, inclusive o jeito de falar, e que podiam viver de uma maneira completamente diferente, sem que por isso estivessem erradas. Aprendia, assim, a conviver com as diferenças e cada vez mais eu agregava conhecimento e desenvolvimento a meu espírito.

Em outras oportunidades, meus pais decidiam viajar para Ribeirão Preto, quando já eram altas horas da noite e nós já há muito dormíamos. Forravam com colchonetes a parte de trás da perua Vemaguete, colocavam-nos ali deitados e, quando acordávamos, já estávamos na casa de meus avós! Era outro momento de extrema alegria, pois eu adorava ir para a fazenda e poder estar mais perto de meus avós maternos e, principalmente, de meus meio-irmãos, os quais chamávamos carinhosamente de Zécalo e Paulinho. Nunca senti absolutamente nenhuma diferença entre meus irmãos por parte de mãe ou os outros. Meu amor por eles era profundo e sentia pelo fato de não poder conviver mais amplamente com eles.

Nessas ocasiões, a casa de meus avós enchia-se de alegria, pois tanto minha tia Zezé, irmã mais nova de minha mãe, quanto meus primos, que moravam na fazenda, festejavam a nossa chegada. A família era grande e muito unida e era certo que nas festas de final de ano todos passássemos juntos na fazenda, ocasião que meu avô separava um boi para o churrasco, que chegava a durar vários dias!

Aulas de Catecismo

Nesta época, em Pirituba, mudamos para uma casa maior e mais confortável. Ficava ao lado de uma igreja. Minha mãe, que sempre fora muito religiosa, logo matriculou-nos no curso de catecismo. Ela dizia:

— Vocês vão começar o catecismo neste sábado, das 14 às 16 horas.

Eu respondi:

— Mas sábado é dia de campeonato de futebol!

— Não interessa! Já combinei com o padre! Se vocês dois não fizerem a primeira comunhão, não são filhos de Deus!

Lá fomos nós no primeiro sábado, morrendo de medo que Deus nos punisse e não nos deixasse entrar no céu! Ao chegarmos, sentamos ao lado de outras crianças, no banco duro de madeira encerada, e recebemos do padre o livro do catecismo para o início da aula. Dom Pedro era italiano e mal falava português. Nós não entendíamos o que ele dizia. Após trinta minutos de aula, meu traseiro estava formigando e, para o lado que virasse, não conseguia me acomodar. Pensava na molecada jogando bola na rua. O tempo não passava... Foi com muito custo que terminou aquela primeira aula de catecismo.

Em casa, minha mãe nos aguardava orgulhosa. Mal sabia ela que seria a primeira e última vez que eu iria ao curso. No próximo sábado, cabulei o catecismo para jogar futebol. Eu pensava comigo: "Foi Deus quem me deu esta vontade de jogar futebol. Tenho certeza que Ele prefere me ver jogando a estar na igreja. Afinal, eu jogo futebol por amor! E o próprio padre disse que Deus é amor!

A única coisa que me aproximava da igreja eram as gorjetas oferecidas por dona Inês para que fôssemos realizar algum tipo de serviço, como ir à farmácia, padaria ou mercado. Nessas ocasiões, ela nos enchia a mão de moedas ou mesmo de notas verdes de um cruzeiro, arrecadadas junto aos fiéis na missa de domingo.

Dona Inês era um tipo de secretária geral da paróquia e morava com as duas filhas nos fundos da igreja. Realizava todo tipo de serviço pertinente à manutenção da capela e aos serviços que esta prestava a toda a comunidade, como casamento, missa, batizado etc. Dona Inês fazia seu trabalho com dedicação e amor, por isso era uma pessoa muito querida em toda a comunidade.

Essa igreja, entretanto, tinha um papel fundamental em minha vida, e mesmo não sendo um católico praticante na minha pouca idade, ela me lembrava a todo momento o amor e o respeito que deveríamos ter por Deus. Aos sábados, acordávamos com as muitas badaladas dos sinos que chamavam os fiéis para a missa, e todos os dias, às 18 horas pontualmente, eram outras tantas badaladas e a música Ave Maria, tocada nos enormes autofalantes da igreja que podiam ser ouvidos a quilômetros de distância.

O fato de morar ao lado da igreja fazia que eu me lembrasse constantemente da semente que eu deveria regar e do sonho que queria concretizar.

FOTO 12 – Igreja São Luiz Gonzaga

Eu continuava treinando muito e meu jeito impaciente fez que eu tomasse uma decisão nesse sentido.

Eu tinha 12 anos, e já estava na hora de começar a jogar futebol de campo. Com esse pensamento, reuni-me com outros garotos e fomos conversar com o sr. Zezinho para que ele aceitasse a incumbência de criar a categoria dente-de-leite, que possibilitaria nossa participação no gramado.

O caso foi levado à diretoria e, uma semana depois, ele nos daria a notícia de que havia sido aceito.

Os treinos eram aos domingos pela manhã e, após alguns deles, estávamos aptos a jogar contra outras equipes. Passamos a jogar cada domingo contra um time diferente. Comecei assim a realizar meu sonho de me tornar jogador de futebol profissional. O tamanho do campo, o peso da bola e o tamanho da trave eram completamente diferentes de tudo que eu conhecia, comparado ao futebol de salão, mas aos poucos fui me acostumando e logo era destaque entre todos os garotos. Eu estava no caminho certo.

Dividia meu tempo entre o futebol, a escola e as várias brincadeiras que fazíamos na rua. Mas, como nenhum garoto de minha idade tem muita disciplina, eu às vezes esquecia de meus propósitos. Essa minha postura veio se chocar com o jeito austero de meu pai, que em determinada ocasião aproveitou para me ensinar uma das lições mais valiosas de minha vida...

Edison acordara tarde naquele sábado, trabalhara muito no dia anterior para terminar uma campanha publicitária. Após o toalete, dirigiu-se até a cozinha para tomar o café. Encontrou a esposa brincando com a filha sentada no cadeirão. Aproximou-se e beijou-a, brincou com a filha... Perguntou pelos filhos, ao que Odette respondeu:

— Devem estar dormindo.

— A esta hora? Estamos acostumando mal estes meninos, querida. Com a idade deles, eu acordava cedo para ajudar em casa.

— Mas Edison, hoje é sábado!

— Não é uma questão de dia, mas de hábito. Cabe a nós mudar isso.

Foi com esses pensamentos que meu pai entrou em nosso quarto. Olhou o relógio que marcava 10h30. Estávamos dormindo. Abriu a janela e começou a puxar nossas cobertas, dizendo:

— Vamos levantar! Isso é hora de ainda estarem na cama? Com a idade de vocês eu já estava em pé há muito tempo.

Eu fui o primeiro a acordar. Sentei-me na cama atordoado pelo sono. Olhei para meu pai com misto de raiva e medo. Era o único que o enfrentava e, quando eu achava que tinha razão, não cedia jamais. Isso me valera boas surras, mas essa característica era minha essência e não iria mudar. Edison, por sua vez, ficava indignado com minha postura, mas, como um paradoxo, era isso que mais respeitava e admirava em mim. Talvez por saber que éramos exatamente iguais.

Meu pai identificava-se muito comigo e era ele quem me livrava das surras de minha mãe. Dos filhos, eu era o que mais se parecia com ele. Meu pai esperava muito de mim, provavelmente para se sentir realizado pelo filho, coisa que no fundo todo pai deseja, principalmente daquele filho que lhe é análogo.

Emocionado, começou a falar:

— É assim que você quer ser jogador de futebol? Dormindo até esta hora? O Pelé, com sua idade, acordava às 6 horas da manhã e passava o dia com a bola nos pés. E olha que era uma bola de meia, cheia de jornal velho, pois o pai dele não podia comprar outra. Por isso é o Pelé. E você? Você tem tudo do bom e do melhor. Bola, tênis, campo gramado. Você só não tem uma coisa, meu filho, e, infelizmente, isso eu não posso lhe comprar, que é a *vontade*! Em tudo que for fazer, esforce-se para ser o melhor. Esta é sua obrigação. Sucesso se consegue com trabalho e não dormindo até 10h30. Você deveria ter vergonha!

Quando meu pai saiu, eu chorei a dor da vergonha, pois sabia que ele tinha razão. Naquele momento tomei uma resolução. Faria tudo que estivesse a meu alcance para atingir meu objetivo. Passei a acordar todos os dias às 7 horas para treinar. Como meus amigos ainda dormiam àquela hora da manhã, eu treinava sozinho em casa. Jogava a bola na parede, matava no peito e chutava na porta da garagem, ora com o pé direito, ora com o esquerdo. Jogava a bola na parede e cabeceava, dominava na coxa... Assim eu treinava todos os fundamentos do futebol, pois queria ser um jogador completo! Eu tinha o poder de reverter situações adversas e transformei vergonha em determinação.

Essa seria a maior lição que meu pai haveria de me deixar.

Meu pai se esforçava para demonstrar seu amor. O problema é que as vezes ele não sabia como.

Lembro-me de uma ocasião em que ele chegou em casa eufórico! Chamou a mim e a meu irmão e disse:

— Vamos pegar o carro que quero mostrar uma coisa que comprei para vocês!

— Mas aonde vamos?

— Preciso de um lugar que tenha muito vento. Vamos à rodovia Castelo Branco!

— E onde é isso?

— Aqui perto. Vamos embora!

E entramos no carro, curiosos quanto à surpresa que ele nos preparava.

Fomos até o km 18 da rodovia Castelo Branco. Meu pai parou o carro no acostamento e descemos. De fato ventava muito, e quase não entendíamos o que o outro falava.

Meu pai tirou, de um embrulho, um boneco de uns trinta centímetros de altura, todo enrolado por barbantes a um plástico colorido. O boneco tinha a roupa de um paraquedista. Meu pai pegou então uma lata que tinha enrolado um carretel de linha 10, igual ao que a gente usava quando soltava pipa. Jogou o boneco com força para cima, e, com aquela enorme ventania, o paraquedas se abriu e o boneco começou a flutuar. Meu pai o segurava pela linha. Assim ficamos por aproximadamente cinco minutos, sem que ao menos o boneco se mexesse no ar. Eu olhava para meu irmão e nos perguntávamos se aquele boneco faria mais alguma coisa. Meu pai dava mais linha ao boneco que, cada vez mais, se distanciava de nós. Ele exaltava de alegria, sentimento que estava estampado em seu rosto.

Até que quebrei o silêncio e perguntei:

— O boneco só fica lá em cima parado?

— Sim filho, é um paraquedista. Gostaram?

Olhei para meu irmão e percebi que ele também estava frustrado. Perguntei a meu pai:

— Posso segurar?

— Espera só mais um pouco, filho, que eu já deixo.

Aguardei mais uns cinco minutos, enquanto meu pai se deliciava com aquele brinquedo, e perguntei novamente:

— Pai?

— Fala, filho.

— Quando você vai deixar a gente segurar?

— Só mais um minuto, filho.

— Mas o brinquedo não é nosso?

— É sim, filho.

— Então por que só você brinca?

— Eu só estou testando.

Meu pai havia dado quase toda linha e o boneco estava muito longe, lá no alto.

De repente, aconteceu o que ninguém previa. O vento estava muito forte e esticou demais a linha que, apesar de grossa, não conseguiu resistir e se partiu. Olhei para meu pai, que estava completamente impotente diante daquela situação. Olhei o boneco, que já ia longe, e não pude deixar de me lembrar do meu seriado favorito, *Perdidos no espaço*. Vez ou outra, o cabo se partia e o astronauta se desgarrava da nave em pleno espaço sideral, perdendo-se na imensidão do universo. Quando voltei a olhar para meu pai, este já enrolava a linha na lata completamente frustrado com o ocorrido. Perguntei a ele:

— Pai?

— Fala, filho.

— O que vamos fazer agora?

Edison falou completamente sem graça perante os filhos:

— Vamos embora para casa...

E assim entramos no carro e voltamos para casa sem ao menos ter segurado nosso brinquedo!

Esse era meu pai!

Além da Lei da Atração

Foi por meio de meu pai que chegou às minhas mãos o livro de Joseph Murphy, chamado *O poder do subconsciente,* que posteriormente serviria de base para a famosa obra denominada *O segredo*.

Começando a ler o livro e conhecer os primeiros conceitos das leis do universo, saberia que este foi o caminho escolhido por Deus para nossa segunda conversa:

— Obrigado pelo presente.
— DE NADA.
— Este livro me ajudará a conquistar meu objetivo.
— FOI PARA ISSO QUE LHE DEI.
— Por que está me ajudando?
— É VOCÊ QUEM ESTÁ SE AJUDANDO.
— Como assim?
— FAZENDO AS ESCOLHAS CERTAS.
— E como faço isso?
— QUANDO SE PROPÕE A REALIZAR SEU SONHO MAIS ÍNTIMO COM CONVICÇÃO.
— Mas foi o Senhor quem colocou esse sonho em meu coração!
— ISSO EU FAÇO COM TODOS. MAS POUCOS TÊM CORAGEM PARA SEGUI-LO. PORTANTO, O MÉRITO É SEU.
— Só preciso mentalizar meu sonho realizado?
— ISSO É O COMEÇO.
— Sabia que não seria tão fácil.
— NA REALIDADE É.
— E o que acontece depois?
— QUANDO VOCÊ TEM PLENA CONVICÇÃO DE QUE SEU SONHO IRÁ SE REALIZAR, ESTÁ ACREDITANDO EM SI. VOCÊ É AQUILO QUE ACREDITA SER.
— Entendi.
— ACREDITANDO QUE É, VOCÊ SENTE, PENSA, FALA, ENFIM, AGE COMO TAL. SÃO ESSAS ATITUDES QUE TÊM ENORME FORÇA CRIADORA, MOVIMENTANDO AS LEIS DO UNIVERSO PARA QUE REALIZEM NO MUNDO FÍSICO O QUE VOCÊ CRIOU NO MUNDO MENTAL.

— Quais são essas leis?

— EXISTEM VÁRIAS, MAS, NESSE CASO, AS TRÊS PRINCIPAIS QUE TRABALHAM EM CONJUNTO SÃO: LEI DA ATRAÇÃO, LEI DO MERECIMENTO E LEI DO AMOR.

— Como elas agem?

— A LEI DA ATRAÇÃO EU JÁ EXPLIQUEI, MAS ELA SÓ TRABALHA COM PERFEIÇÃO JUNTO À LEI DO MERECIMENTO E À LEI DO AMOR.

— E como isso acontece?

— QUANDO ESCOLHER UM OBJETIVO, FAÇA AS SEGUINTES PERGUNTAS: QUEM SE BENEFICIA COM ELE? MEU OBJETIVO É EGOÍSTA OU ALTRUÍSTA? PARA REALIZÁ-LO, ALGUÉM SERÁ PREJUDICADO? POR QUE QUERO REALIZÁ-LO? SE AS RESPOSTAS FOREM VERDADEIRAMENTE ACEITAS PELA SUA CONSCIÊNCIA, O PROCESSO DE REALIZAÇÃO DARÁ PROSSEGUIMENTO.

— Minha consciência que é escolhe?

— SIM. NA VERDADE, SUA CONSCIÊNCIA É UMA PARTE MINHA EM VOCÊ. FUNCIONA COMO UMA BÚSSOLA, INDICANDO SEMPRE O MELHOR CAMINHO. USE-A E EVITARÁ MUITO SOFRIMENTO.

— E se minha consciência não estiver de acordo com algum método que eu use para atingir o objetivo?

— VOCÊ SABERÁ QUE NÃO MERECE E SENTIRÁ CULPA. ISSO ENTRA EM CONFLITO COM O DESEJO DE REALIZAÇÃO E O ANULA, POIS NEGARÁ A SI PRÓPRIO.

— Posso fazer uma última pergunta?

— CLARO!

— Usou meu pai para me dar o livro?

— SIM. SEMPRE EU ME SIRVO DAQUELES QUE AMAM PARA CRIAR OPORTUNIDADE A TODOS. APROVEITÁ-LAS É COM VOCÊS. NÃO INTERFIRO NO LIVRE ARBÍTRIO DE NINGUÉM.

— Como receber o livro, mas não o ler?

— EXATAMENTE! MAS VOCÊ NÃO VAI FAZER ISSO.

— Como sabe?

— PORQUE JÁ ESTÁ LENDO. COMO ACHA QUE ESTÁ CONVERSANDO COMIGO?

Assim, terminara aquela conversa que marcaria meu espírito para sempre, revelando-me os maiores segredos no campo das realizações pessoal e profissional.

Eu havia lido e relido aquele livro e, após estar familiarizado com seus conceitos, passei a exercitá-los diariamente.

Deitava-me na cama para dormir, fechava os olhos, fazia o relaxamento e conectava-me com o "alto". Passava então a mentalizar como seria minha estreia no time profissional. Eu, logicamente, jogaria pelo Palmeiras. Entraria no Morumbi lotado e seria saudado pela torcida. Nosso adversário seria o arqui-inimigo Corinthians. Eu faria o gol da vitória e correria para comemorar com a torcida alviverde. Uma festa maravilhosa em que todos gritariam meu nome.

Eu mentalizava meu sonho com tanta realidade, que podia viver de fato cada emoção.

Agradecia a Deus pelo sonho que eu havia realizado no plano mental!

Agora, a força criadora do universo se encarregaria de concretizá-lo no mundo físico, conforme Deus havia me prometido...

Eu mentalizava este sonho, dia após dia, semana após semana, mês após mês... Assim eu escrevia meu destino...

Esses exercícios mentais e espirituais não eram próprios para um menino de minha idade, porém eu me sentia atraído por essas descobertas, principalmente quando elas vinham ao encontro de meus interesses, como realizar meu sonho. Assim, eu desenvolvia enorme conhecimento do que muito tempo depois passou a chamar *Programação neurolinguística*.

A ESCOLA

Sempre tive enorme facilidade em aprender, porém meu temperamento inquieto me trazia muitos problemas, pois não conseguia prestar atenção a uma coisa durante quatro horas, por mais interessante que ela fosse. Entretanto, mesmo com essa dificuldade, sempre estava entre os primeiros da classe.

O que mais me fascinava, entre todas as matérias, era a aula de História. Embebia-me com aqueles ensinamentos de outros povos em tempos longínquos. Imaginar a Grécia e a Roma Antiga me fazia sonhar e me transportar para aquela época. Eu já tinha lido todos os clássicos da Literatura que estavam disponíveis na biblioteca ambulante do bairro. Entre eles figuravam: *Ivanhoé, Robin Wood, Ricardo coração de leão, Rei Arthur, Os três mosqueteiros, Os irmãos corsos, A volta ao mundo em 80 dias, Os cavaleiros da távola redonda, Ali Babá e os quarenta ladrões, Moby Dick, O pequeno príncipe* e tantos outros.

A Filosofia me fazia sonhar e eu adorava conhecer um pouco da natureza humana por meio de Sócrates e Platão. Quando olhava para o céu e o via forrado de estrelas, perguntava-me se Deus havia feito aquilo somente para nossos olhos e vinha então a pergunta inevitável:

— Para onde nós íamos depois de morrer?

No meu entender, a vida não teria o menor sentido se não houvesse uma continuidade. Essas coisas ninguém havia me explicado a não ser com subterfúgios que em nada me convenciam ou satisfaziam.

Eu era um líder nato. Minha forte personalidade e o alto poder de persuasão faziam que não fosse difícil prevalecer as minhas ideias e opiniões. Para isso, eu sempre procurava argumentos lógicos e com fundamentos verdadeiros, e era isso que me fazia respeitado pelos demais. Em um mundo onde ninguém sabia ao certo o que queria, todos seguiam com naturalidade alguém que sabia exatamente para onde estava indo.

Essa característica dava-me enorme destaque entre o sexo oposto. Paradoxalmente a meu jeito falante, eu era muito tímido com as mulheres, mas o meu magnetismo pessoal sempre acabava atraindo-as. Porém, só namorava alguém quando de fato gostava. Minha forte noção de justiça não me permitia namorar mais de uma garota ao mesmo tempo, além disso, na minha época não existia esse negócio de "ficar", e quando acontecia um namoro era na intenção sincera de um possível casamento futuro. Minha personalidade exclusivista reafirmava ainda mais a forma de nossa rígida educação sexual.

A escola ficava em frente ao clube, e esse era um motivo ainda maior pelo qual ela fazia papel de relação social entre os jovens do bairro, uma vez que ou se estava na escola ou no clube.

Esta localização geográfica me era fatal, pois às vezes não resistia à tentação de cabular aula e ficar jogando futebol no clube, ocasiões que me valiam boas surras de meus pais. Tudo era motivo para jogar.

No recreio, jogávamos futebol no pátio da escola com tampinha de Coca-Cola.

Era, portanto, natural que a matéria que eu mais gostasse fosse Educação Física. Nessa aula, aprendíamos vários esportes, e eu gostava de todos eles. Os básicos eram handebol, futebol de salão, vôlei e basquete. Eu dominava todos com boa destreza, mas me sobressaía no futebol de salão e no vôlei.

Eu fazia parte da seleção do colégio, e todo ano participava do campeonato municipal. Nossa escola era sempre destaque e eu muito contribuía para isso em razão da minha facilidade para o esporte. Em determinada época, parei de jogar futebol e me dediquei exclusivamente ao vôlei. Fiz teste no Palmeiras e cheguei a ser federado, disputando o Campeonato Paulista da categoria. Após um ano, saí do vôlei e entrei no basquete, também no Palmeiras, onde me dediquei por um ano.

Nunca entendi muito bem por que deixei de fazer uma coisa que amava e que tinha um objetivo, como no caso do futebol, para fazer outros esportes que, apesar de gostar, não me levariam, profissionalmente, a lugar nenhum. Muito tempo depois compreendi o motivo pelo qual eu deveria passar por aquelas experiências.

Essa mudança de esportes teria grande importância no desenvolvimento das atividades futuras, que o "alto" havia me reservado...

Portuguesa de Desportos

Continuava a jogar todos os domingos no campo do clube. Entretanto, como eu estava mais velho e com maior destreza de movimentos, tinha sido convidado a participar do time de sócios. Esse time jogava logo após a equipe dente-de-leite e era composta por associados adultos do clube. Eu tinha apenas 14 anos, mas minha habilidade, velocidade e agilidade possibilitavam-me jogar sempre com os mais velhos. Logo nas primeiras semanas já era destaque nesta categoria. Para minha surpresa, o técnico dessa equipe era o sr. Edmundo. O mesmo que fora meu vizinho e que continuava me elogiando e apostando que eu teria um futuro dentro do futebol profissional. Nessa época, a equipe da Portuguesa de Desportos alugou o campo do Pirituba para que o time profissional treinasse. Os jogadores eram muito respeitados, pois foi na época em que a Portuguesa havia sido campeã paulista junto com a equipe do Santos de Pelé. Os treinos eram realizados durante a semana e o campo enchia de curiosos para ver os jogadores. Entre eles estava eu, que não perderia a oportunidade de ver de perto os heróis que tinham atingido aquilo que eu almejava. Lembro-me de acompanhar os jogadores no trajeto que ia do ônibus até a entrada do gramado. Eram homens enormes para meu pequeno porte de adolescente. Marinho, Tatá, Moacir e Enéas eram alguns que chamavam a atenção. Entretanto, o que mais me despertava respeito era o capitão daquela equipe. Um negro de quase dois metros de altura chamado Badeco. Ele tinha uma barba cerrada e seu olhar era de austeridade. Parecia um príncipe africano, tamanha era sua altivez. Eu nem imaginava como seria enfrentar em campo um homem daquele tamanho!

    Entretanto, o ídolo era o Enéas, jogador sossegado que chegava a dormir em campo. Mas, quando resolvia jogar, fazia coisas mágicas com a bola, pois era dono de uma habilidade inigualável! Sem dúvida, o maior jogador da Portuguesa de todos os tempos. Após o treino coletivo, Enéas fazia várias cobranças de pênaltis no goleiro Moacir. Lembro que eu e mais uma centena de garotos ficávamos fascinados atrás do gol, vendo quase sempre a bola entrar em um lado e Moacir pular para o outro.

FOTO 13 – Campo do Pirituba Futebol Clube.

Após um tempo, a equipe juvenil da Portuguesa também começou a treinar naquele campo. Seu técnico era o Julio Botelho, famoso ponta-direita da Seleção Brasileira na Copa de 1954.

Numa dessas oportunidades, o sr. Edmundo, meu técnico no Pirituba, veio me dizer que havia conversado com o Julio Botelho e falado muito a meu respeito. Ele havia ficado interessado e disse que eu deveria me apresentar na Portuguesa para fazer uma "peneira", um tipo de teste em que seriam escolhidos os melhores. Chegando o dia aprazado, lá fui eu ao Canindé, local onde seria a tal "peneira". O sr. Edmundo me acompanhara e estava mais nervoso que eu.

Após os garotos se trocarem, foram formados os times. Contei mais de cem meninos no local. Tínhamos oito equipes para treinar. Cada jogo não durava mais de 15 minutos, o que era pouco tempo para se mostrar alguma qualidade, pois nesse curto espaço alguns jogadores mal pegavam na bola. Para piorar a situação, notei que o Julio Botelho não prestava atenção ao campo, preferindo ficar contando suas conquistas e glórias passadas aos adultos que assistiam ao treinamento.

Chegada minha vez de jogar, pedi para que o céu me abençoasse e entrei confiante. Recebi a bola pela extrema direita, encarei o adversário e fui para cima com a bola dominada, dei uma finta e fui até a linha de fundo, de onde fiz um cruzamento perfeito na cabeça do centroavante de minha equipe. O garoto cabeceou na trave! Instintivamente, olhei para o Julio Botelho, que continuava de costas para o campo a contar suas histórias dos tempos de jogador. Ele não tinha visto minha jogada! E assim ele ficou até o final. Quando terminou o teste, o sr. Julio Botelho reuniu todos os garotos à sua frente e disse em tom professoral:

— Infelizmente, hoje ninguém foi aprovado. Nenhum de vocês se destacou. Espero que tenham mais sorte da próxima vez!

Aquilo para mim foi uma afronta!

Como aquele homem poderia dizer aquilo sem nem mesmo ter visto o treino? E meu esforço para realizar aquela linda jogada?

O sr. Edmundo estava revoltado como eu. Na volta, tentava me animar dizendo que eu tinha treinado bem, mas minha frustração era total. Levei algum tempo para digerir aquela derrota.

Entretanto, a vontade de realizar meu sonho era inabalável e após algumas semanas eu havia me recuperado totalmente, pois sabia que aquilo seria só o começo, mas eu não estava disposto a desistir de meu sonho e, assim, treinava como nunca!

Uma coisa eu poderia garantir. Não seria a última vez que o sr. Julio Botelho ouviria falar de Julio Cesar.

TREINOS

Após aquela experiência na Portuguesa, comecei a perceber que teria que estar muito bem preparado, pois a concorrência era enorme. Eu me perguntava: "Se na Portuguesa tinha mais de cem jogadores por dia para fazer "peneira", quantos não teriam no Palmeiras ou Corinthians?"

A resposta a essa pergunta me fez ver a urgência em intensificar meus treinos. Era certo que mais da metade daqueles garotos que queriam ser jogadores de futebol não estava disposta a fazer o necessário para atingir esse sonho, e era isso que me diferenciava do resto. Determinação e perseverança!

Eu continuava acordando cedo para treinar, conforme havia me programado, mas o grande problema é que o clube não abria pela manhã, para que eu pudesse usar a quadra. No campo, só podíamos jogar aos domingos. Continuava treinando os fundamentos do futebol no único local que podia. A porta da garagem de casa! Mas sabia que somente aquilo não bastaria. Eu precisava treinar na grama, pois era ali que eu iria jogar.

Resolvi ir todos os dias até o campo do Piritubão, que ficava quase embaixo de um viaduto. Lá, havia um enorme gramado ao lado do campo onde me deixariam treinar. Andava quatro quilômetros para ir e mais quatro para voltar. Pegava minha mochila, colocava chuteiras, bola e dois cones de plástico. Quando lá chegava, calçava minhas chuteiras, marcava o gol com os cones e colocava a mochila no meio do gramado. Ela representaria o adversário que iria me marcar. Eu vinha em velocidade, com a bola dominada, para cima da mochila e, quando chegava a três ou quatro metros, eu driblava a mochila para a linha de fundo e dava o pique. Fazia o cruzamento e ia buscar a bola. Voltava e repetia dezenas de vezes. Depois mudava a estratégia. Ia para cima da mochila com a bola dominada. Em vez de driblá-la pela linha de fundo, eu entrava por dentro e chutava na direção do gol, entre os dois cones. Quando eu marcava, saía comemorando como se estivesse num estádio de futebol. Dava piruetas e socos no ar, comemorando!

Um dia, ao fazer um gol e comemorar com todas aquelas acrobacias, ouvi palmas e um enorme barulho de torcida. Fiquei paralisado e pensei: "Meu Deus! Será que minha imaginação me levou de fato para o estádio de futebol?".

Ao levantar a cabeça, deparei-me com o viaduto cheio de gente tirando sarro de mim e chamando-me de louco, todos rindo muito e fazendo a maior gozação de minhas comemorações!

Eu morri de vergonha!

Esperei que todos saíssem e continuei dando meus dribles e fazendo meus gols. Só que, antes de comemorar, olhava para o viaduto para ver se não tinha ninguém...

Na realidade eu sabia que, para me tornar um bom jogador, teria que desenvolver todas as habilidades possíveis.

Assim, eu treinava simultaneamente a parte técnica e física, e, quando chegava o domingo, eu estava pronto e não havia adversário que me segurasse.

Não perdia oportunidades para treinar. Treinava na quadra do clube, na rua de cima, no campo ou em qualquer lugar que uma bola estivesse rolando. Nunca negava uma oportunidade de "bater uma bola" e, por este motivo, era sempre o primeiro a ser convidado quando se tratava de reunir um grupo para jogar.

Já era conhecido em toda a região, e todos sabiam que eu teria um futuro promissor dentro do futebol.

Capítulo Dois
Futebol

Teste no Palmeiras

No início de 1979, aos 15 anos, meu pai me deu uma notícia que há muito eu esperava:

— Tenho acompanhado seu esforço e achei que já estava na hora de você ter uma chance. Conversei com um amigo de trabalho. Ele é cronista esportivo. Chama-se Luiz Augusto Maltoni. Ele é amigo do diretor do esporte amador do Palmeiras. Você fará um teste na terça-feira.

Eu fiquei atônito. Não sabia se ria ou chorava de alegria. Passou-me na mente, em fração de segundos, os anos de treinamento que eu havia enfrentado até ali. Enfim, eu tinha sido recompensado! Teria uma chance e o melhor: no Palmeiras! Corri para abraçar e agradecer meu pai pela ajuda.

Foi difícil aguardar aquela terça-feira. Parecia que o tempo não passava. O Palmeiras treinava no Centro Educacional de Pirituba (CDM), perto do campo do Piritubão. Na terça-feira, lá estava eu no horário combinado. O campo era de terra. Eu sabia que, se quisesse vencer, isso não poderia ser obstáculo.

Dirigi-me ao vestiário e procurei pelo técnico de nome Geraldo. Expliquei quem eu era, ao que ele me disse:

— Você que é amigo do Maltoni?
— Sim. Foi ele que me mandou.
— Em qual posição você joga?

— Qualquer uma das duas pontas.

— Ok. Vai treinar na ponta esquerda.

Dizendo isso, me deu a camisa do time reserva e me mandou aguardar no campo. Para lá me dirigi e, com outros garotos, comecei a bater bola para me aquecer.

Percebi que só eu faria teste. Os outros já eram inscritos e disputavam pelo Palmeiras o Campeonato Paulista daquela categoria que denominavam juvenil C. Posteriormente, eu ficaria sabendo que existiam juvenil A e B. Ficávamos dois anos em cada um deles, para depois passar a profissional.

Geraldo vinha entrando com o grupo. Todos se sentaram formando um círculo no centro do campo. Após passar as instruções aos dois times, apresentou-me aos demais. O treino iria começar.

Dominei a primeira bola que me passaram e fui para cima do lateral. Joguei-a na direção da linha de fundo e corri. Quando passei pelo marcador, ele colocou a perna na minha frente. Com a velocidade que eu vinha, caí na terra e fui arrastado por uns cinco ou seis metros. Geraldo apitou falta. Pediu calma ao meu marcador e me olhou com respeito. Eu havia sido notado! Olhei a lateral de meu corpo. Estava todo esfolado de sangue misturado com terra. Aquilo não me intimidou, pois meu objetivo principal era entrar no Palmeiras e estaria disposto a qualquer sacrifício para isso. O lateral que me marcava chegou perto de mim e disse:

— Garotão! Você chegou hoje. Mas vai devagar, senão pode se machucar!

Eu respondi:

— Então você vai ter que me matar, pois na próxima bola que pegar, vou de novo pra cima de você!

Na segunda bola, fiz a mesma jogada, só que dei o pique por fora e ele não conseguiu me acertar. Fui à linha de fundo e cruzei. O centroavante entrou e marcou de cabeça. Eu já estava com um pé dentro do Palmeiras! Quando acabou o treino, Geraldo me chamou e me disse:

— Julio, você treinou bem. No começo, é normal ficar um pouco nervoso. Portanto, você ficará um mês treinando para que eu possa avaliar você. Se eu achar que você tem condições, você será inscrito e disputará o campeonato.

— Obrigado pela explicação, sr. Geraldo. Eu vou me esforçar ao máximo para ficar no Palmeiras.

— Agora vá tomar banho e cuidar dessa ferida!

Eu fiquei tão feliz por ter treinado bem, que nem me lembrava de ferida alguma!

Cheguei em casa eufórico e fui logo contando a todos.

Comecei a treinar com o Palmeiras todas as terças e quintas-feiras. Fora esses dias, eu continuava treinando sozinho e não mais jogava no clube, pois tinha medo de me machucar e perder minha chance. Isso me rendeu alguns olhares atravessados de amigos e a fama de presunçoso. Sempre que tinha oportunidade, eu explicava a todos o receio de me machucar. Alguns compreendiam, outros insistiam em disfarçar sua admiração pela inveja. Logo percebi que o fato de vencer dentro do futebol me proporcionaria muitos inimigos gratuitos, pois jogar futebol era o sonho de todo garoto. Aquele que não conseguia realizá-lo por falta de vontade ou outra desculpa qualquer passava a invejar aqueles que não mediam esforços para atingir seus objetivos. Mas isso era um problema deles...

Passei o mês ansioso, pois sabia que entrar para o Palmeiras seria o passaporte para um futuro de glórias. Eu me esforçava muito nos treinos. Atacava, defendia, não parava um minuto em campo e sempre mostrava boa vontade. Terminava os treinos exausto, mas com a consciência tranquila por ter dado o melhor de mim.

Naquela terça-feira, completaria um mês de teste. Eu havia treinado bem. Geraldo havia me dito para tomar banho que depois iria conversar comigo. Ele tanto poderia me dispensar como me aprovar. Era um alemão de fisionomia impenetrável. Não dava para saber o que pensava. Eu estava muito nervoso.

Após o banho, dirigi-me ao campo. Ele me aguardava. Parecia ter prazer naquele ar de suspense.

Quando cheguei à sua frente, ele me olhou e disse:

— Na quinta-feira, traga seu RG e duas fotos. Você será inscrito no Palmeiras.

Eu quase gritei de alegria! Meu Deus! Eu tinha conseguido! Seria jogador do Palmeiras!

Naquele momento, lembrei das pessoas que me chamaram de louco em cima do viaduto e imaginei quantas delas não estariam dispostas a qualquer loucura para estarem agora em meu lugar! Este fato me deu mais certeza de que sucesso se faz com muito trabalho e uma boa dose de ousadia.

FOTO 14 – CDM Pirituba, campo de treino do Palmeiras.

Era comum treinarmos contra as categorias acima da nossa, como juvenil B, juvenil A e até o time profissional do Palmeiras. Nestas categorias, fiz alguns amigos, como o goleiro Martorelli, Gallo e Esquerdinha.

Um dia, o técnico Geraldo reuniu todos e disse:

— Amanhã o treino não será aqui em Pirituba. Vocês deverão se apresentar no Parque Antártica.

Foi quando Vargas perguntou:

— Por que, sr. Geraldo? Vai ter jogo?

Como era peculiar de sua personalidade fazer mistério, o sr. Geraldo, respondeu:

— Amanhã vocês ficarão sabendo.

Logo que chegamos ao Parque Antártica, reparei que o campo de futebol fora construído um nível acima da rua, por isso lhe davam o nome de "Jardim Suspenso". Os vestiários ficavam embaixo do campo e para lá nos dirigimos. Quando estávamos todos reunidos, Geraldo com seu ar enigmático, disse a todos:

— Hoje, nós vamos treinar contra a equipe profissional! Não precisam ficar nervosos. Treinem normalmente. Será uma boa oportunidade para mostrarem seu futebol e serem conhecidos pelo técnico Telê Santana. Agora podem começar a se trocar!

Todos estávamos eufóricos e ao mesmo tempo nervosos.

A equipe do Palmeiras atravessava ótima fase no campeonato brasileiro e tinha estrelas como Jorge Mendonça, Rosemiro, Edu Bala, Mario Soto (zagueiro da Seleção Chilena), além do técnico Telê Santana que, na época, já era considerado o maior treinador do Brasil e um dos melhores do mundo!

Eu iria treinar contra meus ídolos! Nem podia acreditar!

Quando subimos as escadas do túnel que nos levava ao campo e vislumbramos aquele "tapete verde", nem acreditamos, pois estávamos acostumados a treinar em nosso terrão. Após Geraldo nos dar as instruções básicas, fomos apresentados a Telê Santana. Este, muito experiente e sabendo que nossa adrenalina deveria estar a mil, fez uma breve preleção:

— Pedi este treino com vocês para nos conhecermos melhor. Como sabem, está cada vez mais difícil a contratação de estrelas, pelo alto valor de seus passes. Além disso, eu gosto de lançar jovens valores, mas para isso é preciso que tenham qualidade e, principalmente, vontade. A partir de agora, vocês serão observados, e aquele que se destacar poderá ter uma chance no time profissional dentro de um futuro próximo. Entretanto, não fiquem nervosos, pois um jogador não se forma em um treino, mas em toda a carreira. Não se preocupem com erros, pois eles acontecem até com jogadores profissionais. Percam suas energias tentando corrigi-los. Algum de vocês quer fazer perguntas?

E como ninguém ousaria questionar o Mestre Telê, demos início ao treinamento.

Quem mais me chamou atenção foi o artilheiro Jorge Mendonça. Era na época o grande ídolo do Palmeiras e eu estava orgulhoso de treinar a seu lado.

Voltamos a treinar contra o profissional em outras oportunidades e em algumas delas recebi elogios do próprio Telê!

Entre treinos e jogos passei o ano de 1979, sempre me esforçando muito.

Presente inesperado

Quando chegou o mês de outubro, eu teria uma surpresa fantástica! Nossa equipe foi convidada para participar de um torneio quadrangular no Chile! Eu teria a oportunidade de voltar ao país que havia nascido!

Passaríamos lá todo o mês de dezembro. Os representantes dos outros países eram Boca Júnior (Argentina), Universidade Católica (Chile) e Olímpia (Paraguai). Essa feliz coincidência se deu pelo fato de o Palmeiras ter contratado um dos maiores zagueiros chilenos de todos os tempos, Mario Soto. Seria natural que, se o Chile tivesse que convidar alguma equipe do Brasil, seria aquela em que atuava o grande ídolo daquela nação.

Quando contei em casa a novidade, meus pais ficaram muito emocionados, pois isso fez relembrar parte de suas vidas e o local onde tiveram dois filhos.

O empresário chileno que fez o convite ficou sabendo que nas equipes de base do Palmeiras jogava um menino chileno e com enorme curiosidade veio me procurar após um treino. Chamava-se Patrício e passou-me uma ótima impressão. Sujeito brincalhão, simpático e de olhar franco, tinha um enorme bigode preto do estilo "Zapata". Contei a ele que meu pai havia sido famoso no Chile, pois tinha um quadro premiado com medalha de ouro no museu de Viña del Mar. Patrício se interessou muito e disse que gostaria de visitar meus pais, pois era correspondente do maior jornal chileno chamado *La Mercúrio*. Ele sabia que uma matéria com minha família, principalmente naquelas circunstâncias de eu estar no Palmeiras, teria enorme repercussão em todo país. Após consultar meus pais, combinamos que Patrício deveria almoçar em casa no próximo domingo.

Meus pais logo simpatizaram com ele, que se tornou amigo de nossa família. Naquele almoço, ouvindo as histórias que meus pais contavam sobre todas as passagens que vivenciaram no Chile, eu fiquei maravilhado, pois eles nunca tinham nos contado aquilo. Esse fato só fez aguçar mais ainda a minha curiosidade em conhecer de fato aquele país que, para mim, era praticamente desconhecido, uma vez que todos voltamos ao Brasil quando eu tinha apenas dois anos e meio.

Meus pais contaram a Patrício a emoção de ver o Brasil ser campeão mundial, morando em outro país, e as dificuldades que tiveram com o meu nascimento. Eu era ávido por essas histórias e fiquei emocionado ao ver minha mãe derramar lágrimas ao contar sobre meu nascimento. Ouvi sobre todos os problemas que ela enfrentou para me conceber. Foi nesse momento que pude sentir a força do amor de minha mãe e me envergonhei muito de tantas brigas e revoltas por duvidar desse amor. Quando ela terminou, nós chorávamos uns abraçados aos outros!

Falaram sobre toda beleza da cidade onde eu havia nascido, Viña del Mar, uma das mais famosas cidades balneárias da América do Sul. Fiquei sabendo como era lindo o sul do Chile com cidades famosas como Puerto Mont, Valdívia, Temuco, Osorno, Puerto Varas, entre outras. Patrício queria saber tudo, e sua experiência de repórter nada perdia. Contei como entrei no Palmeiras, em que momento escolhi ser jogador de futebol e como havia me preparado para já estar em um clube grande.

Quando achei que o dia já havia me reservado todas as emoções possíveis, tive a maior de todas as surpresas!

O TERREMOTO

A curiosidade natural de Patrício praticamente o obrigou a fazer a pergunta que faltava para encerrar aquela entrevista:
— Sr. Edison, por que vocês foram embora do Chile?
Percebi que meus pais ficaram tensos com a pergunta. Após algum tempo de reflexão, como se estivesse buscando os acontecimentos na memória, meu pai respondeu:
— Por causa do terremoto de 1965.
Patrício ficou curioso e, após olhar para minha mãe, perguntou cauteloso:
— Vocês se incomodariam de contar sobre esse caso?
Meu pai respondeu:
— Eu e a Odette estávamos em locais diferentes quando começou aquela tragédia...
E cada um contou sua versão do que foi o pior momento de suas vidas. Edison parecia hipnotizado ao relembrar aquela terrível tragédia...

Edison estava inquieto. Olhou o relógio da cozinha que marcava 12h05. Já havia almoçado com a esposa, que preparava a refeição dos filhos. A impaciência fazia parte de sua personalidade, pois não conseguia ficar parado por muito tempo. Resolveu ir ao escritório pintar. Avisou Odette e saiu...
Dirigiu-se para seu atelier que ficava a algumas quadras do prédio onde morava. Caminhava pela Avenida Beira-Mar enquanto admirava os barracos de zinco construídas nos morros de Valparaiso. Eram verdadeiras favelas, onde somente seu olhar de artista poderia enxergar o colorido especial. Adorava pintar aqueles barracos. Vinte minutos depois, estava em frente ao prédio de seu atelier. Pegou o elevador e subiu até o sétimo andar. Lembrou-se, então, que não havia feito a barba e, antes de iniciar o trabalho, foi para o banheiro a fim cumprir aquela tarefa. Olhou seu relógio que marcava 12h32. Espalhou espuma no rosto e quando ia passar a

lâmina de barbear, sentiu um forte tremor, que derrubou o espelho do banheiro. Ficou assustado, pois o chão parecia que ia se abrir debaixo de seus pés. Correu para a sala e olhou pela janela. O que viu foi a coisa mais tenebrosa que uma pessoa pode presenciar. Ondas gigantescas com mais de vinte metros de altura vinham dos quatro lados e se chocavam, levantando águas a mais de cem metros de altura. Enormes pedras que havia na areia da praia, pesando cerca de uma tonelada, eram lançadas no meio da avenida como se fossem bolas de gude. O barulho era ensurdecedor. Na sala, a mesa corria a bater de uma parede à outra. Os armários estavam no chão. Edison mal conseguia ficar em pé.

    O sentimento que teve foi de completa impotência perante a situação e sentiu-se o ser mais ínfimo diante da vontade do Criador. Naquele instante soube o real significado da palavra humildade. O terremoto parou tão repentinamente como havia começado. O primeiro pensamento foi para a mulher e os filhos. Como estariam eles? Será que algo grave poderia ter acontecido com sua família? Pensou nos filhos ainda pequenos e sentiu um nó no peito. Desesperado, teve vontade de chorar, mas o momento não era propício para isso e exigia que ele tomasse alguma iniciativa para encontrar a família. Estariam soterrados? Poderiam estar mortos! Desesperado, saiu correndo do atelier e, descendo as escadas o mais rápido que pôde, logo ganhou a rua. Começou a correr em direção ao prédio onde morava. O mar havia se acalmado, mas notou as fendas enormes que haviam sido abertas no solo. Algumas delas chegavam a ter dois metros de largura, sabe-se lá quanto de profundidade. Havia uma multidão de pessoas pelas ruas. Todos estavam apavorados. Todos procuravam familiares que poderiam estar perdidos ou mesmo mortos naquela tragédia. Edison continuava a correr tentando chegar em casa o mais rápido possível. Olhava para todos os lados, tentando identificar sua família em meio à multidão ou algum conhecido que pudesse lhe dar notícias de seus filhos e sua esposa, mas não havia ninguém...

    Odette acabara de preparar o almoço dos filhos. Assim que Edison saiu, alimentou-os e os colocou para dormir, cada qual em seu quarto. Estava na cozinha mexendo o doce de abóbora com coco que fervia no fogão. Lembrou-se da mãe, Teresa, pois esta que a ensinara ainda nos tempos de criança. Amava o doce de abóbora da mãe e aquela era uma boa maneira de matar a saudade de sua genitora. Neste momento, sentiu a panela e o fogão tremerem, porém não se assustou, pois aquilo acontecia todos os dias naquele país. Estava acostumada. Entretanto, aquele parecia mais forte. Morava no segundo andar do prédio e pela janela da cozinha notou enorme movimento de moradores saindo pela porta principal do edifício. Correu para a sala e não acreditou no que viu. Os móveis corriam de um lado para o outro a bater pela parede. Havia várias coisas quebradas pelo chão. Olhou pela janela da sala e pôde ver a igreja, que ficava a uma quadra do prédio, balançando como se fosse um pêndulo. Neste momento, o tremor se intensificou e ela viu quando os armários da sala se abriram, lançando toda louça ao chão. O barulho era ensurdecedor! Desesperada, correu para o quarto em busca dos filhos e, após pegar os dois, desceu rapidamente para o pátio do prédio. A maioria dos moradores aguardava os que ainda não haviam saído. Quando ela apareceu segurando um filho em cada braço, foi rapidamente amparada por eles. O prédio balançava de um lado para o outro e, após alguns minutos, o inevitável aconteceu. Uma lateral do prédio cedeu e parte dele ameaçava ruir. Todos estavam apavorados, pois várias pessoas ainda não haviam saído. A mesma situação ocorria nos prédios vizinhos, o que contribuía para aumentar o desespero de todos. De repente, o terremoto havia terminado. O primeiro pensamento de Odette foi para o marido. E se tivesse acontecido algo de grave com ele? Poderia ter morrido! Odette amava o marido e, olhando para os filhos, não poderia conceber a ideia de criá-los sem ele. Correu para a Avenida Beira-Mar tentando encontrá-lo em meio à multidão. Passaram cinco minutos e não viu sequer um rosto conhecido. Várias pessoas já estavam desaparecidas. Nesse momento, elevou o pensamento a Deus e orou...

    Edison continuava procurando a família enquanto voltava para casa. Haviam passado vinte minutos desde que o terremoto terminara. Já podia ver seu prédio. Os moradores de toda a Avenida Beira-Mar haviam saído de seus apartamentos, temendo um novo tremor. A rua estava um caos, pois era domingo e todos estavam reunidos em suas casas. Fendas abertas no solo, pedras enormes no asfalto, carros virados, pessoas feridas...

Quanto mais se aproximava de casa, mais Edison se desesperava. Sua última esperança era que sua família estivesse em frente ao edifício. Agora só faltava uma quadra. Apressou o passo.

Estava agora defronte ao seu prédio. Desesperado, procurava pela esposa. Perguntou a alguns conhecidos, mas ninguém soube informar. Muitos estavam desaparecidos. Parte do prédio fora bastante abalada e sua família poderia estar presa ou mesmo soterrada. Pensou em entrar e procurá-los, mas logo desistiu. Cinco minutos haviam se passado. Resolveu voltar para avenida e continuar a procura. Já estava perdendo as esperanças, quando lembrou-se de Deus...

Edison não era religioso, porém, fragilizado perante aquela situação, fez um pedido emocionado:

— Meu Deus! Sei que não sou um crente fervoroso, mas sempre procurei viver e tratar a todos de forma correta e justa. Se estas atitudes valeram alguma coisa, eu te faço um único pedido. Não peço por mim, que talvez não mereça, mas pela minha família e principalmente pelos meus filhos ainda pequenos. Que eles não morram neste país, longe de casa! E se não for pedir demais, que eu possa voltar a vê-los, pois são a única coisa que eu tenho!

Neste momento sentou-se na calçada e começou a chorar...

Quando Odette terminou a prece, foi como se Deus tivesse ouvido cada palavra que havia dito, pois ela imediatamente viu um vulto que lhe parecia familiar. Correu em sua direção. Trazia consigo um filho em cada braço. O coração batia rápido.

O vulto estava de costas, sentado à calçada, cabeça entre as mãos, chorando desconsolado.

Odette reconheceu o marido e lágrimas escorreram pelas suas faces. Foi com a voz embargada pela emoção que conseguiu dizer:
— Edison?

Edison pensou ter ouvido uma voz familiar e, sem acreditar no que ouvira, virou o rosto para dar de cara com a mulher e os dois filhos que estavam em seus braços. Não acreditava no que via!

Abraçaram-se por um longo tempo agradecendo a Deus por dar-lhes mais aquela alegria.

Naquele dia eles souberam o real significado da palavra *família.*

Dormiram várias noites em barracas no pátio do prédio, pois pequenos tremores iam e vinham, e ninguém se atrevia a entrar enquanto não tivessem a certeza de um mínimo de segurança para si e suas famílias. Calombos de até cinquenta centímetros de altura formavam-se e moviam-se na superfície do solo. Isso ocorria sob os colchões, enquanto as pessoas dormiam, dentro das barracas.

Começaram a chegar notícias de todo o país e todos ficaram sabendo que haviam muitos mortos e desaparecidos. As cidades de Valparaiso e Viña del Mar foram praticamente o epicentro daquele terremoto. Entretanto, as construções chilenas, de uma forma geral, já eram desenvolvidas para suportar tremores.

Claro que ninguém poderia prever qual seria a intensidade daqueles flagelos, mas cada casa ou, principalmente, prédio construído, já recebia um reforço adicional.

Todos puderam comprovar isso pelos dados oficiais daquele terremoto. Nove graus de intensidade, 7.6 na escala Richter! Um dos maiores terremotos que o Chile já sofreu! Apesar de vários prédios ficarem abalados e alguns até chegando a ruir em parte, nenhum deles desmoronou. As cidades ao norte, na região de Cobreloa, onde havia as minas de cobre, também sofreram muito.

As barragens não suportaram e soterraram toda a cidade com famílias inteiras dos mineiros. Milhares de pessoas morreram.

Dos vários barracos de Zinco que havia nos morros de Valparaiso, dos quais meu pai tanto gostava, metade estava no chão. O país inteiro estava sem telefone ou luz. A água havia sido cortada por medida de segurança, até que passasse aquela crise.

Após uma semana, o país voltou ao normal.

Foi quando Edison disse à esposa:

— Amanhã coloco vocês no primeiro avião para o Brasil. Eu fico para resolver algumas pendências e vou em seguida.

O terremoto ocorreu no dia 28 de março de 1965. No começo de abril, Odette estava segura em solo brasileiro. Edison chegou dez dias depois.

Quando meus pais terminaram aquele relato, todos estávamos chocados com a história, principalmente eu, que jamais poderia imaginar que, com pouco mais de um ano, pudesse ter sobrevivido a tamanha tragédia!

Foi então que me dei conta do seguinte fato: "Eu não era para nascer, mas sobrevivi ao aborto! Enfrentei um terremoto sem sofrer um arranhão!"

Então, eu soube que Deus deveria mesmo ter outros planos para mim... Eu só precisava fazer a minha parte...

FOTO 15 – Avenida Beira-Mar antes do terremoto.

FOTO 16 – Após o terremoto.

Viagem ao Chile

Com grande expectativa, embarquei naquela fascinante viagem. Iria de fato conhecer o país em que eu havia nascido.

Foi com muita emoção que pisei em solo chileno, e, para minha surpresa, toda a imprensa aguardava-me no saguão do aeroporto. Levaram-me direto para a televisão chilena participar de um programa esportivo, junto com os dois maiores jogadores chilenos de todos os tempos: Mario Soto e Elias Figuerôa. Ambos jogavam no Brasil.

Os meios de comunicação queriam explorar de todas as maneiras a história do garoto chileno que foi morar no país do futebol e agora voltava para jogar em sua terra natal como grande promessa de um time brasileiro.

Na primeira banca de jornais, pude ver uma enorme foto minha na primeira página do *La Mercúrio*. Várias revistas traziam reportagens falando sobre minha família. Eu mal chegara ao Chile e já era conhecido em todo o país! Chilenos me cumprimentavam e pediam autógrafos. Pude sentir o amor e o carinho que uniam Brasil e Chile e senti-me orgulhoso daquele povo amável e hospitaleiro.

Durante essa viagem eu tive a oportunidade de conhecer Viña del Mar, cidade onde eu havia nascido.

Saímos de Santiago e pegamos a estrada que nos levaria à cidade praiana. A distância não era mais do que 120 quilômetros. Para fazer uma analogia, era pouco mais que a distância de São Paulo a Santos.

Após um tempo, descemos uma serra. Eu nem piscava e, através da janela do ônibus, a cada curva, esperava ver a cidade que havia nascido.

Era início de dezembro, pleno verão. O sol estava agradável e tudo parecia ter um colorido especial. Sentia-me completamente emocionado. Os outros garotos da equipe me olhavam fazendo gracejos que eu mal escutava. As histórias que eu ouvira de meus pais sobre tudo que eu havia vivenciado naquela cidade passavam pela minha mente como se fosse um filme.

De repente, toda a baixada praiana se descortinou maravilhosa em minha frente! Lágrimas de emoção escorriam molhando meu rosto diante de uma das vistas mais lindas que eu havia visto! Ali estava a minha cidade, e eu estava orgulhoso dela e de toda sua beleza!

Todos ficaram estupefados com a maravilhosa paisagem, pois realmente era digna de cartão postal. Logo na chegada pude reconhecer o enorme relógio de flores de que minha mãe tanto falava como a dar boas vindas a quem visitasse a cidade. Passamos defronte ao famoso cassino que ficava na Avenida Beira-Mar. Eu estava feliz por ter nascido naquele lugar.

FOTO 17 – Primeira vez que avistei Viña del Mar.

FOTO 18 – Relógio de Flores – Viña del Mar, Chile.

Mas havia outra grande emoção que me aguardava, e soube exatamente qual era quando entrei no Estádio Nacional de Santiago do Chile para o nosso primeiro jogo. Olhei para as enormes arquibancadas e imaginei que, há quase vinte anos, meus pais ali estavam sentados presenciando o Brasil sagrar-se bicampeão mundial de futebol! Senti uma ligação mágica com aquele lugar, talvez soubesse que nossa história não acabaria ali...

Eu estava pronto para voltar ao Brasil.

Patrício e Mario Soto foram se despedir de mim no aeroporto, e não pude deixar de agradecer pela oportunidade daquela viagem mágica. Chegamos praticamente em cima do Natal. Toda minha família esperava no aeroporto. Abracei meus pais emocionado. Eles sabiam que a partir daquela viagem eu nunca mais seria o mesmo...

No início de 1980, para surpresa de todos, ouve uma troca de técnico em nossa equipe. Assim que começaram os treinos, percebi que dificilmente me adaptaria à forma de ser e de jogar do novo treinador. Porém, eu não fazia política nem criava "roda" de jogadores para falar deste ou daquele, muito menos para derrubar treinador. Preferi então sair do Palmeiras, o que para mim foi como me separar de uma namorada querida, mas que muito me decepcionara.

TESTE NO CORINTHIANS

Dois meses depois, meu pai conseguiu um teste no Corinthians. Quando ele me contou, eu disse que não iria.

Ele então me explicou que eu não poderia recusar uma oferta daquelas se quisesse jogar profissionalmente. Dizia-me:

— Julio Cesar, se você quiser vencer não pode escolher time. Terá que jogar onde valorizarem mais você.

— Mas pai! Como vou explicar a todos? Vai ser uma gozação! Um palmeirense que joga no Corinthians?

— Bobagem, filho! Qualquer garoto gostaria de estar no seu lugar. Se for o Corinthians que lhe abre as portas e o recebe de braços abertos, então é lá que estará seu coração!

Na época, eu não poderia avaliar quão sábias seriam aquelas palavras de meu pai.

Assim, fui fazer o teste no Corinthians. Conversei com o técnico Joaquim Feliz, que logo me deixou muito à vontade, dizendo:

— Você vem de um grande clube e não vai para outro de menor quilate. Então, conhece o procedimento. Ficará treinando por uns tempos até estar à vontade. Poderá então mostrar todo seu potencial.

Agradeci e fui para o campo. Os treinos do Corinthians eram feitos no estacionamento que os associados usavam nos finais de semana. Havia seis campos de terra batida misturado com pedras britadas. Esse local os jogadores chamavam carinhosamente de "terrão". Eu, quando vi aquilo, fiquei horrorizado e pensei: "Meu Deus! E eu reclamava do Palmeiras!".

Eu já me acostumara com aquela rotina de treinos. Claro que para mim era um ambiente novo no qual não conhecia ninguém, mas estava confiante.

Fui escalado para jogar de ponta-esquerda e reparei que os outros garotos provavelmente seriam de uma categoria acima da minha, pois eram mais velhos.

Esse fato em nada me intimidou e, assim que peguei a primeira bola, segui minha característica e fui para cima do lateral com ela dominada. Estava em alta velocidade, quando dei uma finta no jogador que me marcava e fui para a linha de fundo. O que se passou a seguir já ficou gravado em minha memória.

Quando viu que não teria chances de acertar a bola, o lateral veio no meu corpo e me derrubou. Como eu estava em alta velocidade, fui me arrastando entre terra e pedras por vários metros. Levantei todo "ralado", indignado com meu marcador. Aquilo foi quase uma agressão! O juiz apitou falta, mas nada disse. Antes de reiniciar o jogo, lembro-me de ter vindo um jogador alto e magro, cabelos compridos e encaracolados, jeito desengonçado. Disse ele a meu algoz:

— Calma, Azanha. Não precisa fazer isso, pois o menino chegou hoje! É só um treino.

Ao que o outro respondeu:

— É melhor assim, Casagrande! Estes moleques vêm aqui e querem nos desmoralizar com seus dribles.

E continuou, ameaçador, dirigindo-se a mim:

— Para com essa correria para cima de mim, garoto! Senão poderá se machucar!

Eu respondi:

— Estou treinando normalmente. Meu estilo é este e eu não vou mudar por sua causa!

Dito isso, cobrei a falta e continuamos o treino.

Na segunda bola que peguei foi a mesma coisa. O tal Azanha veio e entrou duro em mim, mas consegui sair de seus pontapés e fiz o cruzamento. Ao final do treino, estávamos quase nos pegando a tapa!

Aquele rapaz era famoso por intimidar os atacantes, mas comigo nada conseguiu. Quanto mais ele me derrubava, mais eu ia em cima dele! Nesse clima de guerra, terminou o treino. Eu, mesmo sem saber, fiquei com fama de corajoso e voluntarioso entre todos, inclusive para o técnico.

Aquele garoto alto e desengonçado veio ao meu encontro e me disse:

— O Azanha dá porrada em todo mundo! Você é corajoso em enfrentá-lo. Parabéns! Como se chama?

— Julio Cesar, e você?

— Walter. Mas pode me chamar de Casagrande.

Assim, tornei-me amigo daquele que viria a ser um dos maiores artilheiros da história do Corinthians.

Passados 15 dias, o sr. Joaquim Feliz veio me procurar após os treinos e disse:

— Julio Cesar, você deve ter percebido que está treinando em uma categoria acima da sua. Fiz isso de propósito para melhor avaliar suas qualidades. Você vem se portando muito bem e, se fez isso nesta categoria, imagina o que poderá fazer na sua! Traga seus documentos que precisamos inscrevê-lo no campeonato!

Novamente eu consegui! Aquilo me deixou muito feliz. Não só pelo fato de eu ter sido aprovado, mas também por ter agradado a todos. A partir daquele dia eu passei a treinar com os garotos de minha categoria.

Minha *performance* foi como o sr. Joaquim previu. Eu arrebentava nos treinos! Isso me valeu a condição de estrela e líder da equipe.

Naquele ano, eu disputei o Campeonato Paulista da minha categoria e, em pouco tempo, era considerado como a grande promessa do clube.

A partir daí, tive maior noção de profissionalismo, afinal o Palmeiras, meu time do coração, havia me cerrado as portas. O Corinthians, grande rival, recebia-me de braços abertos.

Percebi que o melhor time é aquele que acredita em nós, valoriza-nos, dá-nos oportunidade, investe em treinos e lança-nos no mercado, além de pagar nosso salário. Era por esse time que eu deveria "dar o meu sangue".

Aquele ano foi uma ótima experiência para mim, pois alguns jogos do Campeonato Paulista eram realizados nas preliminares do time profissional em grandes estádios como Morumbi ou Pacaembu. Nesses jogos, tínhamos exata noção do que seria jogar com o estádio lotado, pois a torcida chegava cedo e vibrava com nosso jogo. Tínhamos assim a oportunidade de exercitar nossos nervos e preparar-nos psicologicamente para quando enfrentássemos aquela situação como jogadores profissionais.

Até que chegou o jogo que eu mais esperava. Corinthians x Palmeiras. Seria preliminar dos profissionais e ocorreria no Estádio do Morumbi. Quando entramos em campo, fomos saudados pela torcida corinthiana que já era grande nas arquibancadas. Eu estava emocionado. A torcida do Palmeiras satirizava a torcida do Corinthians chamando-a de "cachorro". A torcida do Corinthians respondia gritando "porco". Sentíamos a rivalidade no ar!

Esse jogo terminou 4 x 3 para nossa equipe, e só não fizemos mais gols porque Martorelli, goleiro do Palmeiras, estava em uma tarde inspirada.

Disputei o resto do campeonato como grande destaque.

Por esse motivo, apesar de muito jovem, fui escolhido para integrar a equipe que disputaria a "Taça Cidade de São Paulo de Juniores", um campeonato famoso em todo o mundo, onde se disputava torneio com times de todo o Brasil e até do exterior. Todos os jogos eram televisionados, pois o campeonato profissional parava para férias. Esse torneio tomava então proporções enormes e era acompanhado por toda a mídia nacional. Ótima chance de aparecer para todo o Brasil. Eu estava animado e treinava muito para obter uma oportunidade na equipe.

Mas fiquei apreensivo quando recebi uma péssima notícia. Eu chegava para treinar quando meu amigo Carmelo, um companheiro de time, disse-me:

— Você ficou sabendo?

E eu respondi:

— Do que?

— Hoje chega o novo treinador.

— Mas e o sr. Joaquim?

— Foi mandado embora.

Fiquei preocupado. Aquele homem era meu maior incentivador e acreditava de fato que eu seria, em pouco tempo, uma grande revelação do Corinthians. Perguntei a razão daquilo a Carmelo:

— Por quê?

— Sei lá!

— E quem é o novo técnico?

— Vamos saber agora.

Assim, fomos para o vestiário e aguardamos junto com os outros jogadores.

Logo entrou o diretor com o novo técnico. Ao olhar para ele, quase desmaiei!

Era o Julio Botelho! Aquele que havia me causado péssima impressão quando fiz os testes na Portuguesa!

Pensei comigo: "Mas que azar! Logo aqui!". Após ser apresentado e falar as coisas de praxe, o sr. Julio Botelho pegou um papel do bolso e disse:

— Só poderão ser inscritos na Taça São Paulo 18 jogadores. Temos uma lista com vinte. Portanto, dois ficarão de fora. Vou chamar por nome cada um dos 18 jogadores que participarão.

E assim começou a chamar os jogadores. A cada nome falado, a agonia era intensa. Meu coração batia rápido. Eu pensava comigo: "Meu Deus! Será que esse homem não vai falar meu nome?".

E ele chamou:

— Eli!

Eu pensava: "Ainda está no começo! Tenho chances!".

— Casagrande!

E assim foi falando nome por nome, e nada de chamar por mim.

— Luis Alberto... Lídio... Ronaldo...

Quando chegou ao final, após chamar 17 nomes, apavorei-me e pensei: "Só falta um nome! Tem que ser agora!".

E o sr. Julio Botelho chamou:

— João Alves!

Eu estava fora!

Quando ele disse o último nome, minha decepção foi tão grande que tive de me controlar muito para não chorar! Um grande sentimento de perda... Um vazio invadiu meu coração, e senti-me o filho preterido, como muitas vezes acontecera em casa. Olhei em volta. Todos riam e se congratulavam. Foi uma difícil derrota! Minha vontade era ir para casa e dormir pelos próximos dez anos!

Como eu havia sido cortado da equipe, já estava automaticamente de férias.

As dificuldades

Anos atrás, meu pai havia comprado um sítio no interior de São Paulo. Ficava a 15 quilômetros da cidade de Registro, no vale do Rio Ribeira. A região era muito atrasada e os únicos cultivos eram a banana e o chá, realizados principalmente pela colônia japonesa que ali se instalara no início do século.

Meu pai adorava o sítio e viajava para lá nos finais de semana a cada 15 dias. Ninguém da minha família gostava do sítio, porque ainda não estava pronto e as instalações de moradia eram precárias. O único que o acompanhava naquelas viagens era eu.

Com o passar do tempo, meu pai foi melhorando a estrutura daquele lugar, tornando-o mais habitável, e iniciou uma criação de coelhos, da qual a venda da carne e da pele criava uma segunda fonte de renda familiar.

Além disso, o Brasil vivia tempos problemáticos e meu pai tinha dificuldade de conseguir trabalhos de *free-lancer* nas agências de propaganda, declinando consideravelmente sua situação financeira, o que o obrigou a tomar duras medidas.

E foi assim que, um dia, reuniu a família e comunicou a todos a triste notícia que me distanciaria ainda mais de meu sonho:

— A nossa situação financeira está muito difícil. Meu trabalho na agência está parado e não temos dinheiro sequer para pagar o aluguel. Nossa única saída é ir morar no sítio!

Ninguém disse nada!

Todos ficaram chocados, pois sabíamos que aquela mudança significaria enorme sacrifício. Ninguém queria ir, mas não havia outra opção.

Mal sabia eu que isso causaria minha maior provação, na qual eu teria oportunidade de demonstrar até onde estaria disposto a ir, por amor ao futebol.

Assim, em dezembro de 1980, nossa família mudou-se de São Paulo para a cidade interiorana de Registro. Eu acompanhei todos normalmente, pois estava de férias.

Lá chegando, instalamo-nos da melhor maneira possível, e, apesar dos problemas, éramos uma família unida e feliz. Entretanto, tinha uma coisa que muito me incomodava. Eu deveria me apresentar ao Corinthians para os treinos, no início do ano, e assim perguntava-me: "Será que o Corinthians me dará alojamento? Preciso resolver isso antes de acabar as férias! Na próxima semana vou até lá falar com Julio Botelho. E se não me derem alojamento? Onde vou morar? Não vou abandonar meu sonho agora que estou tão perto! Meu Deus! Que será que vai acontecer!".

Essa situação indefinida consumia minhas energias, e nessa angustiante expectativa passei minhas férias.

Até que, no final de janeiro, aproveitei uma das viagens que meu pai fazia a São Paulo para comercializar os produtos que desenvolvia no sítio e fui ao Corinthians falar com o diretor.

Expliquei a ele minha situação. Disse que meus pais haviam se mudado para o interior e que eu precisava morar no alojamento do clube. Ele me disse que somente o técnico Julio Botelho poderia decidir isso, pois o alojamento gerava muito gasto ao clube e era limitado somente aos titulares. Fomos procurar o técnico, e, ao encontrá-lo, o diretor fez a pergunta:

— O Julio Cesar está me dizendo que sua família se mudou para o interior e que ele precisa do alojamento do clube. Eu disse a ele que por motivos de gastos somente os titulares podem morar aqui. Então, como você é o técnico, será você que decidirá.

Julio Botelho olhou para mim e disse:

— Este ano você não começará como titular. Portanto, se não tem lugar para ficar aqui em São Paulo, sugiro que você volte a morar com sua família e abandone o futebol!

Aquelas palavras tiveram efeito de uma bofetada, tamanha dor que me causara.

Não era dor física, mas moral! Pela segunda vez aquele homem humilhava-me e acabava com o meu sonho!

Voltei para o sítio completamente derrotado! Não sei se teria forças para sobrepor esse obstáculo. Ainda faltava uma semana para iniciar os treinos e eu não tinha a mínima ideia de como poderia resolver aquele problema.

Descansei ao chegar. Recebi o carinho da minha família. Recarreguei minhas energias. Aproveitei o silêncio daquele lugar bucólico para entrar em contato comigo e com a espiritualidade. Foi quando tive a terceira conversa com Deus, que me disse pela força do meu coração:

— ESTÁ COM MEDO?

— Confesso que sim.

— POIS NÃO DEVERIA.

— Como não? Meu problema é intransponível!
— NADA É INTRANSPONÍVEL PARA QUEM TEM VONTADE E FÉ!
— Mas está muito difícil.
— E NÃO É A DIFICULDADE QUE O TORNA GRANDE? NINGUÉM SONHA COM O QUE NÃO PODE REALIZAR. ENFRENTE SEU DESTINO COM CORAGEM! ESTEJA DISPOSTO A ENFRENTAR TODOS OS OBSTÁCULOS QUE APARECEREM PELO CAMINHO E VAI VENCER! FAÇA APENAS SUA PARTE E CONFIE NA PROVIDÊNCIA! ESCUTE SEU CORAÇÃO!

Naquele momento eu tomei uma resolução.

Enchi-me de determinação e coragem e fui procurar meu pai. Disse então a ele:

— Vou para São Paulo mesmo que tenha que passar fome e dormir na rua, mas não vou desistir do meu sonho.

Meu pai me olhou com um misto de admiração e orgulho, pois fora ele quem havia me passado toda aquela obstinação.

Assim, meus pais conseguiram que eu ficasse por uns tempos na casa de uma amiga de nossa família, dona Elza, que morava no centro da cidade de São Paulo. Foi muito difícil me despedir de todos, pois eu saía do aconchego e da segurança do meu lar e seguia rumo ao desconhecido. Nunca me esquecerei do momento em que minha mãe se aproximou e me disse:

— Filho, nunca esqueça os ensinamentos de seus pais. Fique longe dos vícios e de confusão. Não faça nada que possa machucar o coração da sua mãe. Eu confio na educação que lhe dei. Você está pronto. Vá atrás do seu destino. Que Deus o abençoe, filho querido!

E me deu um abraço emocionado, arrancando lágrimas de todos.

Com essas palavras, segui pela estrada de terra onde pegaria o ônibus até a rodoviária de Registro para vir a São Paulo.

Foi difícil me despedir da família. Nem olhei para trás, pois sabia que eles estariam acenando até que eu desaparecesse na primeira curva do caminho, e aquilo era emoção demais para mim. Ali ficava um pedaço do meu coração.

FOTO 19 – Estrada de terra na entrada do sítio.

Assim, eu cheguei à antiga rodoviária de São Paulo, numa segunda feira às 18 horas, apertando com força o papel que continha o endereço da amiga de minha mãe, a quem eu deveria procurar.

Ela morava na Alameda Barão de Limeira, próximo à rodoviária, e eu poderia ir a pé.

Caminhava inseguro para meu destino, pois não sabia como seria recebido.

Cheguei em frente ao edifício e conferi o número. Era aquele. O aspecto era ruim, malcuidado e com pintura descascando. Olhei para o saguão e reparei o tapete surrado que levava ao elevador. Não havia porteiro. Entrei. O saguão cheirava a mofo. Fui para o elevador. Entrei e apertei o oitavo andar. Meu coração batia forte e descompassado. O elevador parou no andar de destino. Abri a porta e saí. Acendi a luz do *hall*. Procurei pelo número 85. Andei até a porta e toquei a campainha. O papel que continha o endereço estava todo molhado pelo suor de minha mão. A porta se abriu e pude ver uma senhora na faixa dos cinquenta anos. Disse então a ela:

— Boa noite. Eu sou o Julio Cesar, filho da Odette.

E ela então me deu um sorriso e abriu a porta para que eu entrasse, dizendo:

— Mas é claro! Seja bem vindo! Sua mãe me ligou e explicou a situação. Somos pessoas simples, mas você pode ficar à vontade.

Entrei e vi uma garota de uns 14 anos que estava sentada no sofá. Dirigi-me até ela e a cumprimentei.

Dona Elza apresentou a menina:

— Esta é Raquelzinha, minha filha.

Sentei-me ao lado dela no sofá. De repente, saiu do quarto, entrando na sala, o filho mais velho que se chamava Marcos, que veio me cumprimentar com simpatia. O filho caçula estava para chegar e, quando isso aconteceu, eu já estava entrosado, conversando com todos.

Aquela família vivia com dificuldades, mas era feliz.

Todos eram muito simpáticos e fizeram questão que eu me sentisse à vontade. Percebi que o fato de jogar nos juvenis do Corinthians exercia certa fascinação nas pessoas, e com aquela família não era diferente. Não que tivessem algum interesse futuro, mas o nome Corinthians abria portas.

Logo percebi que o apartamento era muito pequeno para tanta gente, pois tinha somente um dormitório, onde dormiam as mulheres. O sofá da sala era uma bicama; em cima dormia o filho mais novo, embaixo o mais velho. Percebi que a dona da casa ficou constrangida ao me mandar dormir nas almofadas da sala, mas não desacomodaria os filhos por minha causa. O chão era de taco de madeira, e por cima das almofadas eu me ajeitei como pude. Assim foi o primeiro dia com aquela família. No fundo, eu estava grato por eles estarem me ajudando, dividindo comigo o pouco que possuíam.

No outro dia levantei cedo e fui treinar. Quando cheguei ao vestiário e encontrei o técnico Julio Botelho, disse a ele que tinha arrumado um jeito de ficar em São Paulo e continuaria treinando. Ele concordou com a cabeça, sem nada responder. Agora, cada treino era uma chance de mostrar que eu merecia jogar e, consequentemente, morar no alojamento. Eu provaria isso a todos, principalmente ao treinador. Assim, eu dava tudo de mim. Chegava à casa de Dona Elza, exausto dos treinos, e só queria descansar.

Na primeira semana morando com ela, eu chegava do Corinthians e pouco depois ia almoçar. Todos os seus filhos estavam a minha volta, e, depois que eu me servi, Dona Elza disse uma coisa que eu jamais vou esquecer:

— Julio, não quero chatear você, mas em casa somente eu trabalho e somos muitos para comer. Não pegue muita comida, afinal você não...

Ela não precisou terminar a frase para que eu a entendesse. Aquilo me queimou as entranhas de vergonha e humilhação!

Eu não havia pegado muita comida, mesmo assim devolvi um pouco do prato para a panela e fui sentar-me à mesa. Mal consegui comer, tamanho o nó em meu estômago!

Com esse clima é que eu treinava todos os dias. Saía da Barão de Limeira, pegava a Avenida Duque de Caxias, olhava para a estátua do Duque de Caxias e seu majestoso cavalo na Praça Princesa Isabel e ia até a Estação da Luz. Andava até a Praça da Luz e pegava o ônibus que me levava até o Corinthians. No trajeto, sentado no ônibus, eu encostava a cabeça na janela e olhava para o céu. Nesses momentos, sentia toda força de Deus me dizer que eu estava no caminho certo. Isso me dava enorme otimismo e entusiasmo para que continuasse a dar o melhor de mim nos treinos. Eu sabia que somente treinando muito e me dedicando ao máximo reverteria aquela situação. Além disso, lembrava-me de uma das lições de meu pai:

— A pior coisa que pode acontecer a uma pessoa é olhar para trás e ver que, se tivesse tentado, poderia ter vencido!

Eu não queria chegar ao fim da vida como um derrotado! Tudo que estivesse ao meu alcance eu faria para realizar meu sonho, o resto era com Deus.

O ambiente, tanto do prédio como da vizinhança onde morávamos, proporcionava oportunidade para todo tipo de desvio e delinquência, principalmente o acesso às drogas. Porém, eu tinha uma estrutura familiar que me havia esclarecido a esse respeito e ainda podia lembrar das palavras da minha mãe quando nos despedimos:

— Fique longe dos vícios e dos problemas!

Além disso, eu tinha um difícil sonho a realizar e o que menos precisava era de mais problemas além dos que eu já tinha.

Assim passaram-se três meses e, em determinado dia, Dona Elza chamou-me dizendo:

— Julio, a situação está muito difícil. Não posso mais ficar com você em minha casa. Você precisa sair.

Aquelas palavras me soaram como uma bomba! O medo se apossou de mim. Eu agora me perguntava: "Onde moraria? Como continuaria a busca de meu sonho? Teria que voltar para a casa de meus pais?".

Perguntei a ela se poderia partir no outro dia cedo, pois já eram 17 horas. Dona Elza concordou.

Naquela noite não dormi, pensando em quais seriam minhas alternativas para solucionar aquela terrível situação. Havia somente duas opções naquele momento: voltar ao sítio e abandonar meu sonho ou continuar e enfrentar tudo que aparecesse no caminho.

Saí pela manhã e confesso que ainda não havia resolvido. Fui caminhando pela Avenida Duque de Caxias e, quando cheguei à Praça Princesa Isabel, percebi que havia chegado na maior bifurcação do meu destino.

Olhei para a Estação da Luz, local de onde saía o ônibus para o Corinthians. Olhei para a rodoviária antiga, local que partia o ônibus para a casa de meus pais.

Percebi que havia chegado o momento de tomar uma decisão, e com ela eu selaria o meu futuro. Sentei no banco da praça e sem saber o que faria. Nesse momento, olhei para o céu e comecei a mais importante conversa que tive com Deus:

— E agora? O que eu faço?

— COMO ASSIM? NÃO FOI VOCÊ QUEM DISSE QUE VIRIA PARA SÃO PAULO, MESMO QUE FOSSE PARA DORMIR NA RUA E PASSAR FOME?

— Mas nunca pensei que a situação fosse chegar a isso.

— ISSO O QUÊ? ATÉ AGORA VOCÊ NÃO PASSOU NADA! SUPRI TODAS AS SUAS NECESSIDADES! AGORA SIM VOCÊ TERÁ OPORTUNIDADE DE PROVAR TUDO AQUILO QUE VOCÊ DISSE!

— Mas eu só disse aquilo porque foi o Senhor quem me falou: "Continue! Persevere! E você vai vencer!".

— MAS VOCÊ SÓ VAI SABER DISSO, MEU FILHO, SE FOR ATÉ O FINAL DO CAMINHO!

Aquilo foi o que eu precisava ouvir para tomar uma resolução. Levantei, peguei minha mochila e fui para o Corinthians treinar.

Eu tinha decidido continuar...

FOTO 20 – Praça Princesa Isabel – conversa com Deus.

Na tarde daquele dia, após os treinos, comentei com os amigos de equipe sobre minha situação, e todos ficaram muito penalizados. Fernandinho, que morava no alojamento, me chamou a um canto e disse:

— Já combinei com o Ismael. Nós vamos distrair o sr. Amadeu enquanto você sobe para o alojamento. Ninguém vai saber.

A princípio, fiquei entusiasmado com a ideia, mas minha integridade moral era muito forte para fazer qualquer tipo de falcatrua. Eu morria de medo de me pegarem, pois passaria a maior vergonha. Além disso, eu já estava cansado de ser humilhado. E assim respondi a meus amigos:

— Melhor eu dormir na arquibancada. Já pensou se me pegam?

Fernandinho respondeu:

— Pegam nada! Ninguém precisa saber. E depois como você vai dormir na arquibancada? Sentado?

Foi com muito receio que aceitei.

Sr. Amadeu era um velhinho muito simpático que cuidava da ala do basquete profissional do Corinthians. Sua sala ficava no *hall* de entrada que dava acesso ao alojamento no segundo andar. Era ele que controlava quem entrava e quem saía. Fernandinho e Ismael esperaram o sr. Amadeu ir ao banheiro e correram me avisar.

Eu subi as escadas o mais rápido que pude e me escondi dentro do quarto de um dos meus amigos.

Aquela noite foi ótima, pois dormi em uma cama e pude compartilhar do vasto café da noite que era levado aos jogadores que moravam no alojamento. No dia seguinte, às 8 horas, acordei com um barulho na porta e quando esta se abriu eu fiquei petrificado! O sr. Amadeu da soleira me olhava com reprovação.

Fernandinho, um dos amigos que me incentivara a tal proeza, entrou no quarto e disse ao sr. Amadeu:

— A culpa foi minha, sr. Amadeu. O Julio não tem onde morar e eu que mandei ele subir.

O sr. Amadeu, que havia adquirido sapiência ao longo dos anos, perguntou-me:

— É verdade isso, Julio?

— É sim, sr. Amadeu.

— Por que você não conversa com o Julio Botelho e explica a situação?

— Já expliquei, mas ele disse que para morar no alojamento tem que ser titular, e eu não sou.

O sr. Amadeu respondeu:

— Então, infelizmente, não há o que fazer, pois eu não posso deixá-lo dormir aqui sem autorização, pois a responsabilidade é minha.

Eu disse:

— Eu sei, sr. Amadeu. Fico-lhe muito grato se não contar a ninguém. Não quero arrumar problemas para o senhor.

Eu sabia da difícil situação daquele homem e não queria ser a causa para ele ser mandado embora. Peguei minhas coisas e me retirei, morrendo de vergonha.

Enquanto caminhava para o treino, disse a mim mesmo que jamais passaria por aquela humilhação novamente.

O ESTÁDIO COMO LAR

Nesse dia, ao final da tarde eu me dirigi ao campo. Começou a escurecer e eu me sentei nas cadeiras de madeira da numerada, pois ali havia uma cobertura que me abrigaria do frio e da chuva.

Ao escurecer, eu, já acomodado em meu novo "lar", entreguei-me aos devaneios: "Meu Deus! Como a situação foi chegar a este extremo! Nunca pensei que teria que passar por isso. Mas também... Faço o que for preciso. Meu sonho é mais importante que tudo isso!

Minha obstinação beirava a teimosia.

Nesse momento, olhei para o céu e disse, meio irritado:

— É o Senhor quem está me provando? Pois vai ter a prova que deseja! E quanto a Julio Botelho? Será que ele é cego? Eu estou arrebentando nos treinos! Sou muito melhor que o Gil, e o técnico me deixa no banco! Será que estou enganado? Afinal, o Julio Botelho foi um dos maiores jogadores do mundo! E jogava na minha posição! Será que ele está com a razão? Vai ver eu não jogo nada mesmo... Não é possível! Eu jogo mais que aquele cara! Enquanto eu achar que sou bom, nem Cristo me tira daqui! Deus está vendo meu sacrifício... Minha dedicação nos treinos... Ele me dará uma chance de provar o meu valor! Acho os jogos tão fáceis! E aquele Gil não faz nada! Se eu estivesse no lugar dele a situação do nosso time seria outra! Na primeira chance que tiver, o sr. Julio não me tira mais! Vou arrebentar com o adversário! Ai, minha barriga! Que fome!

Cinco minutos depois, vejo um vulto andando em minha direção. Pensei comigo: "Meu Deus! Só falta o guarda me colocar para fora do clube!".

Mas quem apareceu foi o Fernandinho, trazendo dois lanches e um copo de café com leite! Foi logo dizendo:

— Não comi meu lanche para lhe trazer.

Agradeci e comecei a comer. Ele olhou-me e disse:

— Não desanima, não! Você está treinando bem. Aguenta um pouco mais que esta situação logo muda. Enquanto isso, trarei meu lanche.

Dei um abraço em Fernandinho e fiz força para não chorar. Disse então a ele:

— Obrigado, meu amigo. Você está ajudando muito!

Mal sabia Fernandinho que aquele simples elogio dava-me enorme alimento espiritual, que naquele momento era o que eu mais precisava!

Essas atitudes dos amigos deixavam-me orgulhoso, pois demonstravam que eles tinham enorme consideração por mim. Porém, ao mesmo tempo sentia-me humilhado com aquela situação e ficava indignado com o descaso com que os dirigentes tratavam as categorias de base do clube. Disse então a Fernandinho:

— Sabe o que não entendo? Como esses dirigentes conseguem tratar os jogadores com indiferença? Quando um jogador desponta, esses caras o vendem por milhões! Deveriam nos dar todas as condições necessárias para que nos desenvolvêssemos melhor, valorizando ainda mais nosso "passe". São eles os maiores interessados!

— Acontece que não querem nenhum trabalho. Só querem vender nosso passe e encher os bolsos de dinheiro, afinal não precisam dar satisfação a ninguém!

— Mas é exatamente por isso que digo! Mais um motivo para melhorar a estrutura. Se eles conseguem nos revelar com esse descaso, imagina se tudo isso fosse de fato tratado com profissionalismo! Seria uma fábrica de dinheiro!

— Mas ainda estamos longe disso. Na realidade, os dirigentes não se preocupam conosco, nem com o futebol. O que querem é se promover por meio disso tudo e, geralmente, almejam um cargo político. Vai ser difícil mudar isso.

— Espero que não muito! Enquanto isso treinamos neste maldito terrão cheio de britas.

Fernandinho soltou uma gargalhada e disse:

— Verdade! Nem em jogo de várzea em Rio Claro tem campo pior que este!

E voltou a cair na gargalhada. Eu continuei:

— O pior de tudo é dizerem que só poderei morar no alojamento quando for titular, como se reserva não fizesse parte do time! Depois nos cobram atitudes de trabalho em equipe. O que custaria a eles me colocar no alojamento? Mas tudo bem. Eles ainda vão engolir tudo isso, pode apostar!

Todas as noites, eu tinha o campo como cenário. Ficava ensaiando mentalmente os dribles, as jogadas que eu faria. Sentia isso com a maior realidade e me via como um verdadeiro campeão! Sentia, pensava, falava e respirava futebol, pois sabia que, daquela forma, estava escrevendo meu destino.

Assim, os dias foram passando. Treinava de dia com todo entusiasmo e otimismo e à noite eu conversava comigo mesmo e sonhava com o dia em que seria jogador profissional...

Certa noite, quando eu já estava extremamente frágil, pois dormia sentado e passava fome, pensei em minha mãe, meus irmãos, na família, e me deu enorme vontade de voltar para casa. Neste momento, lembrei da última conversa que tive com Deus, na qual havia prometido perseverança... Mentalizei uma pergunta:

— Quanto mais vou ter que sofrer para provar a você que estou disposto a tudo para realizar meu sonho?

— ACHA MESMO QUE ESTÁ PROVANDO A MIM?

— Não estou?

— A ÚNICA PESSOA A QUEM PRECISA PROVAR É A SI PRÓPRIO. SOMENTE QUANDO ESTIVER SEGURO DE SI, ESTARÁ PRONTO PARA O PRÓXIMO PASSO.

— E qual é o próximo passo?

— O SUCESSO PROFISSIONAL.

— É verdade. Busco o sucesso para ser feliz.

— DESCULPA, MAS ESTÁ EQUIVOCADO.

— Como assim?

— VOCÊ BUSCA SUCESSO PARA SE SENTIR AMADO.

— Todas as pessoas buscam sucesso!

— EXATAMENTE! TODOS QUEREM SENTIR-SE AMADOS.

— E isso é ruim?

— NEM RUIM NEM BOM. É UM EQUÍVOCO.

— O amor é um equívoco?

— OBVIAMENTE NÃO! MAS O QUE EXISTE NO SUCESSO NÃO É AMOR, MAS UMA FALSA IDOLATRIA DOS FÃS, QUE LHE INDUZIRÁ AO ORGULHO E À VAIDADE, QUASE SEMPRE MOTIVOS DE SUAS QUEDAS MORAIS.

— Não entendo. E o amor?

— O AMOR É COMO UM ENIGMA, QUE AINDA FOGE À COMPREENSÃO DE VOCÊS. QUANTO MAIS PENSAR QUE ESTÁ DANDO, É QUANDO MAIS ESTARÁ RECEBENDO!

— Sim, mas... E o amor dos fãs, dos torcedores...

— ESTE AMOR É COMO UMA MIRAGEM, POR MAIS QUE O PERSIGA, JAMAIS O ALCANÇARÁ. PERCEBERÁ ENTÃO QUE A FELICIDADE QUE BUSCA NÃO ESTÁ NO TANTO DE AMOR QUE POSSA RECEBER, MAS NO QUANTO CONSEGUE DAR! MAS NÃO NOS PRECIPITEMOS. CONTINUE SUA JORNADA, POIS A CADA PASSO AS BRUMAS DA ILUSÃO SE DISSIPARÃO E PODERÁ VISUALIZAR MELHOR O CAMINHO!

E assim adormeci...

FOTO 21 – Arquibancadas do Corinthians.

No dia seguinte não houve treino e me deu enorme vontade de ver meus amigos de infância. Resolvi passar o dia no bairro de Pirituba, onde eu havia crescido.

Assim que cheguei, fui até o Clube do Pirituba e lá estavam todos os meus amigos. Fiquei muito feliz em encontrá-los e receber tanto carinho.

Senti que eles tinham certo orgulho em ser meus amigos, pois para eles era importante o fato de eu estar jogando no Corinthians. Percebi também uma ponta de inveja, e aquilo dava-me mais coragem a continuar, pois qualquer menino da minha idade daria tudo para estar em meu lugar. Sentia-me importante e tinha orgulho disso.

Todos estavam indo para suas casas.

Começava a anoitecer, e, ao sair do clube, dei-me conta de que não teria para onde ir. Já era tarde para voltar ao Corinthians.

Olhei para o céu e pensei: "Meu Deus. Onde será que vou dormir? O que será que vou comer?".

Neste momento, senti uma tristeza tão grande que sentei na calçada e comecei a chorar!

Chorar de desespero por ter que voltar para casa de meus pais sem meu sonho realizado; por ter chegado tão perto e agora ter de desistir de meu sonho.

Neste momento, Deus veio em meu socorro por meio de um amigo que saía do clube e me disse:

— Oi, Julio! Como vai? Como está no Corinthians?

Eu respondi:

— Oi, Gilmar! Está tudo bem, mas infelizmente meus pais se mudaram para o interior e o clube não me dá alojamento, assim não tenho onde morar.

Gilmar completou:

— Que é isso, rapaz! Fica lá em casa com a gente! Vamos falar com minha mãe!

E lá fomos nós falar com Dona Doracy e com o sr. Nelson, pais de Gilmar.

Depois de explicados os motivos que me levavam à sua casa, eu disse a ela que logo eu arrumaria alojamento no clube e que era somente por uns tempos.

Aquelas pessoas não só concordaram em me alojar, como me tratavam como se fosse um membro da família! Graças àqueles amigos, eu pude dar continuidade à busca de meu sonho.

Quando não havia jogo no final de semana, eu aproveitava para ir ao sítio ver a família. Assim que chegava, nossos cães, Ringo e Sofia, corriam felizes a me receber ainda na estrada! E como eu os adorava!

Minha mãe fazia todas as comidas que eu gostava. Além disso, podia reencontrar meu velho violão, fator que me dava enorme prazer. Aproveitava aqueles momentos com a família para carregar as energias que me mantinham motivado na busca de meu ideal.

VOLTA POR CIMA

Continuava destacando-me nos treinos, mas, mesmo assim, Julio Botelho não me dava uma chance.

Entretanto, eu era perseverante e, quanto mais eu me sobressaía, mais ficava evidente que ele estava equivocado. Assim, eu me preparava para quando minha oportunidade chegasse, e eu não a deixaria escapar.

Essa oportunidade era quase palpável, pois todos os meus amigos da equipe queriam minha entrada no time.

Entretanto, eu respeitava o direito que Julio Botelho tinha como treinador ao escolher a equipe que ele achasse melhor, mesmo que ele estivesse errado. A única coisa que me deixava indignado era o fato de estar evidente a todos que eu merecia estar no time e, consequentemente, morando no alojamento. Somente Julio Botelho, com sua característica teimosia, não achava isso. Mesmo assim, nunca tive uma atitude antiética de falar mal ou mesmo levantar grupos contra ele, pois, além de meu caráter não permitir tal iniciativa, eu sabia que com isso estaria dividindo a equipe e ninguém poderia lucrar com isso. Muito menos eu.

Estávamos no início de setembro. Naquele dia disputaríamos a última partida da fase classificatória do Campeonato Paulista de Juniores. Precisávamos vencer para passar para as oitavas de final. Jogaríamos contra a equipe do São Bento de Sorocaba na preliminar do time profissional. O jogo seria no Parque São Jorge, estádio do Corinthians. Eram 17 horas e os jogadores do nosso time estavam reunidos nas arquibancadas do campo conversando, pois o jogo começaria às 18 horas. Estava com o pensamento longe e nem percebi Carmelo sentar a meu lado. Ele era o médio-volante da equipe e um dos jogadores que reconhecia que eu deveria ser titular daquele time. De repente ele disse:

— Se continuar treinando assim, logo será titular. O Gil não está bem.

Eu respondi:

— Mas o sr. Julio parece adorá-lo!

Carmelo concluiu:

— O sr. Julio acha que o Gil tem o estilo dele quando jogava, por isso insiste tanto em colocá-lo no time. Mas paciência tem limites e todos estão vendo que o Gil não está bem!

Eu complementei:

— Obrigado, Carmelo, pelo apoio. Você sabe o que tenho passado e mesmo assim continuo treinando e me dedicando. Bem, mereço uma chance.

Nesse momento, o médico Joaquim Grava, Julio Botelho e outro homem que ninguém conhecia, entraram nos vestiários e nos chamaram para a preleção que antecedia o jogo.

Quando todos estávamos acomodados, o técnico Julio Botelho começou a falar:

— Hoje é um dia importante para nossa equipe e também para o Corinthians. Este homem aqui ao meu lado chama-se Marcus Torres e será o novo diretor de futebol das equipes de base do clube. Ele é um grande empresário e é muito bem relacionado, tendo condições de fazer um grande trabalho conosco. A partir de hoje, tudo que se relaciona com futebol amador dentro do clube deverá ser resolvido com ele. Passo a palavra ao novo diretor.

Marcus Torres era um homem de quase 2 metros de altura, bonito e bem vestido. Tinha o olhar franco e direto. Simpatizei-me de imediato. Ele começou a dizer:

— Pessoal, sempre fui corinthiano e agora terei a oportunidade de participar efetivamente do clube. Estou disponibilizando um ônibus da minha empresa para doar ao Corinthians, mas antes irei personalizá-lo com o desenho do mosqueteiro, símbolo do clube. Este ônibus será das equipes de base e estará sempre à nossa disposição. Além disso, irei reformar todo o alojamento, colocando novas camas e colchões, reformando o refeitório, criando um salão de jogos e televisão, porém, quem morar no clube será obrigado a estudar, o que deverá ser feito à noite para não atrapalhar os treinos. Estou à disposição de todos para ajudar no que for possível, mas só peço uma coisa em troca: que vocês honrem esta camisa com muito suor e vontade dentro de campo. Hoje o jogo é decisivo para nós. Vão lá e façam o que estão preparados para fazer. Desejo sorte a todos!

E assim encerrou sua apresentação, passando a palavra para as últimas observações que o técnico deveria fazer com relação ao jogo.

Após ouvir Marcus Torres, um sentimento de esperança brotou em meu coração. Eu pensava enquanto me trocava: "Agora quem sabe aquele homem, vendo minha dedicação nos treinos, não me deixaria morar no alojamento? Seria todo reformado! Cama nova! Colchão! Refeitório! Salão de jogos! Meu Deus!".

Falaria com ele a respeito da minha situação na primeira oportunidade. Os titulares já haviam feito o aquecimento e estávamos prestes a entrar em campo. Fizemos uma oração e entramos. Enquanto dirigia-me para o banco de reservas, notei que era intenso o movimento nas arquibancadas. Os torcedores chegavam para assistir ao jogo de fundo, e alguns nos olhavam com admiração. Apesar de minha condição de reserva, sentia-me orgulhoso por estar no Corinthians. Aquela admiração dos torcedores me fazia muito bem e me levantava a moral. Ao pisar o gramado, olhei para as cadeiras numeradas onde tanto tempo dormi e me lembrei que, naquelas noites de solidão, imaginava as jogadas e os gols que ainda faria naquele estádio.

Quando teria uma chance? Eu esperava que isso acontecesse a cada jogo, pois podia pressentir que a oportunidade estava próxima. Eu estava mais do que pronto e era difícil segurar esse ímpeto.

Aos 16 anos, minha vitalidade exalava pelos poros, e colocar-me em campo seria como soltar um puro sangue nos prados!

Sentei no banco de reservas e comecei a repassar as jogadas que faria, se entrasse...

O jogo havia começado. Marcus Torres sentou-se ao meu lado.

Não pude deixar de admirar a força daquele homem e percebi que me sentia bem ao seu lado.

Passaram os 15 primeiros minutos e nosso time não jogava bem. A equipe do São Bento era bem disciplinada e jogava atrás marcando forte. Às vezes arriscavam o ataque, porém com muita determinação e organização. Era uma boa equipe.

O estádio da "fazendinha", como carinhosamente era chamado o campo do Corinthians, estava completamente lotado e a torcida parecia não se contentar com o que via, pois, a cada passe errado de nosso time, ouvíamos uma vaia. Percebi, entretanto, que ao se delinear uma boa jogada, a torcida levantava esperançosa, para cair novamente em decepção quando o gol não saía. Parecia que estava pronta a ir ao delírio quando aparecesse alguém capaz de realizar essa façanha. Comecei a reparar no semblante dos torcedores e notei que eram pessoas sofridas, com uma ponta de esperança de, nas próximas duas horas, esquecerem todas as derrotas diárias e sentirem-se os vencedores, por um momento que fosse! Estavam ali esperando que algum herói fosse capaz disso. Pensei neste momento: "Meus Deus! Já pensou se eu entrar e fizer um gol? Dar alegria a essa gente? Sinto que posso fazer a diferença neste jogo!".

Estávamos com 35 minutos de jogo e não tivemos nenhuma chance real de gol até aquele momento.

O sr. Julio Botelho falava muito com Gil, que estava tendo ótimas chances de fazer boas jogadas e não aproveitava. Com quarenta minutos de jogo, Gil driblou o lateral e cruzou errado, para trás do gol.

Nesse momento, o sr. Julio Botelho perdeu a paciência, e no banco de reservas todos o ouviram dizer:

— Há tempos o Gil não está jogando nada! Cansei de dar chance a ele. Não dá mais!

Ao ouvir aquilo, uma nova esperança brotou em meu coração, e eu pensei: "Será que ele vai me colocar? Nossa! Será uma prova de fogo! Mas estou preparado e, se entrar, acabo com este jogo!".

Quando o juiz apitou o final do primeiro tempo, o sr. Julio Botelho levantou-se, olhou para mim e disse:

— Julio, vamos para o vestiário fazer o aquecimento que você vai entrar. Esta é a chance que há tanto espera!

Meu coração disparou e levantei de pronto!

Quando entrei no vestiário e os jogadores me viram, percebi uma ponta de esperança em seus olhares, e aquilo deu-me enorme confiança. Eu sabia que todos me queriam na equipe!

Até o Ângelo Macarielo, nosso preparador físico, estava feliz. Ele era muito competente e, como todo preparador físico, gostava de ver jogar quem se dedicava e estava bem-preparado. Quando comecei a fazer o aquecimento ele chegou perto de mim e disse:

— Julio, você está pronto! É um dos jogadores mais bem-preparados desta equipe. Mesmo na reserva, nunca se desmotivou ou desanimou. Você, mais do que ninguém, merece esta chance. Aproveita! O jogo não está difícil. Faça o que faz nos treinos, e nós ganhamos este jogo!

Após o aquecimento, o sr. Julio Botelho aproximou-se de mim e disse:

— Julio, você percebeu que o time deles só fica atrás. Entrar pelo meio está difícil. Só furaremos este bloqueio se jogarmos pelas pontas. Aproveite sua velocidade e vá para cima do lateral. Tente a linha de fundo para o cruzamento, conforme faz nos treinos. Você vem treinando bem e tem capacidade de fazer isso. Então vá lá e faça!

Fiquei surpreso com a confiança que aquele homem depositou em mim, pois parecia que nem sabia que eu existia! Pensei na importância do elogio. Teria sido mais fácil passar por tudo que passei se ouvisse o que ele acabara de me dizer! Mas agora não era hora para reflexões, mas ações, pois eu tinha um jogo para ganhar...

Estávamos em campo esperando o apito do juiz para o início do segundo tempo. Eu iria jogar pela lateral do campo, onde estava o nosso banco de reservas. Meus nervos estavam à flor da pele e eu suava adrenalina.

O juiz apitou e o jogo teve início. Percebi que o lateral encostou-se em mim. Pensei comigo: "Ele vai fazer uma marcação cerrada! Não vai ser fácil!".

Passaram alguns minutos e eu não havia sequer tocado a bola. Percebia, porém, que meus companheiros de equipe procuravam-me pelo gramado, querendo me passar a bola. Sabia que eles tinham enorme confiança em mim e se alguém poderia mudar aquele jogo, esse alguém era eu!

Luis Fernando, meio-de-campo de nosso time, veio com a bola em minha direção. O lateral esquerdo chegou perto de mim. Desloquei-me rapidamente e recebi a bola.

Nesse momento, virei-me e fui com a bola para cima do lateral. Consegui driblá-lo e, em alta velocidade, fui para a linha de fundo. O lateral, quando percebeu que havia levado o drible, deu meia-volta e tentou alcançar-me, porém eu já tinha chegado à linha de fundo e feito o cruzamento para a área. A bola foi exatamente para onde eu tinha visto Casagrande, nosso centroavante. Os zagueiros tentaram interceptar a bola, mas não conseguiram. Casagrande subiu sozinho para cabecear a bola no canto esquerdo do goleiro!

A torcida do Corinthians explodiu em festa, e todo o estádio pôde ouvir um só grito:

— Gooooollll!

Milhares de rojões explodiam! Saí correndo de braços abertos em direção à torcida e vi uma cena que me encheu o coração de alegria! Todos pulavam nas arquibancadas tremulando suas bandeiras, soltando fumaças branca e preta, papel picado e rojões! Emocionado, percebi que aquela festa era pela jogada que eu havia feito! Meu sonho começava a se realizar!

Todos os outros jogadores vieram ao meu encontro e cumprimentaram-me, reconhecendo que eu era o co-autor daquele gol. Casagrande abraçou-me emocionado. Olhei para nosso banco de reservas e vi que todos estavam de pé, aplaudindo e comemorando muito. Pensei em Deus e agradeci aquele momento mágico.

A partida recomeçou. A torcida estava eufórica, pois o perfil do jogo havia mudado completamente após a minha entrada. Aquele gol, logo no início do segundo tempo, havia dado a confiança que nossa equipe necessitava. Além disso, a equipe do São Bento, em desvantagem no placar, teria que arriscar o empate e isso abriria a sua defesa, facilitando nosso trabalho. Agora mais do que nunca os companheiros procuravam-me em campo para passar a bola. Senti que eu me tornara um tipo de líder daquele time. No banco de reservas todos estavam em pé me incentivando a continuar naquele mesmo ritmo:

— Vai, Julio! Pega esta bola e vai para cima dele!

O técnico adversário gritava para o lateral que me marcava:

— Fica em cima que ele é rápido!

Desloquei-me novamente e recebi a bola. Fui novamente para cima do lateral. Nosso banco de reservas gritava frenético. Imprimi maior velocidade à minha passada e, quando estava a quatro metros de meu marcador, toquei a bola para a linha de fundo e dei o pique. Chegando lá, olhei para a área tentando fazer o cruzamento na cabeça de Luis Fernando. Deu certo! Ele cabeceou, mas o zagueiro do São Bento conseguiu tirar e mandar a bola para a entrada da área, porém ela encontrou Carmelo, que chutava muito forte e acertou um chute de "sem pulo". Acompanhamos trajetória da bola que passou a não mais que dez centímetros da trave direita do goleiro, só que do lado de fora.

A torcida se levantou e gritou em coro:

— Uuuuuuuhhhhhhhhhhh!

Como se fosse um *quase*!

Quando a jogada terminou, eu comecei a voltar para o nosso campo e ouvi os torcedores batendo palma para a minha jogada. Olhei para a torcida, que voltava a se sentar, e acenei agradecendo os aplausos. Pude perceber o olhar de admiração, esperança e agradecimento que me lançavam. Naquele momento, percebi que começava a realizar meu sonho e o motivo pelo qual eu tanto o havia perseguido. Dar alegria e esperança a uma nação de torcedores e, em troca, receber todo seu amor.

Senti-me orgulhoso por ter conseguido, mas as emoções daquela noite ainda não haviam terminado.

Na terceira vez em que peguei a bola, os torcedores se levantaram e para minha surpresa começaram a gritar:

— Olé! Olé! Olé! Olé!

Incrível! Eles tinham me eleito um ídolo e, a cada bola, esperavam que eu fizesse uma grande jogada!

E isso se seguiu até o final da partida. Fizemos mais um gol e vencemos por 2 x 0. Estávamos nas finais do campeonato.

Quando o jogo acabou, os repórteres já estavam dentro do campo para "cobrir" o jogo dos profissionais. Vieram em minha direção querendo me entrevistar. Lembro-me de um jornalista que chamava atenção pelo seu porte avantajado e que era muito brincalhão. Disse-me ele:

— Brincadeira, garoto! O Eduardo[1] que se cuide para não perder o emprego!

— Até o Magrão[2] que estava vendo o jogo o elogiou!

— Vem cá! Como é seu nome?

— Julio Cesar.

— Dá uma palavrinha aqui na rádio.

Quando cheguei ao seu lado ele falou ao microfone:

— Estamos aqui diretamente do Parque São Jorge, onde a equipe júnior do Corinthians venceu o São Bento de Sorocaba pelo placar de 2 x 0, na preliminar do profissional. Nesta noite de gala, quem deu *show* foi o imperador Julio Cesar, ponta-direita do Corinthians que entrou no segundo tempo e foi o grande responsável por este placar. Como você sentiu o aplauso da torcida, Julio?

E passou-me o microfone:

— Hoje eu tive a oportunidade de entrar e mostrar meu futebol. É importante o carinho da torcida para incentivar aqueles que estão começando. Só tenho a agradecer. Obrigado.

E ele disse ao microfone:

— Grande Julio Cesar! Imperador de Roma! É brincadeira o que joga este garoto!

Quando ele terminou, eu lhe disse:

— Obrigado pelo incentivo. Como você se chama?

E ele me respondeu:

— Fausto. Fausto Silva, mas pode me chamar de Faustão!

Virei as costas e fui para o vestiário. Instintivamente, olhei na direção das cadeiras numeradas, nas quais várias noites eu dormira, sonhando com aquele dia! Enfim, ele havia chegado e aconteceu de uma forma que eu jamais poderia imaginar!

Fui o último a chegar no vestiário. Sentia-me o herói da noite e queria prolongar aquilo por mais tempo que pudesse.

---

[1] Jogador da minha posição no profissional.
[2] *Magrão* era o apelido de Sócrates, pelo seu físico alto e magro.

Dentro do vestiário, todos comemoravam a vitória. Marcus Torres era o mais empolgado. Muitos jogadores vieram me parabenizar pela minha *performance* em campo. Agradeci o carinho e fui tomar banho.

Após estar trocado, dirigi-me para o sr. Julio Botelho que conversava com o diretor Marcus Torres.

Pedi licença, pois tinha algo muito importante a dizer. Os dois me olharam esperando o que eu iria falar. Então comecei:

— Sr. Julio, venho me esforçando há mais de um ano e hoje tive minha primeira chance. Acredito ter mostrado todo meu valor. Se não puder me dar alojamento no clube, eu vou jogar em outra equipe.

Percebi que Marcus Torres olhou com ar de interrogação para o técnico Julio Botelho, pois com certeza não sabia que há muito tempo eu dormia nas arquibancadas ou na casa de amigos. Porém, nada disse:

Julio Botelho, apesar de teimoso, era muito justo e respondeu-me da seguinte forma:

— A partir de hoje você é titular da equipe. Pode pegar suas coisas e ir para o alojamento.

Eu havia conseguido!

Afastei-me e fui avisar meu amigo Fernandinho. Naquela noite, pela primeira vez, eu dormiria no alojamento do Corinthians, mas não sem antes ligar para Dona Doracy e avisá-la que conseguira alojamento e, por estar muito tarde, não voltaria naquele dia para a casa dela, mas no dia seguinte para buscar minhas coisas e agradecer-lhe a inestimável ajuda que toda aquela família havia me proporcionado.

Mal dormi naquela noite, cada lance do jogo era repassado em minha mente, deixando-me em êxtase. Lembrei novamente de agradecer a Deus:

— Obrigado, meu Deus, pela vitória de hoje!

— NÃO ME AGRADEÇA! A VITÓRIA FOI SUA.

— Mas o Senhor me ajudou! Do contrário, eu não conseguiria!

— EU AJUDO TODOS, MAS HÁ MUITOS QUE NEGAM MINHA AJUDA.

— Como assim?

— ANALISE POR VOCÊ. EU DEI A SEMENTE, VOCÊ PLANTOU O SONHO. EU LHE MOSTREI O CAMINHO, VOCÊ TEVE A CORAGEM DE SEGUI-LO. ENCONTROU DIFICULDADES, SOBREPÔS-SE A ELAS... VOCÊ MERECEU.

— Fiz isso por amor ao futebol!

— CLARO! MAS A SEMENTE DESTE AMOR EU COLOCO NO CORAÇÃO DE TODOS OS MEUS FILHOS! MAS MUITOS PASSAM A VIDA SEM PLANTÁ-LA, E OS QUE PLANTAM SÓ REGAM NO INÍCIO E, NA PRIMEIRA DIFICULDADE, ABANDONAM A SEMENTE À SUA SORTE, DEIXANDO-A MORRER NA TERRA ÁRIDA DO CORAÇÃO.

— Mas há muitos que lutam até o fim!

— SIM. E SÃO ESSES OS VENCEDORES! OS EXEMPLOS À HUMANIDADE.

— É verdade! Hoje eu vi que as pessoas escolhem os vencedores como seus ídolos.

— MAS SÓ DESCOBRIU ISSO PORQUE SE PROPÔS A IR ATÉ O FINAL. A MAIORIA SE CONTENTA EM VIVER COM ALGUMAS MIGALHAS QUE CONQUISTARAM E QUE CHAMAM DE ESTABILIDADE, NEGANDO, ASSIM, TODA GRANDEZA QUE EXISTE DENTRO DELAS E OS PROPÓSITOS GRANDIOSOS PARA OS QUAIS FORAM DESTINADAS.

— É verdade. A maioria das pessoas não se sente capaz.

— EXATAMENTE. E PRECISAM REALIZAR POR MEIO DE VOCÊ, MESMO QUE POR UM BREVE MOMENTO, OS SONHOS QUE NÃO FORAM CAPAZES DE PERSEGUIR.

— Sim, mas você me disse que o sucesso traz uma falsa idolatria, porém hoje eu senti o *amor* daquela torcida!

— O CONCEITO DESSA PALAVRA AINDA MUDARÁ MUITO PARA VOCÊ. POR ORA DURMA, QUE JÁ ESTÁ AMANHECENDO.

E assim eu adormeci, com a paz de quem havia cumprido seu dever e fora recompensado por isso.

O dia que raiava trazia consigo a mesma renovação que eu sentia no coração...

Acordei tarde, tomei banho, quando me dirigia para o restaurante do clube, passei em frente à sala do sr. Amadeu, e este me chamou para me dizer:

— Parabéns pelo jogo de ontem.

Eu respondi:

— Obrigado.

O sr. Amadeu continuou:

— Eu fui obrigado a colocá-lo para fora do alojamento pela porta dos fundos, mas você, com sua determinação e perseverança, passou por cima das dificuldades e voltou pela porta da frente. Esta é uma atitude de um grande homem, e tenho orgulho de você. Não imagina o quanto me custou colocá-lo para fora! E, menos ainda, a felicidade de vê-lo aqui dentro! Ontem você venceu mais do que o São Bento, ou o Julio Botelho. Você venceu a si próprio!

Abracei e agradeci aquele homem que poderia ser meu avô e, com lágrimas nos olhos, saí para almoçar.

O ALOJAMENTO

O sr. Amadeu era o responsável pela administração do alojamento. Sob sua responsabilidade trabalhavam todos os funcionários que zelavam pela manutenção dos dormitórios. Agora, com a reforma geral feita pelo diretor Marcus Torres, tínhamos conforto e algumas regalias. O salão de jogos havia sido totalmente reformado. As refeições eram elaboradas por um nutricionista. Camas com colchões ortopédicos haviam sido compradas.

Os seis dormitórios existentes eram grandes e arejados, e o enorme banheiro coletivo ficava no final do corredor.

Cada um dormia no quarto que preferisse desde que não estivesse com a lotação máxima, que era de cinco pessoas. Eu dividia o meu com Fernandinho, Ismael e Dagoberto. Ao todo, morávamos em 15.

Com exceção de Zé Carlos, todos éramos jogadores de futebol. Zé Carlos era natural de Marília (SP) e era instrutor de natação do clube. Tinha 35 anos e era muito respeitado, pois, além de mais velho, era um homem de 1,90 de altura.

Era ele quem mantinha a disciplina no alojamento e, quando os garotos ficavam até tarde fazendo bagunça ou barulho, Zé Carlos acordava todos às 5 horas da manhã (quando ele levantava), colocava suas enormes caixas acústicas no corredor e ligava música sertaneja no último volume, para desespero de todos. Éramos muito unidos e todos se ajudavam mutuamente. Apesar disso, aquele ambiente não era ideal para garotos tão jovens que ainda necessitavam da estrutura de suas famílias, e eu percebia que as diferentes culturas regionais ou familiares trazidas por cada um se chocavam no convívio diário. O que aliviava um pouco esse ambiente, muitas vezes pesado, era o fato de sairmos todas as noites para estudar, arejando a cabeça daquele ambiente bitolado onde se respirava futebol. Eu procurava ocupar o tempo livre com boas leituras que sempre traziam algum aprendizado, mas não era raro ser ridicularizado por todos por ficar lendo em vez de estar jogando bilhar ou baralho no salão de jogos.

Além disso, pude comprar outro violão e, com ele, preencher meu tempo com a música.

Apesar das dificuldades, eu era feliz por morar ali.

Várias noites eu sonhara com aquele alojamento, agora ele era uma realidade importante em dois aspectos: o primeiro era o lado material, imprescindível para a alimentação e o repouso necessário; o segundo, e talvez o mais importante, era o lado psicológico. A sobrevivência do meu sonho dependera do me esforço. Eu havia conquistado o direito de estar ali e me sentia orgulhoso por isso.

Morar no alojamento, sendo titular da equipe, dera-me enorme confiança pessoal, e, a cada dia, meu futebol crescia. Em pouco tempo, passei a treinar com o time profissional.

O Corinthians estava em franca reformulação e, após o time profissional cair para a segunda divisão, a nova diretoria tinha assumido e prometia uma enorme reestruturação. Isso geraria novas oportunidades. Eu treinava com os profissionais quase diariamente e quando não era convocado para os jogos participava nas categorias de base.

Continuávamos disputando o Campeonato Paulista de juniores e fomos vencendo todos os jogos até chegarmos à final contra a forte equipe do Botafogo de Ribeirão Preto. Os rumores eram que havia um jogador fabuloso que fazia a diferença e que era irmão mais novo do famoso Sócrates. Disputamos esta final que foi um jogo de morte, e após um empate de 1 x 1 perdemos nos pênaltis, em pleno Parque São Jorge!

Porém, minha fama já se espalhava pelo clube e todos me viam como uma grande esperança. Até Adilson Monteiro Alves, novo diretor de futebol profissional, ficara impressionado com meus dribles em velocidade e me chamava exageradamente de futuro Garrincha do Parque São Jorge.

Em dezembro, disputamos a famosa Taça São Paulo, campeonato no qual participam até equipes do exterior, juntamente com os melhores times do Brasil. Esse campeonato era disputado exatamente durante as férias das equipes profissionais e, por esse motivo, tinha ampla cobertura de toda a imprensa nacional.

Percebi que em vários desses jogos, o técnico do Corinthians, o sr. Mario Travaglini, estava presente observando os garotos que ele poderia usar na equipe profissional para o próximo ano, e isso para mim era grande motivação.

Chegamos até as quartas de final, mas perdemos para o Internacional de Porto Alegre. Apesar de ser titular absoluto e treinar com os profissionais, recebia somente uma ajuda de custo que mal dava para pagar o ônibus até a escola noturna, e, financeiramente falando, minha vida continuava difícil.

FOTO 22 – Alojamento do Corinthians.

Natal com a família

Por conta da Taça São Paulo de Juniores, entramos em férias no dia 23 de dezembro. No outro dia, seria véspera de Natal e eu sabia o quanto minha mãe se importava que a família estivesse reunida naquela noite. Eu nunca havia passado um Natal fora de casa e naquele ano, mais do que nunca, sentia necessidade de estar junto com todos. Só de pensar que estava a caminho de casa, eu fiquei muito animado!

Acordei cedo na manhã do dia 24, arrumei minhas coisas e fui para a rodoviária. Pegaria o primeiro ônibus com destino à cidade de Registro. O sítio de meu pai ficava distante do centro da cidade em cerca de 16 quilômetros, e 12 deles eram de estrada de terra. Eu deveria chegar a Registro antes das 15 horas, pois nesse horário saía o último ônibus que passava em meu sítio e, se o perdesse, não teria como chegar em casa.

Cheguei à rodoviária de São Paulo por volta das 9 horas e dirigi-me rapidamente ao guichê para a compra da passagem. Ao perguntar o horário do primeiro ônibus para meu destino, o vendedor disse-me que só havia lugar no ônibus de 12h15. Contei o dinheiro da passagem e entreguei ao vendedor. Guardei o restante para o ônibus local que me levaria da cidade para a casa do sítio.

Com uma parte do dinheiro que sobrara, consegui apenas comprar dois pacotes de bolacha água e sal. Não havia tomado café-da-manhã e estava faminto. Comi as bolachas e sentei-me para esperar o embarque.

O tempo se arrastava lentamente e foi com alegria que ouvi anunciarem a partida de meu ônibus nos altofalantes. Subi no ônibus e sentei-me em meu lugar. A fome bateu novamente, mas não tinha como resolver este problema. Pensei nas maravilhosas comidas que minha mãe fazia no dia de Natal e meu estômago roncou de fome. Mais algumas horas, e eu poderia saboreá-las. O ônibus partiu. Eu estava a caminho de casa!

Entretanto, por conta das festas natalinas, o trânsito em São Paulo estava um caos e demoramos para pegar a estrada. Estava preocupado com o horário, pois tinha de chegar antes das 15 horas em Registro e rezava para o motorista não se atrasar. Foi difícil a parada do ônibus numa lanchonete na estrada, pois, além da sensação de demora, eu estava com muita fome. Preferi não descer, porque ver as guloseimas expostas no balcão e não poder comprá-las era o sofrimento que eu menos precisava naquele momento.

Os passageiros voltaram com doces e salgados, e, ao ver aquilo, minha tortura aumentava! Retomamos a viagem e a única coisa que me acalentava era imaginar como minha mãe ficaria feliz em me ver.

Na estrada, o trânsito também era intenso e levamos exatas três horas para vencer os duzentos quilômetros que separam São Paulo de Registro. O ônibus entrou na cidade às 15 horas em ponto e, assim que parou, eu era o primeiro que esperava na porta para desembarcar. Desci rapidamente e fui correndo para o ponto do ônibus local. Esse trajeto que normalmente leva 15 minutos, naquele dia, fiz em cinco.

Quando cheguei no ponto de ônibus, perguntei ansioso a um senhor que ali estava:

— O senhor sabe me dizer se o ônibus das 15 horas para o bairro Votupoca já saiu?

E o senhor respondeu:

— Oh, rapaz! Saiu agorinha mesmo... Não faz nem cinco minutos!

Desolado, agradeci pela informação e pensei: "Por que tudo na minha vida tem de ser tão difícil?".

Olhei para o outro lado da rua e vi o ponto de táxi. Pensei comigo: "Se pudesse pagar este táxi, em meia hora estaria com minha família. Será que meu pai teria dinheiro no sítio para pagar a corrida? Provavelmente não.".

Imaginei a situação de vergonha que o faria passar perante o taxista se chegasse no sítio e meu pai não tivesse como pagá-lo. E depois, o que eu falaria ao taxista?

Só me restava uma alternativa. Ir a pé. Pensei na distância que teria que percorrer: quatro quilômetros de asfalto e mais 12 de terra. Resolvi gastar o dinheiro que havia guardado para o ônibus. Estava extremamente faminto. Entrei em uma lanchonete e pedi algo para comer.

Fiquei sentado por um tempo, criando coragem para iniciar aquela difícil caminhada. Olhei para o relógio de pulso que marcava 16 horas. Saí da lanchonete e comecei andar a caminho de casa. Levava apenas uma mochila, o que facilitava minha caminhada. Estava escurecendo quando alcancei a estrada de terra. Agora começaria a parte mais difícil. Cheguei a pedir carona para alguns carros que passaram, mas dificilmente alguém daria lugar a um garoto vigoroso, ainda mais naqueles dias de Natal.

Quando eram 19 horas, começou uma forte chuva e a noite ficou escura como breu. Vez por outra os raios clareavam a estrada à minha frente, seguido por fortes trovões. Aquilo mais parecia uma cena de filme de terror e eu amedrontado pensava: "E se algum animal me atacar? Assaltante não deve ter por aqui! Mesmo assim dá medo! Não passei por tudo isso para morrer aqui. Deus está olhando por mim! A única coisa que me motiva a fazer esta loucura é ver o rosto da minha mãe quando ela me vir!".

E assim continuei andando naquele lamaçal, em meio à escuridão, inteiramente molhado, com fome, frio e dor nas pernas.

Eram 20 horas, e já fazia quatro horas que eu caminhava. Reconhecia cada trecho por onde passava. Estava nas proximidades de casa, talvez mais uma hora e chegaria. Já havia superado a fase do medo e não ligava para mais nada, só queria chegar em casa, e, se algo me acontecesse antes disso, era a vontade de Deus. Entrei na última curva e pude avistar as luzes de casa. Quase chorei de emoção ao saber que ali estavam as pessoas mais valiosas para mim. Minha vontade era de correr, porém eu havia andado tanto, que minhas pernas pareciam que iriam desatarraxar do corpo.

Continuei andando e cheguei na entrada do sítio. Mesmo na chuva, os cães Ringo e Sofia vieram me receber com o rabo abanando. Agachei e acariciei ambos por um tempo. Levantei e continuei. Resolvi então fazer uma surpresa!

Fui direto ao galpão que ficava a cinquenta metros da casa. Havia ali muitos móveis e entre eles duas camas. Estava feliz por ter chegado. Deliciei-me mais uma vez ao imaginar a expressão de toda a família quando me vissem. Tirei a roupa molhada e deitei-me na cama para descansar. Passado um tempo, olhei no relógio. Eram 22h15. Pensei em ir para casa e, quando ia me levantar, percebi meu antigo violão a um canto. Fui até ele e o acariciei emocionado, dizendo:

— Meu querido companheiro! Quantas emoções vivemos juntos! Sejam elas boas ou ruins, sempre esteve comigo! Que saudades de você!

Comecei a dedilhar uma canção e então ouvi um barulho na porta. Não seria possível ver-me da entrada e, além disso, o galpão não tinha luz elétrica. O silêncio voltou e recomecei a dedilhar o violão. Nesse momento, escutei algo a correr galpão afora. Soltei uma gargalhada ao perceber que só podia ser meu irmão que havia descido para fazer algo e se deparara com um suposto fantasma tocando violão!

Coloquei minhas roupas e subi para casa, pois já eram quase 23 horas. Bati na porta e, quando esta se abriu, deparei com minha mãe, incrédula na soleira, e com um sorriso emocionado e os olhos rasos d'água, estendeu-me os braços dizendo:

— Meu filho! Meu coração de mãe me dizia que você viria!

Abraçamo-nos por um longo tempo e pude ver que todos festejaram a chegada do único membro da família que faltava. Agora sim, poderíamos começar o Natal!

Que alegria ser recebido com imenso carinho depois de tanto tempo fora de casa! Minha irmã Denise estava muito feliz em me ver, meu pai não acreditava que eu estivesse ali e meu irmão Ricardo aguentou todas as gozações pelo medo que sentira do "fantasma" que tocava violão.

Adorava estar de férias com a família. Acordava tarde e ia tomar o delicioso café da minha mãe. Ela fazia de tudo para me agradar. Depois eu saía para passear com Sofia, a cadelinha que eu amava desde criança, e Ringo, meu cão mestiço com dálmata. Após os primeiros dias de completo descanso, comecei a correr meus oito quilômetros diários para manter a forma, pois sabia o que me custaria voltar das férias com uns quilos a mais! Corria pelas estradas de terra preparando-me para uma chance na equipe profissional. Não era fácil realizar essas corridas, mas eu era obstinado pelo meu sonho e sabia que só assim iria realizá-lo.

Aquele era o momento propício, pois dentro do Corinthians havia uma forte tendência a meu favor. Muitas vezes eu treinara com a equipe profissional e juntamente com Casagrande, que havia sido emprestado para o Caldense, era considerado a maior esperança do Corinthians.

Esta expectativa com relação aos valores da casa era em razão da dificuldade financeira que o Clube atravessava por ter caído para a segunda divisão do futebol brasileiro, e não podia, portanto, contratar grandes estrelas. Porém, após a ascensão da nova diretoria, o time vinha se recuperando e prometia muito para o próximo ano.

Estava esperançoso quanto ao início dos treinos. Será que teria uma chance com os profissionais? Com este pensamento, após trinta dias de completo relaxamento junto à família, apresentei-me ao Corinthians, no final de janeiro.

Volta aos treinos

No primeiro dia, ao entrar no vestiário e cumprimentar todos, dirigi-me a meu armário e reparei que minhas coisas não estavam lá. Olhei em volta e vi que todos se trocavam. Ia interrogar o roupeiro quando fui interpelado pelo preparador físico, Ângelo Macarielo, que me disse:

— Olá, Julio! Foi bem de férias?

Respondi com olhar interrogativo:

— Sim, e você?

— Tudo ótimo! Não é para você se trocar. Vá até a sala do sr. Julio que ele quer falar com você.

Pensei na hora: "Meu Deus! Será que vão me mandar embora? Mas eu não fiz nada!".

Preocupado, dirigi-me à sala do técnico Julio Botelho. Bati na porta e entrei.

Julio Botelho cumprimentou-me com um sorriso, o que me deixou mais tranquilo. Pediu-me para sentar e disse:

— Infelizmente, você não vai mais poder treinar conosco.

Senti um frio na espinha e o pânico tomou conta de mim! Todo sofrimento que passei para chegar até ali... Tive vontade de chorar.

Ele continuou:

— Pegue suas coisas e vá para o vestiário do time profissional, pois a partir de hoje você passa a treinar somente com eles. E não demore, porque estão lhe aguardando!

Dizendo isso, Julio Botelho estendeu-me a mão. Eu a apertei com lágrimas nos olhos, pois somente Deus sabia o que aquilo significava para mim. Era tudo pelo qual eu havia lutado por toda minha vida e agora tudo começava a se realizar!

Quando voltei ao vestiário para pegar minhas coisas, todos os meus amigos me aguardavam e vieram me abraçar comemorando mais aquela vitória, desejando que eu conseguisse me firmar na equipe profissional.

Este era o grande sonho de todos aqueles garotos, pois quando um ascendia, era um alento também para os outros. Agradeci pelo carinho e dirigi-me ao vestiário do time profissional.

Meu coração batia rápido. Entrei e fui até a rouparia. Miranda, o roupeiro, entregou-me uma chave, dizendo qual seria meu armário. Desejou-me sorte. Olhava para os jogadores completamente fascinado, pois muitos deles, como Zé Maria, Basílio, Wladimir, haviam sido meus ídolos de infância.

Mas foi Zenon o primeiro a brincar comigo e me deixar mais à vontade:

— Garoto, garoto! Ainda bem que trouxeram alguém que eu possa lançar! Boa sorte!

Zenon era exímio lançador, mas o Corinthians jogava sem pontas velozes, o que restringia essa habilidade. Por isso, ele era o mais forte incentivador para que eu ficasse no elenco. Agradeci o elogio e continuei me trocando sem tirar os olhos dos jogadores, que pareciam se divertir com meu nervosismo.

Eu já havia treinado inúmeras vezes com os profissionais, mas era diferente de ser promovido e estar constantemente com eles. De um lado Sócrates se trocava, do outro Zé Maria. Aquilo ainda era muito irreal para os meus 18 anos!

Quando entrei em campo para o início do treino, havia vários repórteres a me olhar curiosos, o que me fez sentir orgulhoso. Vários torcedores assistiriam ao treino.

O famoso professor Hélio Máfia iniciou o aquecimento, e, no final, o técnico Mário Travaglini dirigiu-se a mim e disse:

— Fique tranquilo, Julio. Treine normalmente como vem fazendo. Você vai jogar na ponta esquerda hoje, ok?

— Ok, sr. Mário. Vou com prazer, mas não estou muito acostumado na esquerda.

— Não tem problema. É só mais um treino. Faça o melhor que puder.

E assim começamos a treinar. Quem me marcava era Zé Maria. Duas Copas do Mundo no currículo. Eu havia colecionado figurinhas e jogado futebol de botão com a foto dele! O Zé foi campeão mundial em 1970, ano em que decidi ser jogador, e agora eu estava na sua frente como companheiro de equipe. Ainda não conseguia acreditar.

Eu estava quase em cima da linha lateral quando a primeira bola veio em minha direção. O Zé correu em cima de mim e parou cinco metros à minha frente, diminuindo o espaço. A bola chegou rasteira. Fiquei olhando para o meu ídolo e esqueci da bola, que passou por baixo do meu pé saindo para lateral. Todos riram.

O Zé passou por mim e disse:

— Garoto, se ficar olhando para mim, não vai conseguir jogar! Faça o que veio fazer!

Ele me chamou a atenção para que eu acordasse, e a partir daí passei a jogar normalmente. Então, pegava a bola e ia para cima dele, dando muito trabalho para a marcação.

Fiz um ótimo treino, o que me valeu elogio de todos, inclusive do técnico Mario Travaglini.

Sócrates, ao me ver no vestiário, disse:

— Julinho, vai devagar, senão você mata o Zé! Se continuar assim, logo estará jogando!

Aquele elogio do Sócrates para mim foi o máximo e muito me incentivou. A cada dia eu me "soltava" mais e sobressaía.

Após um mês de treinos profissionais, fui fazer uma visita ao meu amigo, dr. Joaquim Grava, no vestiário da equipe juvenil e, enquanto falava com ele, ouvimos acidentalmente Julio Botelho, que começava uma preleção a seus jogadores. Ele dizia:

— Vocês estão vendo o Julio Cesar? Com apenas 18 anos já está no profissional! É um exemplo de determinação e perseverança a ser seguido por todos vocês!

Não pude deixar de me sentir orgulhoso em saber que o grande Julio Botelho, que por várias vezes relegara meu talento, agora citava-me como exemplo para todos!

Seguia treinando com a equipe profissional e dedicava-me cada vez mais, preparando-me para o dia que teria uma oportunidade de estrear na equipe profissional.

Vez por outra, recebia a visita de meu pai, que vinha do sítio para comercializar seus produtos em São Paulo. Era com enorme alegria que recebia notícias da minha família e, sempre que podia, eu ia visitá-la.

Imaginava quando começaria a ganhar dinheiro para ajudá-los, pois apesar de estar treinando com os profissionais o clube me mantinha como amador, e o pouco que ganhava nesta condição mal dava para mim. Eu sabia que isso só aconteceria quando conseguisse assinar meu primeiro contrato como jogador profissional.

Continuava morando no clube, e minha vida era treinar para conseguir uma chance de jogar na equipe principal do Corinthians. Eu sonhava com esse dia...

Início da Democracia Corinthiana

Em 1981, o Corinthians havia caído para a segunda divisão do futebol brasileiro. Disputaria a "Taça de Prata". O clube tinha chegado ao fundo do poço, e, na metade daquele mesmo ano, assumiu como diretor de futebol um sociólogo de nome Adilson Monteiro Alves, totalmente desconhecido do meio futebolístico. Exatamente por isso, não concordava com a forma arcaica com a qual conduzia-se o futebol profissional no Brasil.

Seu primeiro feito foi convidar dois amigos para fazerem parte daquela equipe de trabalho e tentar reerguer o clube: Washington Olivetto, publicitário famoso da agência DPZ, e Flávio Gikovate, psicólogo renomado.

Gikovate deveria fazer um trabalho com todo o grupo, levantando a moral e a autoestima dos jogadores, resgatando a confiança que eles haviam perdido. Olivetto seria responsável pelo *slogan* e tudo que se relacionasse à imagem dos craques, inclusive desenvolver produtos que gerasse renda ao clube.

A primeira coisa feita foi uma reunião com todo o departamento de futebol profissional. Foram convocados pelo diretor Adilson Monteiro Alves os colaboradores Gikovate e Olivetto, técnico, auxiliares, preparadores físicos, médicos e massagistas, fisioterapeutas, jogadores, roupeiros, enfim, todos que de uma forma ou de outra fizessem parte da comissão que envolvia o futebol profissional. Aquela reunião seria um marco na história do futebol brasileiro e, principalmente, do Corinthians.

Estávamos todos sentados no vestiário quando entrou o sr. Adilson Monteiro Alves seguido de seus colaboradores. O ambiente entre os jogadores era de pura tensão, uma vez que, nessas ocasiões, em que um clube do porte do Corinthians havia caído para a segunda divisão do campeonato brasileiro, só se poderiam esperar muitas mudanças. A preocupação era geral, e, nesse contexto, Adilson iniciou sua preleção:

— Não é novidade para ninguém a situação em que nos encontramos dentro do cenário esportivo nacional. Hoje estamos iniciando nossa volta ao lugar de onde nunca deveríamos ter saído. Não haverá mudanças bruscas no elenco do time, porque não vemos necessidade para isso. Olho para meu time e o que vejo? Craques maravilhosos como Sócrates, Wladimir, Zé Maria, Zenon, Biro Biro, Daniel González e tantos outros. É incompreensível como uma equipe que conta com jogadores da qualidade técnica de vocês tenha chegado a esta situação! Nosso problema, portanto, não é falta de capacidade. Olho no rosto de cada um de vocês e vejo desânimo, medo e falta de confiança, falta de união...

Eu havia sido chamado dos juvenis para complementar a equipe de treino. Estava encolhido em um canto do vestiário morrendo de medo, pois era ainda um menino de apenas 18 anos vivenciando um fato histórico entre jogadores consagrados que tinham sido meus ídolos na infância. Olhava o rosto de Sócrates, Zé Maria, Zenon e Wladimir e podia comprovar a veracidade do que Adilson acabara de falar. Aquele homem sabia o que dizia e estava indo direto no ponto crucial do problema. O lado psicológico.

Ele continuou:

— Eu trouxe dois amigos muito conhecidos e respeitados, cada um em sua área de atuação. Este é Flávio Gikovate, psicólogo e psiquiatra famoso. Ele irá trabalhar conosco para dar apoio emocional a todos. Seja enquanto grupo ou individualmente, caso seja necessário.

Gikovate levantou a mão e acenou para todos com um breve sorriso.

Adilson continuou:

— Quero deixar bem claro que ninguém vai ser mandado embora e nenhuma cabeça irá rolar. Portanto, podem se abrir sobre seus problemas e dificuldades para o Flávio, pois o único interesse é ajudá-los para que vocês possam realizar em campo tudo que sabem. Washington Olivetto é publicitário famoso e dispensa apresentações. Vai nos ajudar com a mídia. Irá desenvolver o *slogan* do

Corinthians e se incumbirá de trabalhar a imagem de todos vocês perante a mídia.

Olivetto interveio:

— Olá, pessoal. É uma honra trabalhar com vocês!

Adilson:

— Estes serão os únicos profissionais que virão neste primeiro momento, e achamos que não será necessário vir mais ninguém. A comissão técnica permanece a mesma e o elenco de jogadores também. Porém devo fazer uma única pergunta a vocês, pois o momento do início de nossa virada é agora, e só ficará no Corinthians quem tiver esse compromisso com todo o grupo. Ninguém é obrigado a aceitar as minhas condições, portanto a pergunta é a seguinte: Quem quer ficar? Quem quer sair?

Inteligentemente, fazendo que cada um firmasse comprometimento, começou a perguntar a cada jogador, chamando-os pelo nome:

— Sócrates?

— Eu fico.

— Zé Maria?

— Continuo!

— Zenon?

— Vamos virar isso juntos!

Assim, foi perguntando a cada jogador. Quando chegou minha vez, eu estava tremendo de medo e duvidei que aquele homem saberia meu nome. Foi quando ele disse:

— Julio Cesar?

E eu balbuciava sem nada dizer:

— Eu? Ah!

Neste momento todos estavam rindo, pois sabiam em que estado emocional eu me encontrava. Usei toda presença de espírito que me foi possível para dizer:

— Eu tenho de ficar, porque moro no clube!

A gargalhada foi geral!

No final, todos estávamos dispostos a nos unir e dar a volta por cima.

Adilson ainda falou:

— Já que todos estamos dispostos a nos unir e fazer algo grande por nós e pelo Corinthians, vamos para uma segunda etapa: descobrir por que estamos nesta situação, afinal aqui estão jogadores que fizeram parte da história do futebol como Zé Maria, duas Copas do Mundo; Zenon e Gomes, campeões brasileiros no Guarani; Sócrates, o maior jogador do Brasil na atualidade; e muitos outros. Para mim, o problema é que vocês estão desmotivados e perderam a confiança em si e no grupo. Mas isso eu quero saber de vocês. Qual é problema?

Assim, começou a perguntar a opinião de cada jogador presente. Conforme cada um falava, ele conduzia a questão, tentando entender as entrelinhas, pois sabia que ninguém falaria, abertamente, de mágoas e controvérsias que tinha do outro companheiro. Entretanto, Adilson era muito inteligente e sagaz e, em pouco tempo, todos estavam colocando para fora todo seu desafeto por este ou aquele jogador.

Houve momentos em que pensei que fossem sair sopapos entre alguns deles e, quando vozes se alteravam e ofensas eram desferidas, alguns jogadores faziam menção de se interpor entre os dois manifestantes no sentido de evitar agressão. Mas Adilson dizia para ninguém separar. Cada vez mais eu admirava e respeitava aquele homem que parecia saber tudo sobre cada um dos jogadores. Adilson era um profundo conhecedor da alma humana e, no momento que sentiu próximo a erupção daquele vulcão, interveio dizendo:

— Agora é o momento de colocar para fora todos os desafetos, todas as mágoas pessoais. Se vocês quiserem brigar, não vou deixar ninguém apartar. Cada um resolve seus problemas de acordo com seu desenvolvimento pessoal. O ideal seria uma conversa franca, com respeito entre todos, cada um reconhecendo seu lado, deixando o orgulho, a vaidade e o estrelismo de lado e priorizando aquilo que é melhor para o grupo e não para si. Mas, se preferirem sair aos socos, que seja. De uma forma ou de outra, hoje nós só terminamos esta reunião quando vocês tiverem resolvido todas as questões pendentes, pois somente nesta hora nós estaremos prontos a iniciar nossa volta para o topo.

Todos estavam envergonhados e as agressões verbais cessaram imediatamente.

Foi Sócrates quem falou:

— Todos erramos e precisamos ser solidários uns com os outros se quisermos ter um grupo forte e vencedor. Proponho que nós possamos conversar sobre as mágoas com educação e respeito. O grupo ouve, pondera e sugere qual a melhor solução a tomar, obviamente com a aceitação dos envolvidos.

Todos concordaram com a ideia do Magrão.

Assim ficamos praticamente o dia todo em reunião. Combinamos inclusive que nenhum assunto pertinente ao grupo sairia daquele vestiário, pois sabíamos que os repórteres estavam ávidos por notícias, e qualquer colocação que fosse mal-interpretada, ou mesmo distorcida, poderia dar motivo a muitos problemas.

Já era noite quando terminamos aquela histórica reunião; estávamos mais unidos do que nunca e vários jogadores saíram abraçados do vestiário. O Corinthians estava pronto para o sucesso!

A partir daquele dia, todas as questões eram tomadas junto com o grupo, inclusive a contratação de novos jogadores, uma vez que o ambiente era muito bom e Adilson achava que isso deveria ser preservado.

O jogador de futebol, pela primeira vez, começou a ser respeitado de fato, porém esse respeito exigia que ele tivesse plena responsabilidade profissional, aliás, como qualquer outra profissão. Uma das iniciativas adotadas e que gerou enorme polêmica na mídia foi a abolição da obrigatoriedade de concentração antes dos jogos. Essa cultura existia há anos, pois os dirigentes temiam que os jogadores se embebedassem ou passassem a noite com mulheres no dia antecedente à partida. Toda a mídia dizia que o Corinthians tinha virado uma baderna, em que meia dúzia de jogadores faziam o que bem entendiam. Ao ser interrogado sobre esta questão, Adilson respondeu a todos da seguinte forma:

— Eu sei que a concentração de jogadores na véspera da partida faz parte da cultura do futebol. Mas essa cultura foi criada há mais de cinquenta anos em uma época em que todos achavam que jogador de futebol não tinha responsabilidade profissional, ou então para que fosse paparicado com hotéis e mordomias. O jogador de futebol ou era tratado como irresponsável ou como criança. Está na hora de mudar esse conceito tão antiquado. Primeiro, porque isso tem um enorme custo financeiro aos clubes; segundo, porque em nenhuma outra profissão existe esse tipo de tratamento. O jogador de hoje sabe que tem de se cuidar antes da partida para se apresentar bem a cada jogo, valorizando sua imagem por meio da sua *performance* em campo. Se chegar bêbado para jogar, estará trabalhando contra si. Não vou ficar cuidando de marmanjo antes de cada jogo. Todo profissional tem sua responsabilidade e, se não cumpri-la, que responda pelos seus atos perante a mídia. Agora, pergunto a vocês: conhecem algum médico cirurgião que vai se concentrar em hotel cinco estrelas na noite anterior a uma cirurgia?

Ninguém ousou responder.

Assim, Adilson encerrou aquela entrevista coletiva, sem que ao menos um repórter o questionasse.

Enquanto Flávio Gikovate trabalhava a união e a motivação de cada jogador, Washington Olivetto fazia seu primeiro trabalho no Corinthians onde sua fama de um dos homens mais criativos do mundo em que nada deixou a desejar! Estava pronto nosso *slogan*: "*Democracia Corinthiana*".

Os resultados da nossa união apareceram logo nos primeiros jogos. A motivação era completamente diferente de algumas semanas atrás e, antes de os jogadores entrarem em campo, fazíamos nossa oração e depois nos abraçávamos prometendo que cada um estaria disposto a tudo por uma vitória do grupo. Participar daquilo era contagiante e chegava a emocionar!

Em campo, nossa equipe parecia que tinha um jogador a mais, pois a vontade de ganhar era tão intensa que, para cada adversário, havia dois dos nossos.

As vitórias foram surgindo até que vencemos a Taça de Prata e voltamos para a Taça de Ouro, ou seja, retornamos à primeira divisão do futebol brasileiro em apenas seis meses! As vitórias continuaram e vencemos equipes como o Flamengo de Zico e o Atlético Mineiro de Reinaldo e Toninho Cerezzo.

Fomos disputar a semifinal do brasileiro contra a equipe do Grêmio, mas perdemos no último minuto de jogo após enorme falha de nosso goleiro. Terminamos em quarto lugar, o que foi uma enorme vitória para um time que veio do fundo do poço. Estávamos fazendo história e isso não era só no futebol.

Essa nova filosofia do clube e o próprio nome *Democracia* fizeram parte de importantes mudanças no contexto da política nacional.

Em janeiro de 1984, dois anos após criarmos a Democracia Corinthiana, os militares entregariam o poder ao primeiro governo civil após o golpe de 1964. Entretanto, eles não queriam que o povo votasse e as eleições deveriam ser decididas entre o candidato do governo, Paulo Maluf, e o candidato do PMDB, o dr. Tancredo Neves, através de votação em plenário. Foi criada então a emenda "Dante de Oliveira", propondo que a votação fosse realizada pelo povo. Tanto jogadores quanto artistas escolhiam por apoiar o dr. Tancredo Neves, e muitos chegaram a subir no palanque daquele histórico comício na Praça da Sé junto com ele. Foram mais de trezentas mil pessoas gritando "Diretas já!".

Eu estava lá e, naquele momento, observando o olhar de esperança de um povo sofrido, por melhoras em suas vidas, tive a real noção da responsabilidade que todo político deveria ter quando pleiteia um cargo público.

Assim, demos enorme contribuição por meio daquilo que sabíamos fazer de melhor: jogar futebol.

Além do exemplo político, modificamos toda a estrutura do futebol brasileiro no que diz respeito à imagem do jogador de futebol. Finalmente, começamos a ser vistos como qualquer outra classe profissional que tem seus direitos e deveres a cumprir.

Na época da democracia, toda semana nos reuníamos e discutíamos os assuntos mais importantes e que nos diziam respeito, tanto dentro quanto fora do futebol. Quando havia qualquer discordância ou desavença, tudo resolvia-se imediatamente, quando todos falavam e davam suas opiniões. Saíamos dali mais fortalecidos, e era assim que todo grupo deveria ser.

Poucos tinham noção de que aquele seria o momento mais importante da história do Corinthians no que diz respeito a sua contribuição socioesportivo, e ficaria o exemplo de responsabilidade social e cidadania para todo o país.

FOTO 23 – Comício na Praça da Sé pelas "Diretas Já".

Capítulo Três

O Jogador

Estreia no profissional

Quando passei a treinar efetivamente ao lado daqueles craques, meu futebol crescia dia a dia, e eu era apontado por muitos como uma das maiores revelações do Corinthians. Eduardo Amorim era o ponta-direita titular e eu, o reserva. Quem me marcava nos treinos era o lateral-esquerdo Wladimir, que precisava se esforçar muito para garantir uma boa marcação, pois, com 18 anos, no auge de meu vigor físico e motivado a ter uma oportunidade na equipe titular, eu fazia de tudo para me destacar.

Travávamos um duelo equilibrado dentro de campo, sempre seguindo a ética profissional. O próprio Wladimir era um dos meus maiores incentivadores, e não cansava de me elogiar.

No final de um treino, Eduardo sentiu uma fisgada na púbis e pediu para sair. Continuamos o treino que era preparativo para o jogo do domingo. Após eu ter tomado banho, estava me trocando quando o roupeiro Miranda começou a escrever na lousa os nomes dos 18 jogadores convocados para a partida. Eu nem prestava muita atenção, pois meu nome nunca constava, afinal o elenco tinha trinta jogadores e somente eram convocados 18 a cada jogo. Onze jogadores eram titulares, cinco eram reservas e os dois restantes eram cortados e não ficavam nem no banco de reservas.

Quando já estava vestido e saindo do vestiário, Casagrande deu-me uma cotovelada de leve na barriga, dizendo:

— Olha lá seu nome na lousa!

Dei risada, sabendo que ele queria me pregar uma peça, mas, ao me virar, o primeiro nome da lista era: Julio Cesar.

Minhas pernas balançaram e pensei que fosse cair. Minha vista escureceu. Eu não acreditava! Era minha primeira convocação!

Hélio Mafia, nosso preparador físico, me chamou e disse:

— Julio, o sr. Mario quer falar com você agora. Vá até sua sala.

Eu não sabia se ria ou chorava, e assim fui até a sala do sr. Mario. Ao entrar, ele foi logo dizendo:

— Julio, o Eduardo se machucou. Domingo você vai jogar.

Eu não conseguia falar!

Naquele momento lembrei-me das mentalizações que fazia quando garoto, e como seria minha estreia no time profissional!

Mas eu deveria jogar no Palmeiras! E seria exatamente contra o Corinthians! O jogo deveria ser no Morumbi! Estava tudo trocado!

Preocupado, perguntei ao sr. Mario:

— Mas... Onde será o jogo e contra quem?

Sr. Mario respondeu:

— Julio, o jogo será no Morumbi contra o Palmeiras!

Eu pensei: "Meu Deus! Como fui inverter tudo!".

Quando saí do vestiário, dezenas de jornalistas aguardavam. Todos queriam me entrevistar para saber quem era aquele garoto que iria enfrentar o Palmeiras no domingo. Fiquei assustado, pois não estava acostumado com aquele assédio. Porém, dei atenção a todos, fiz várias entrevistas na televisão, muito orgulhoso de estar aparecendo pela primeira vez como ídolo do Corinthians. Todas as atenções estavam voltadas para mim. Até os torcedores me pediam autógrafo. Eu achava aquilo engraçado, pois havia me transformados em celebridade do dia para a noite! Mas, intimamente, eu não me sentia dessa forma! Eu era o mesmo Julio Cesar do dia anterior, como sabia que continuaria a ser no dia posterior.

Apesar de ficar feliz com o assédio, sempre tinha muita noção que aquilo na verdade não era para o Julio Cesar enquanto pessoa, mas para o Julio Cesar enquanto jogador. Entendi por que a maioria dos famosos coloca-se na terceira pessoa, falando de si mas se referindo a ELE. Eu sempre soube que o fã, na realidade, ama a imagem que a televisão e toda a mídia criam para o ídolo, e quase sempre é uma imagem distorcida da realidade. Talvez por isso sempre lidei bem com a fama e nunca me empolguei ou achei que fosse mais do que ninguém por estar na frente de uma câmera de televisão ou na capa de uma revista.

Naquele momento eu não queria desviar a atenção do que era de fato importante: minha estreia. Apesar de atencioso com todos, evitava me expor.

No treino do sábado, o técnico Mario Travaglini colocou-me como titular da equipe, e todos os jogadores apoiaram-me muito, incentivando e tranquilizando para que eu não sentisse o peso da responsabilidade.

Após a confirmação de minha estreia, os repórteres invadiram o vestiário para me entrevistar. Lembro daquele mesmo grandalhão que havia me entrevistado quando ainda era juvenil. Ele gesticulava pedindo uma entrevista, e eu acenei concordando. Ele veio a mim e disse:

— Olá, Julio! Lembra de mim?

— Eu sabia que você ia despontar! Falei isso naquele jogo, quando você ainda era reserva do juniores, lembra? Espero que você arrebente no domingo! Boa sorte. Podemos começar a entrevista?

Após cinco minutos havíamos encerrado, e Fausto Silva ainda falou:

— Sou também representante da Xiton, fábrica de material esportivo. Separei várias coisas para você. Mas precisa ir à fábrica comigo!

Pensei: "Todos querem fazer *merchandising* colocando sua grife em jogador do Corinthians!".

Agradeci e fiquei de ir... Qualquer dia.

No sábado que antecedeu minha estreia, eu mal consegui dormir. Eu, que passara a infância imaginando fazer um gol contra a equipe do Corinthians no dia da minha estreia, agora precisava fazer exatamente o contrário!

Faria o melhor possível e sabia que estava preparado. Mas isso não aliviava aquela ansiedade tão comum que antecede um grande acontecimento.

No domingo, quando chegávamos ao Morumbi, milhares de torcedores caminhavam para o estádio.

Ao verem o ônibus do Corinthians personalizado com o mosqueteiro, fizeram a maior festa, balançando suas bandeiras e gritando o nome dos jogadores. Quando chegamos aos portões de entrada do estádio, a bateria da Gaviões da Fiel começou a tocar o grito de guerra do Corinthians. Abri a janela e vi aquele povo que me acenava e sorria, com olhares vidrados na esperança de que seus ídolos trouxessem alegria e orgulho pela vitória de seu time. Dei-me conta da tremenda responsabilidade que tinha nas mãos e lembrei-me que havia lutado tanto para me tornar jogador exatamente para dar alegria àquela gente. Pensei em Deus e disse:

— Ajuda-me a fazer um gol para esta gente! Ajuda-me a alegrá-los mesmo que só por um momento!

E nessa hora meu corpo ficou todo arrepiado! Milhares de torcedores gritavam o nome de cada um dos ídolos que iriam jogar. E, quase em transe, eu ouvi:

— Ôôôôôôôh! Leleô! Leleô! Leleô! Julio Cesar!

Eles estavam gritando meu nome!

Com a emoção à flor da pele, entramos no Morumbi. Fomos direto para o vestiário.

Quando acabamos de nos trocar, comecei a ouvir um rumor que aumentava. Assustado, pensei: "Que barulho será este?".

Eram 120 mil pessoas que batiam os pés nas arquibancadas como a chamar impacientes pelos seus ídolos. Meus nervos estavam a ponto de explodir, e nesse estado iniciei o aquecimento. Quando estávamos prontos a entrar em campo, reunimo-nos para a oração final. Demo-nos as mãos e começamos a rezar. Olhei para um lado e vi Zenon. Olhei para outro e lá estava o Wladimir. Ambos compenetrados na oração. Elevei meu pensamento a Deus: "Meu Deus! Me preparei a vida toda para este momento. Meu futuro será decidido nos próximos noventa minutos. Me ilumina!".

Assim, fomos para o túnel de entrada. Wladimir colocou-me logo à frente para que eu sentisse toda a emoção. O rumor da torcida podia ser ouvido, dando uma prévia do espetáculo que seria a nossa entrada em campo. Comecei a subir as escadas que nos levariam ao gramado e, quando pisei no último degrau, a torcida do Corinthians explodiu numa festa maravilhosa! O que se passou em frações de segundos diante de meus olhos ficaria gravado para sempre em meu coração!

Milhares de rojões explodiam. Fumaças branca e preta espalhavam-se ao vento, bandeiras corinthianas tremulavam por todo o estádio, papéis picados e serpentinas coloriam o Morumbi, deixando-o com cara de festa. Torcedores se abraçavam e, juntos, pulavam felizes nas arquibancadas, saudando a entrada de seus ídolos. O olhar sofrido daquela gente suplicava por uma vitória que trouxesse um pouco de alegria a suas vidas. Em uma faixa no meio da Gaviões da Fiel havia a frase: "Corinthians, jogai por nós".

Entrei em campo emocionado e não consegui segurar o choro.

Saudamos a torcida corinthiana que estava em delírio.

A equipe do Palmeiras nos aguardava em campo e pude olhar para alguns mitos da equipe adversária. Luis Pereira, grande ídolo de infância que, apesar da idade, ainda impunha respeito. Enéas, que tinha visto quando menino treinando pela Portuguesa no campo do Pirituba. Para todo lado que me virava via um ídolo! Aquilo para mim era um sonho!

Começou o jogo. Nos primeiros vinte minutos, as equipes estudaram-se, depois nos soltamos indo ao ataque tentar a vitória. O jogo transcorreu dessa forma por quase todo o primeiro tempo. As duas equipes desperdiçaram boas oportunidades de inaugurar o placar.

Faltando dez minutos para o término do primeiro tempo, recebi uma bola pelo alto, matei no peito e percebi que meu marcador, Vargas, entrou em mim com toda velocidade, tentando tirar a bola. Entretanto, percebendo sua intenção, dei um toque por cima, no exato momento em que ele chegava. Vargas passou como um touro, mas errou o alvo. Dominei a bola na coxa completando um "chapéu" e fui em alta velocidade para o ataque. Luis Pereira saiu para fazer a cobertura de Vargas, mas eu o driblei para dentro desferindo em seguida um potente chute de perna esquerda, e a bola raspou a trave direita do goleiro Gilmar. Neste momento pude ouvir o rumor da torcida:

— Uuuuuuuhhh!

Olhei para a arquibancada e percebi que milhares de corinthianos estavam de pé e começaram a bater palmas. Fiquei orgulhoso. Estava conseguindo fazer os corações daquela gente baterem mais fortes e vibrarem com minhas jogadas.

Passaram cinco minutos e ganhamos escanteio. A bola foi alçada na área do Palmeiras. Percebi que ela vinha em minha direção e pela força e trajetória deveria cair perto de mim. Preparei-me para o cabeceio. Vargas percebeu e ficou ao meu lado. Quando subi para cabecear, o jogador, vendo que não teria chances de me impedir, pulou no meu corpo, deslocando-me propositadamente. Mesmo desequilibrado consegui cabecear. A bola chocou-se contra a trave e tocou a rede pelo lado de fora saindo pela linha de fundo. A torcida explodiu, pensando que a bola havia entrado, para novamente dar aquele grito de frustração e ao mesmo tempo de incentivo a seus heróis.

Novamente, ecoou uma enorme salva de palmas por todo o estádio. Neste momento eu pensei: "Meu Deus! Se eu fizer um gol para essa gente, acho que meu coração não aguenta! Eu queria muito isso! Aí esta um bom motivo por que morrer!".

Assim, terminou o primeiro tempo. Descemos para o vestiário. Casagrande, que estava na reserva, sentou ao meu lado e me incentivou, dizendo:

— Mais um pouco e aquela cabeçada entrava! Você está bem! O jogo não está difícil. Eu precisava entrar para compor este ataque com você!

— É, Casa. O Mário (centroavante) não está bem. Será que o "homem" (técnico) não vê isso?

Após dez minutos de descanso e alguns comentários pertinentes ao jogo entre nós, jogadores, o sr. Mario Travaglini pediu a palavra. Terminadas as instruções, voltamos para o segundo tempo. Todos elogiaram minha atuação, incentivando-me a continuar pelo segundo tempo de jogo com o mesmo ímpeto do primeiro. Quando saí do vestiário para o campo, Adilson Monteiro veio ao meu encontro dizendo:

— Força, Julio! Continue assim! Vamos ganhar este jogo!

Voltamos para o campo, e o juiz reiniciou a partida.

Aos 15 minutos, após uma jogada confusa em nossa área, em que o goleiro Rafael se atrapalhou com o zagueiro Mauro, Enéas se antecipou e tocou no canto esquerdo de Rafael fazendo o gol que daria a vitória à equipe do Palmeiras. Foi com grande tristeza que vi Enéas Camargo correr a comemorar com a torcida alviverde. Buscamos o empate pelo resto do segundo tempo, mas o time alviverde se postou todo atrás, dificultando nossa ação. Quando o jogo terminou, vários repórteres correram em minha direção, congratulando-me pela *performance* e dizendo que meu nome estava sendo cogitado para ganhar o Motorádio, prêmio concedido para o melhor jogador em campo. Fiquei surpreso e ao mesmo tempo feliz. Como iriam presentear o jogador que havia perdido o jogo? Pelo menos meu valor havia sido reconhecido, e isso me bastava por ora. De repente chamaram o Luis Pereira ao meu lado e disseram:

— Agora será votado entre vocês dois qual o melhor jogador em campo.

Luis Pereira me deu um abraço, parabenizando-me pela atuação. Para mim era um sonho! Eu havia colecionado figurinhas com sua foto! Agora estava ao meu lado no campo, como um parceiro de profissão! Para mim este foi o melhor prêmio!

Feita a votação, Luis Pereira venceu por um voto. Virou-se então para mim e disse:

— Você merecia este prêmio, Julio. Só me deram porque o Palmeiras venceu. Mas você já desponta como um grande jogador! Quero trocar minha camisa com você!

Meu Deus! O Luisão Pereira, um dos maiores zagueiros do mundo de todos os tempos, várias Copas do Mundo disputadas, pedindo para ficar com minha camisa! Mais do que depressa fiz aquela troca. A camisa dele, por si só, era para mim um grande troféu!

Naquele momento, olhei para todo o estádio do Morumbi e percebi que havia realizado o maior sonho da minha vida. Eu era jogador de futebol profissional.

FOTO 24 – Entrada do Corinthians em campo.

PAPEL SOCIAL DO FUTEBOL

Voltando ao vestiário, havia o maior silêncio e o clima era de tristeza pela derrota. Quando fomos para o ônibus, dezenas de torcedores nos esperavam ao lado de fora do estádio e pelas janelas com grades que davam acesso ao estacionamento do nosso ônibus. Gritavam enfurecidos:

— Nós vamos virar o ônibus quando vocês saírem, cambada de mercenários! Ganham muito dinheiro e nem se esforçam em campo! Vocês estão brincando com coisa séria! Para jogar no Corinthians precisam honrar esta camisa com suor! Precisam dar o sangue por este time.

E mais de mil torcedores da Gaviões da Fiel começaram a gritar lá fora:

— Ôh! Ôh! Ôh! Queremos jogador!

Lembrei-me do que Deus havia me dito: "O que torcedores sentem pelos ídolos não é amor, mas uma idolatria neurótica. Quando ganhar, todos o amarão, quando perder, todos o odiarão!".

Eu estava com os olhos arregalados de surpresa e medo; foi quando um desses torcedores me viu e disse:

— Você pode ficar tranquilo, Julio Cesar, pois foi o único que fez jus em vestir a camisa deste time! Se todos tivessem jogado como você, não teríamos perdido para essa cambada de porcos!

Assim ficou aquela turba enfurecida, tentando arrumar algum culpado pelas suas frustrações.

No fundo, senti-me orgulhoso por aquele elogio, mesmo nestas circunstâncias. Porém, pude ter exata noção do papel social do jogador de futebol e do ídolo na vida dos torcedores. Aquele episódio trouxe-me profundos ensinamentos!

A maioria daquelas pessoas, principalmente os torcedores das arquibancadas, era muito humilde e quase sempre gastava um dinheiro que não podia para assistir ao time do coração.

Percebi a enorme importância do futebol como válvula de escape perante a insatisfação social e a política do país, onde a desigualdade era enorme e o regime continuava centralizando dinheiro e poder na mão de poucos, criando, a cada dia, maior número de miseráveis. O futebol era a única oportunidade que aquelas pessoas tinham de se sentirem vencedoras, e isso tornava suas vidas suportáveis, mesmo que fosse uma vitória fictícia. Agora eu entendia por que aquele jogo gerava tanto fanatismo, chegando ao ponto de os torcedores se matarem por ele. Os torcedores aceitavam perder na vida, mas jamais no campo. Isso seria uma frustração incontrolável e o estopim que faria explodir a bomba social que há muito já estava armada por desatinos e irresponsabilidades de várias anos de governo nas mãos dos militares. Estes, por sua vez, incentivavam e até tentavam manipular resultados para conter ou desviar a atenção do povo de toda a corrupção que assolava o país. Lembrei-me então da época dos gladiadores romanos e não pude deixar de fazer essa analogia entre as épocas, constatando que quase nada mudou nesse aspecto. O governo continuava dando ópio ao povo e toda vez que seu time vencia, todos iam para casa felizes para mais uma segunda-feira de árdua labuta.

Sentia-me culpado por fazer parte daquela farsa, mas era a forma que eu tinha escolhido de levar um pouco de alegria e de magia, tornando a vida daquelas pessoas um pouco mais suportável.

Poderia ser o herói dessas pessoas, mesmo que por alguns momentos, para devolver-lhes um pouco da autoestima.

Os portões se abriram, e os policiais fizeram um cordão de segurança para que o ônibus pudesse passar sem ser apedrejado ou molestado pelos torcedores mais afoitos. Assim, retornamos para o Parque São Jorge, estádio do Corinthians, escoltados por algumas viaturas da polícia.

Foi uma forma triste de terminar o dia da minha estreia, pois poderia ter sido muito diferente se houvesse uma vitória de nossa parte. Mas, para meu aprendizado, aquilo foi muito importante, pois eu vi os dois lados da mesma moeda chamada futebol.

O ÍDOLO

Na segunda-feira, todos se apresentaram ao Corinthians no período da tarde, para revisão médica, massagens e sauna. Eu preferi treinar um pouco e fiquei surpreso ao entrar em campo e ver que vários torcedores e jornalistas me elogiavam, apesar da derrota do dia anterior. Fausto Silva, já meu conhecido, veio me pedir entrevista e mostrar um jornal que dizia que eu havia sido o grande destaque do jogo de domingo. Dizia ele:

— Brincadeira! Como você jogou! Se continuar assim terá enorme futuro no Corinthians!

Aquele tipo de elogio em início de carreira, mesmo sendo de um repórter (ainda) desconhecido como ele, era de grande valor moral e me enchia de estímulo.

Novamente convidou-me para ir à fábrica da Xiton buscar o material esportivo que estava à minha disposição. Terminei a entrevista, agradeci e fui treinar. Em seguida, tomei banho e, ao sair do vestiário, vários fãs me aguardavam para pedir autógrafos e tirar fotos junto comigo. Olhavam-me fascinados como se eu fosse um extraterrestre! Eu achava incrível o fascínio que as pessoas sentiam pelos seus ídolos. Algumas fãs mais eufóricas chegavam a dizer que me amavam! Eu achava tudo aquilo muito engraçado, pois como uma pessoa que nem me conhecia poderia me amar? Tinha plena noção que os torcedores amavam a imagem do ídolo, mas não a pessoa em si, o que era muito diferente.

Apesar disso, procurava sempre atender a todos com carinho e respeito, sem deixar que o fato de eu ser jogador do Corinthians me subisse à cabeça.

Nunca senti-me mais que ninguém simplesmente pelo fato de estar em lugar de destaque. Essa postura diante da fama contribuía com minha imagem profissional e me aproximava das pessoas.

Passei a disputar todos os jogos como titular daquele maravilhoso time. Jogar ao lado de Sócrates era um privilégio! Ele conseguia fazer cada coisa com a bola que nós, jogadores comuns, nem sabíamos que poderia existir! Sócrates tinha uma velocidade de raciocínio pelo menos três segundos na frente de qualquer pessoa normal, por isso levávamos alguns segundos para decifrar sua intenção, e quando nosso cérebro enfim conseguia entender a jogada que ele havia criado, perdíamos o aproveitamento da jogada.

Agora eu sabia por que todos o chamavam de dr. Sócrates.

Copa de 82

Era ano de Copa do Mundo. Sócrates havia se juntado à delegação da Seleção Brasileira que se preparava para viajar para a Espanha. Entre eles estavam Zico, Falcão, Oscar, Sócrates etc. Era praticamente o fim de uma geração de craques que dificilmente o mundo veria jogar novamente. Paradoxalmente, era uma geração estéril de títulos internacionais, pelo menos em Copas do Mundo, e aquela seria provavelmente a última oportunidade que teriam. Isso contribuiu para que eles fizessem um pacto entre si. Sessenta dias antes da Copa, não iriam beber, fumar, treinariam muito e se dedicariam a tudo que fosse necessário para trazer aquele título. Até o exigente técnico contribuía para esta postura: Telê Santana!

Estávamos concentrados no hotel, num domingo após o almoço, quando recebemos uma inesperada, porém gratificante visita.

Sócrates foi entrando no quarto de todos os jogadores e despedindo-se de um por um com um fraterno abraço. Eu e Casagrande estávamos em nosso quarto quando o Magrão entrou, deu-me um abraço e disse:

— Vamos lá, molecada! Segurem aí até eu voltar.

Eu respondi, quase prevendo a tragédia que viria:

— Magrão, eu sei o que esta Copa significa para você. É sua última oportunidade de ser campeão do mundo. Boa sorte. Traga esta Copa para nós, por favor!

Após despedir-se de todos, o craque foi para o aeroporto onde seguiria para o Rio de Janeiro e, junto com toda Seleção Brasileira, embarcaria para a Espanha para disputar a Copa do Mundo de 1982. Foi a última vez que vimos o Magrão antes da tragédia do Sarriá...

Naquele jogo fatídico contra a Itália, estávamos no alojamento do Corinthians assistindo todos juntos sem acreditar no que víamos. O Brasil levando três gols do carrasco Paolo Rossi e sendo desclassificado da Copa.

Quando acabou o jogo, eu chorei de tristeza. Chorei por mim, pelo Brasil, mas principalmente pelo meu amigo e companheiro de equipe, Sócrates.

Assim, acolhemos a sua triste volta e demos a ele nosso apoio solidário.

Quem viu os primeiros jogos do Brasil naquela Copa poderia dar-se por feliz, pois dificilmente teria oportunidade de assistir a alguma coisa tão mágica! Mesmo não sendo campeã, foi a única Seleção Brasileira comparada à Seleção campeã de 1970. Foi um enorme trauma para todo o país, talvez só menor que o de 1950, no Maracanã.

A FORÇA DA DEMOCRACIA

Sócrates voltou a integrar o Corinthians, e as vitórias da Democracia Corinthiana seguiam. Eu continuava aprendendo com aquele grupo, tanto do lado profissional como pessoal.

A convivência com esses ícones do esporte, além dos profissionais de peso que faziam parte da equipe que nos auxiliavam, como Flávio Gikovate e Washington Olivetto, deram-me enorme oportunidade de amadurecimento nos sentidos ético e moral, cidadania e responsabilidade social. Mal sabia eu o quanto isso seria importante para realizar os propósitos que Deus havia me reservado...

O Corinthians tinha voltado ao seu lugar de destaque, e a nova diretoria havia sanado as dívidas antigas do clube. Para isso, realizamos vários jogos amistosos contra equipes de outros Estados e até da segunda divisão. O que mais importava era o valor que entraria para os cofres do clube.

Entretanto, houve um amistoso que me ficou marcado para sempre.

Jogávamos contra a equipe do Suzano. O jogo se realizava naquela cidade. Eles tinham contratado alguns jogadores famosos, já em final de carreira, e preparavam-me para o campeonato da segunda divisão do futebol paulista. Eu, agora titular da equipe, jogava com a camisa 7, e Zé Maria completava a ala direita jogando com a camisa 2. Estávamos com vinte minutos do segundo tempo, e o jogo permanecia 0 x 0.

Em determinado momento eu disse ao Zé:

— Eles estão muito atrás! Está difícil furar esse bloqueio. Vou ficar bem aberto e o meu marcador me acompanhará, abrindo uma brecha na defesa. Quando for para o ataque, entre nessa brecha e vá direto para o gol.

Zé acenou com a cabeça, concordando.

Quando Zenon pegou a bola no meio de campo, eu levei meu marcador para a lateral e o Zé entrou em diagonal. Zenon, percebendo essa movimentação, lançou a bola na entrada da área, à frente de

Zé Maria. Este aproveitou aquele enorme "corredor" que se formou na defesa adversária e foi com a bola dominada até o gol, desferindo um chute rasteiro no canto direito do goleiro sem a menor chance de defesa. O Zé não sabia como comemorar, pois não estava acostumado a fazer gols. Todos fomos abraçar aquele jogador que era o maior símbolo da raça corinthiana e um líder que ensinava com seu exemplo de humildade e união. Com este único gol, vencemos por 1 x 0.

Após o jogo, estávamos no vestiário e Zé veio me agradecer dizendo:

— Obrigado, Julio! Você foi muito generoso criando a jogada para que eu fizesse o único gol de minha carreira!

Deu-me um abraço generoso, com seu sorriso enorme estampado no rosto!

Eu respondi:

— Infelizmente não foi o único, Zé. Há muito tempo, para minha tristeza, você fez um gol mais importante do que imagina, em um campeonato de botão, na Mesbla!

E saí, deixando o Zé intrigado com aquela revelação. Tempos depois expliquei ao Zé aquele episódio da minha infância.

Particularmente, fiquei muito feliz em ter contribuído para que o Zé fizesse aquele gol pela importância que aquela vitória pessoal significava para ele, pois o Zé era, para mim, um grande ídolo e agora, além de jogar a seu lado, tive a oportunidade de retribuir um pouco do muito que ele havia me dado.

Além disso, o "Super-Zé" era um ícone não só nacional como também mundial, e entre todos os jogadores que eu havia conhecido era exatamente ele o mais humilde, ético e amigo. Todos o adoravam e o tinham como exemplo, e alguns chegavam a dizer inclusive que ele era tão bom que chegava a ser bobo! Mal sabiam eles que os desenvolvimentos tanto pessoal como espiritual do Zé estavam muito acima dessas colocações menos dignas.

Por todos esses motivos, mesmo eu, já sendo um jogador profissional, tinha o Zé como um grande ídolo, e eu o olhava com a mesma admiração e carinho dos meus tempos de menino!

DEPOIMENTO DO ZÉ MARIA

FOTO 25 – Zé Maria.

Tive a oportunidade de disputar duas Copas do Mundo, porém era no Corinthians que, de fato, eu me identificava com aquela maravilhosa torcida que me batizou de "Super-Zé", pelo meu porte avantajado e pela minha raça em campo. Sempre me orgulhei de ter feito o melhor que pude pelo meu país e pelo meu clube.

Vivi momentos emocionantes dentro do Corinthians, e um deles foi a conquista do Campeonato Paulista de 1977, quando pudemos quebrar um jejum de 23 anos sem títulos. O campeonato de 1979 também foi importante, entretanto, a fase mais marcante na minha carreira, por tudo que a gente representava, não só dentro como fora do futebol, sem dúvida alguma foi a época da Democracia Corinthiana.

Além da qualidade técnica, o grupo era muito unido, o que nos tornava quase imbatíveis!

Quando o Julio veio para o time profissional, eu já era quase um veterano e ainda me lembro a admiração com que ele me olhava e se esquecia de treinar! O Julio era muito veloz e me dava muito trabalho nos treinos. Naquela época já demonstrava enorme determinação e perseverança.

Depois disso, jogamos juntos pelo Master do Corinthians e pela Seleção Brasileira.

Anos depois nos reencontrarmos como educadores de crianças carentes, dando rumo à vida desses jovens.

Fiquei triste quando soube da sua surdez, porém o Julio novamente nos brindou com seu exemplo de determinação, perseverança e, principalmente, com seu amor pelas crianças surdas com as quais desenvolveu este projeto que está à altura de seu caráter.

Se Deus queria escolher alguém com o idealismo necessário para lutar por essas crianças não poderia ter escolhido melhor!

Este livro é a síntese de tudo isso, e eu só posso agradecer a Deus por ter feito parte desta grandiosa história!

O Corinthians seguia vencendo todos seus adversários, seja no Campeonato Paulista seja nos amistosos, e a cada dia nós ganhávamos maior confiança e união do grupo. O Brasil inteiro falava na Democracia Corinthiana, o que nos dava enorme notoriedade. Os jogadores, entretanto, estavam imbuídos de uma responsabilidade profissional que nunca tiveram e cada um cobrava do outro uma postura condizente com sua posição, tanto dentro quanto fora de campo. Após mais uma reunião, foi implantada novamente, de forma opcional, a concentração antes dos jogos. É óbvio que alguns de nós preferíamos estar concentrados com toda a mordomia de um hotel cinco estrelas do que em casa ou mesmo no alojamento, principalmente os solteiros. Entre eles, eu e Casagrande. Éramos amigos e tínhamos a mesma idade, por isso quase sempre éramos escalados para ficar no mesmo quarto durante as concentrações. Casagrande era muito gozador e descontraído. Um adolescente completamente irreverente. Com o dinheiro do primeiro contrato, comprou um jipe todo incrementado e um chapéu de vaqueiro e, daquela forma, saía para a balada! Adorava *rock* pesado, e até chegamos a ir juntos no primeiro Rock in Rio. Éramos as grandes esperanças do Corinthians para a temporada. Casagrande teve sua chance no início do Campeonato Paulista de 1982 e começou a fazer tantos gols que não saiu mais da equipe. Conseguiu um entrosamento tão perfeito com Sócrates que se tornaram uma dupla infernal para os adversários.

Assim, fomos campeões do primeiro turno, conquistando o direito de estarmos na final do campeonato contra o futuro campeão do segundo turno. Os dirigentes do Corinthians, vendo que Eduardo não se recuperaria, contrataram Ataliba, do Juventus. Este jogador, apesar da pouca habilidade técnica, era extremamente veloz e oportunista e incomodava muito a defesa adversária. Passou a ser uma importante peça no esquema ofensivo da equipe.

O São Paulo foi o campeão do segundo turno e seria nosso adversário na final do campeonato.

Eles tinham um elenco de estrelas e haviam cedido oito jogadores para a maravilhosa Seleção Brasileira da Copa de 1982. Mas nós éramos a Democracia Corinthiana e pela força e união do nosso grupo era difícil nos vencer. Quando havia algum problema ou mesmo desavença, fazíamos uma reunião em que todos falavam e tudo era sempre resolvido pela maioria. Quando acabávamos de "lavar nossa roupa suja", estávamos mais fortalecidos do que nunca, dispostos a tudo pela vitória.

O que geralmente acontecia em outros grandes clubes era guerra entre as estrelas da equipe. Isso levava a um individualismo que nada contribuía para a força do grupo.

Nessa época, Eduardo havia se recuperado, e, com Ataliba jogando, eu passei a terceiro ponta-direita da equipe. Entretanto, como era a final do campeonato, o técnico Mario Travaglini convocou todo o elenco para a concentração no hotel, o que seria importante para manter a união do grupo. Além disso, ele queria presentear todo o elenco que, de uma forma ou de outra, contribuiu para que o Corinthians estivesse na final. Assim, o prêmio seria gordo e dividido por todos. O sr. Mario cortou vários jogadores já no hotel, aqueles que não ficariam nem no banco de reservas. Eu fui um deles. Resolvi ir para o Morumbi com o roupeiro Miranda. Ele ia antes dos jogadores para arrumar o uniforme de todos e zelar para que as coisas estivessem em ordem quando a equipe chegasse. Quando lá chegamos, fomos direto para o nosso vestiário e, ao entrarmos, ficamos estarrecidos com a cena que vimos. O chão estava forrado de objetos de macumba: velas pretas e vermelhas, garrafa de pinga, frango queimado, champagne e todas as coisas que se usam nesse tipo de despacho.

O Miranda foi o primeiro que falou:

— Não conta nada para o Biro Biro, pois ele é muito supersticioso. Se ficar sabendo o que houve aqui, ele nem entra em campo!

E, olhando para seu relógio de pulso, completou:

— Temos trinta minutos para lavar tudo isso, você me ajuda?

— Claro! Vamos lá!

Assim, começamos a limpar tudo aquilo. Eu sempre respeitei a crença ou a religião de todos, mas nunca fui supersticioso. Claro que não era agradável limpar aquele despacho, mas psicologicamente não me afetava em nada.

Sabíamos que aquele tipo de iniciativa fora feito pela equipe do São Paulo para nos desestabilizar e mexer com os nervos dos mais supersticiosos, mas nada podíamos fazer e, caso isso fosse divulgado, todos ficariam sabendo e os maiores prejudicados seríamos nós mesmos.

Assim, limpamos tudo rapidamente e, dez minutos depois, a equipe toda chegou. Tudo correu normalmente e os jogadores entraram para o campo. Eu fui para as cadeiras numeradas para assistir ao jogo. No final, nossa equipe foi campeã, vencendo o São Paulo por 3 x 1 com dois gols de Biro Biro!

Quando o jogo terminou, após a festa e a volta olímpica do nosso time para saudar a torcida que festejava o título, eu desci para os vestiários. Todos lá se encontravam. As portas ainda não haviam sido abertas para os jornalistas, que esperavam impacientes. Andei em direção ao Miranda e quando cheguei perto dele dissemos um ao outro ao mesmo tempo:

— Nós dois vencemos este campeonato!

Começamos a rir juntos e nos abraçando. Os jogadores que estavam ao redor nos olharam com ar interrogativo, e isso só nos fez rir ainda mais.

Essa história nunca foi contada oficialmente, já que somente eu e o Miranda fomos testemunhas! Fizemos a oração de agradecimento e as portas do vestiário foram abertas para os jornalistas. Em dois minutos, o local estava lotado. Dei algumas entrevistas e saí. Fui esperar pelos jogadores em nosso ônibus que deveria seguir até o parque São Jorge. Eu estava muito feliz. Pela primeira vez, participava efetivamente de um título muito importante para mim. Campeão Paulista de 1982, na era da Democracia Corinthiana!

Mas naquele dia aprendi uma enorme lição que pude levar para o resto da vida com um dos mais humildes integrantes da nossa equipe: o roupeiro! Com sua enorme presença de espírito, responsabilidade, amor pelo clube e pela sua profissão, foi um dos mais importantes personagens, responsável por aquele título, e sequer entrou em campo!

Devemos fazer sempre nosso trabalho com amor, comprometimento e responsabilidade, pois, por mais humilde que ele seja, é quem poderá tornar sua equipe a campeã!

Geralmente, nós nunca reparamos ou agradecemos a esses funcionários que trabalham no dia-a-dia para que nós nos tornemos as estrelas.

São eles os verdadeiros heróis anônimos!

O PRÊMIO

No outro dia, eu estava no parque São Jorge ainda dando muitas entrevistas. Estávamos no final do ano e deveríamos entrar em férias. Como era bom sair de férias com o título conquistado e um sentimento de dever cumprido!

Sentia muitas saudades da minha família. Lembrei de todos com carinho, e, entre estes pensamentos, ouvi alguém me chamar. Era Adilsinho, pedindo que subisse à tesouraria. Adilsinho era pequeno e tinha enormes bigodes. Um homem muito correto e simpático com todos. Tratava os jogadores como iguais, independentemente da fama que cada um tivesse, o que lhe dava ar de confiabilidade naquele ambiente tão comum para as pessoas paparicarem os mais famosos em detrimento dos mais humildes. Adilsinho era quem cuidava de toda a parte financeira, relativa à equipe de futebol profissional. Reservava hotel, organizava as viagens, pagava o "bicho" pelas vitórias etc.

Quando cheguei em sua sala, ele zombeteiramente foi dizendo:

— Aí está seu prêmio, moleque! Cuidado, porque você nunca viu tanto dinheiro! Vê se não gasta tudo com doces!

Quando vi os vários maços de notas dentro do envelope, fiquei admirado!

Adilsinho se divertia com a nossa inexperiência e adorava fazer gozação com os mais jovens. Ele brincava de uma forma tão paternal, que servia para aumentar a amizade e admiração que tínhamos em relação a ele.

Contei o dinheiro, que era mesmo uma alta soma, principalmente para mim que ganhava pouco mais que um jogador amador. Pensei nas dificuldades da minha família e como aquele dinheiro poderia ajudá-la, mas me lembrei que já era hora de eu comprar um carro, mesmo que usado. Porém, como faltavam dois dias para as férias, preferi guardar o dinheiro e comprar o carro quando voltasse das férias, no início do ano. Nesses dois dias de preparação para voltar ao sítio, fui ao centro da cidade e comprei presentes de Natal para toda a família. Escolhia com carinho o que poderia combinar com a personalidade de cada um, e após tudo devidamente embrulhado voltei ao Corinthians para minha última noite no clube.

Aproveitei para me despedir de todos que moravam no alojamento, pois de uma certa forma eram minha família durante a maior parte do ano. As despedidas eram emocionadas, pois ali todos se davam muito bem. No dia seguinte, bem cedo, fui para a rodoviária e comprei a passagem para Registro. Parei em uma banca de jornal e vi a revista *Placar* com a manchete:

"Vitória da democracia, Corinthians campeão"

Havia uma foto de todos os jogadores que participaram do campeonato, e ali estava eu!

Olhei com orgulho e me lembrei do ano anterior, naquela mesma rodoviária, quando eu mal tinha dinheiro para comer. Agora, tinha uma pequena fortuna na mala e mesmo que o ônibus atrasasse, eu não precisaria ir a pé para o sítio. Sorri confiante e pensei: "Como a vida é dinâmica!".

Nesse momento, ouvi a chamada do meu ônibus nos altofalantes da rodoviária. Dirigi-me para a plataforma de embarque e entrei no ônibus.

Natal feliz

A viagem foi tranquila e cheguei na hora esperada. Consegui pegar o ônibus local que me deixaria próximo à entrada do sítio. Desci e, após caminhar alguns metros, meus cachorros receberam-me em festa, abanando o rabo e pulando em cima de mim. Como era bom estar em casa!

Minha mãe e irmã logo apareceram com um sorriso e um abraço saudoso. Ajudaram-me a levar as coisas para dentro e perguntaram sobre as novidades da conquista do campeonato. Logo chegaram meu pai e meu irmão. Novamente, a família estava reunida.

Depois das novidades relatadas, começamos a conversar sobre as coisas do sítio. Notei que o lugar estava malcuidado e meus pais, com semblante cansado.

Meus irmãos saíram para alguns afazeres e, quando fiquei sozinho com meu pai, ela me contou:

— As coisas estão difíceis! Estamos com dívidas. Mas agora, além da criação de coelhos, plantamos arroz e, quando chegar a colheita, poderemos nos equilibrar financeiramente. As coisas vão melhorar!

Meu pai sempre foi um eterno otimista. Por pior que tivesse a situação, ele nunca deixava de acreditar que tudo iria melhorar! Sempre sonhava e acreditava. Não era lá muito prático e muito menos organizado, talvez por isso sempre teve dificuldades em empreender algo. Mas era um exemplo de otimismo!

Naquele momento, senti extrema compaixão de toda minha família dando duro naquele sítio sem ao menos vê-lo prosperar. Fui até o quarto, abri minha mala e peguei o dinheiro do prêmio. Voltei e disse ao meu pai:

— Isso é para ajudar a todos. É um bom dinheiro e irá ajudar até as coisas voltarem ao normal.

Dizendo isso, coloquei o dinheiro em suas mãos.

A princípio, ele não queria aceitar. Talvez um pouco de orgulho, ou mesmo por saber que eu tinha trabalhado muito para consegui-lo, mas expliquei que para mim aquela era uma boa quantia e que poderia tirá-los das dificuldades.

Lembrei que aquele dinheiro estava reservado para a compra do primeiro carro, mas senti que era meu dever fazer aquilo para minha família. O carro poderia esperar. No final, fiz o que achei certo e me senti bem com aquilo.

Minha mãe ficava orgulhosa ao ver a família reunida.

Eu passava os primeiros dias descansando, lendo e tocando violão, coisa que adorava fazer, mas depois da primeira semana começava a treinar, correndo oito quilômetros por dia nas estradas de terra, além de ajudar muito no sítio, principalmente com a criação de coelhos que era o sustento de minha família. A tarde, saía para passear com os cachorros que tanto adorava.

Assim, passamos mais um Natal reunidos e felizes, apesar das dificuldades financeiras.

Saída do Corinthians

Quando entramos na segunda semana de janeiro de 1983, eu voltei para São Paulo e apresentei-me ao Corinthians, para início dos preparativos para o campeonato.

O time havia contratado muitos jogadores famosos, entre eles o goleiro Emerson Leão. Foi importante conviver com Leão, pois ele nos passava enorme responsabilidade profissional. Apesar de veterano, era um dos que mais treinava, dando seu exemplo aos jovens. Leão era muito arrogante e extremamente vaidoso. Sem dúvida, uma personalidade marcante. Lembro que em uma ocasião estávamos nos trocando após um treino, quando ele pegou um pote de creme e começou a passar em suas famosas pernas. Os jogadores mais gozadores, entre eles, Sócrates e Zenon, começaram a ridicularizar aquela atitude dizendo:

— Suas pernas já foram bonitas, Leão! Nenhum creme dará jeito nisso!

E todos caíam na gargalhada, inclusive o próprio Leão, que levava na esportiva.

Nesse momento, eu vinha chegando do banho quando Sócrates disse:

— Olha só as pernas do Julio! Perto dele, você parece um velho Leão de circo!

E todos voltavam a gargalhar!

De fato, na plenitude de meus 18 anos, eu tinha um corpo invejável e aquela comparação com as famosas pernas de Leão foram motivo de orgulho para mim!

Vieram outros grandes jogadores para compor o elenco do Corinthians, e eu, vendo que teria poucas chances de jogar, pedi para ser negociado com outro clube em que eu pudesse ter oportunidade de ser o titular.

A diretoria nomeou um empresário responsável pelo empréstimo de todos os jogadores que não seriam aproveitados pelo técnico Mario Travaglini, e, como nós não éramos famosos, este empresário nos tratava com certo desdém muitas vezes, tentando, literalmente, nos "empurrar" para a primeira equipe que aparecesse. Eu recusei várias ofertas de times da segunda divisão, o que me causou algumas humilhações por parte desse empresário.

Dizia ele, nessas ocasiões:

— Este clube é muito pequeno para você? Então vou ligar para o Falcão, no Roma, e pedir para eles contratarem você!

Ele falava com ironia, aludindo à grande fase deste jogador no time da capital italiana.

Percebi que aquele empresário ganhava dinheiro nas transações que fazia e tinha enorme interesse em nos colocar em qualquer time. Eu queria jogar em uma equipe da primeira divisão, pois só assim teria boa projeção, caso fizesse um bom campeonato.

Acabei saindo do Corinthians após discutir com esse empresário e fui jogar na Ponte Preta do técnico Cilinho, onde fiquei por alguns meses. Posteriormente, transferi-me para o Comercial de Ribeirão Preto, que, apesar de clube interiorano, disputava a primeira divisão do Campeonato Paulista e era famoso por revelar jogadores para grandes equipes.

Comercial de Ribeirão Preto -1984

Ribeirão Preto fazia parte da minha essência, pois era a terra natal de minha mãe. Grande parte de minha família morava lá, inclusive meus dois irmãos por parte de mãe. Quando criança, todas as férias íamos para Ribeirão e eu tinha felizes recordações daquela cidade que aprendi a amar desde garoto.

Fui morar na casa de meu avô, por quem tinha enorme carinho. Juca era como um pai, extremamente carinhoso e preocupado com todos. Tinha uma carência afetiva própria da idade avançada, pois ficava em casa por quase todo o dia sem que as pessoas lhe prestassem muita atenção.

Infelizmente, em nossa cultura ocidental, não temos o hábito de valorizar a sabedoria adquirida com o passar dos anos e normalmente ninguém "perde" tempo ouvindo o que pessoas com mais de cinquenta anos têm a dizer.

Por esse motivo, meu avô sentava no alpendre e aguardava que eu chegasse do treino, por volta das 11 horas, ocasiões em que eu me sentava ao seu lado e me deliciava com suas histórias do começo do século! Ele contava sobre as fazendas de café, sobre a importante chegada dos italianos, trazendo sangue novo para a lavoura e, principalmente, a contribuição cultural que esse povo trouxe ao Brasil! Lembrava como as fazendas eram administradas e como se vivia naquela época com maior tranquilidade, como se o tempo não tivesse pressa. O que meu avô mais gostava de contar era como conhecera e se apaixonara pela minha avó, companheira por mais de cinquenta anos! Essas horas diárias que passava com meu avô eram um enorme prazer para ambos e contribuíam para nos aproximar ainda mais. Apesar de torcedor do Botafogo, ele dizia a todos com enorme orgulho que seu neto jogava no Comercial. Vivia me dando conselhos de como economizar ou sobre onde aplicar meu dinheiro. Muitas vezes eu chegara nervoso com o técnico da nossa equipe, por me deixar na reserva, e era seu Juca quem me acalmava, dizendo que não reclamasse e me preparasse para que, na primeira oportunidade, mostrasse a todos meu real valor.

FOTO 26 – Vô Juca e vó Teresa.

O ASILO

Eu tinha um carinho especial pelas pessoas mais velhas e por suas histórias. Um dia, perto da casa de meu avô, descobri um asilo para idosos. Passei a visitar o lugar, aproveitando os dias de folga dos jogos e treinos. Na realidade, aqueles momentos me eram de extremo prazer. Após algumas visitas, eu já estava familiarizado com os velhinhos. Percebi, pelas suas queixas, que eles haviam sido abandonados pelas suas famílias. Eu então procurava dar atenção a todos sentando-me com eles no enorme pátio a ouvir suas lindas histórias. Era incrível o que aquelas pessoas ainda tinham para dar com suas vivências e experiências. Eles me pediam que contasse as histórias do futebol e se deliciavam principalmente quando falava do famoso Sócrates, momentos em que ficavam orgulhosos por esse jogador ser de Ribeirão. Percebi que muitos sentiam enorme falta da família que, de alguma forma, eu procurava suprir. Alguns deles, principalmente as mulheres, passaram a me chamar de filho, pois, segundo elas, eu representava muito mais do que aqueles que as abandonaram.

Eu pensava em meu avô e jamais compreenderia uma atitude como aquela. Dava-me pena o tipo de pessoa que fosse capaz de entregar os próprios pais à sorte daquele lugar.

Criei um vínculo tão maravilhoso com essas pessoas que a coordenadora do asilo sempre me dizia para que evitasse faltar, pois todos se acostumaram com minhas visitas e alguns deles até se arrumavam, esperando por aqueles momentos. Preocupado com isso, aproveitei a primeira oportunidade em que todos estavam reunidos no pátio e disse a eles uma coisa que me preocupava há algum tempo:

— Dentro de algumas semanas meu contrato com o Comercial terminará. Eu não venho jogando, por isso não sei se ele será renovado. Pode ser que eu tenha de ir jogar em outra cidade. Se isso acontecer, não quero que fiquem tristes, pois sempre estaremos juntos em nossos corações. Deus faz sempre o melhor a todos nós. Confiemos!

Confesso que foi difícil dizer aquelas palavras, pois minha voz já estava embargada pela emoção. Quando terminei, uma das velhinhas, Dona Alzira, que era uma espécie de líder do grupo, começou a falar, como a prever o futuro:

— O melhor para todos é que você ainda permaneça em Ribeirão por mais um tempo. Ainda não é chegado o momento de sua partida, e, quando isso acontecer, Deus queira que seja para um grande time no Brasil ou no exterior, ou mesmo para a Seleção Brasileira! Você é um filho querido a quem muito amamos, e vamos sempre orar para que Deus lhe mostre sempre o melhor caminho.

Aquelas proféticas palavras ficaram-me gravadas na memória. Este acontecimento deixou-me ainda mais preocupado, caso tivesse que deixar Ribeirão e aqueles velhinhos que faziam parte de minha vida. Será que ficariam bem? Lembrei-me da frase de um livro que tinha lido quando menino. Dizia assim:

"Você é responsável por aquilo que cativa".[3]

Enfim, por mais que me partisse o coração, essa decisão não estava em minhas mãos.

No Comercial, eu era o terceiro reserva da minha posição. O técnico não acreditava em mim, mas eu fazia tudo para me sobressair e treinava motivado, pois sabia que, como das outras vezes, minha oportunidade chegaria e eu deveria estar preparado para ela.

Quando eu começava a duvidar dessa verdade, meu avô se encarregava de me fortalecer o espírito com seus sábios conselhos.

Essa situação se prolongou por seis meses, e, quando faltava uma semana para terminar meu contrato, que provavelmente não seria renovado, achei que só um milagre poderia me salvar.

No domingo, jogávamos o "come-fogo", Comercial x Botafogo, o clássico da cidade. Eu assistia ao jogo das arquibancadas quando repentinamente começou uma enorme briga entre os jogadores. O ponta-direita da nossa equipe foi expulso. O reserva entrou em campo para ver o que acontecia e também foi expulso pelo juiz. No próximo jogo eu seria o titular.

---

[3] Extraído de *O pequeno príncipe*, de Antoine de Saint-Exupéry.

Deus havia realizado o milagre! O resto seria comigo... Mas eu estava preparado.

Na quarta-feira, viajamos a Taubaté para jogar contra a equipe daquela cidade. Ficamos no hotel do Mazzaropi, uma antiga fazenda, um lugar lindo e calmo que convidava ao relaxamento e à meditação.

Assim que chegamos, na terça-feira à noite, esperei todos irem dormir e fui dar uma volta. Olhei para o céu que estava todo iluminado pelas constelações múltiplas que somente resplandecem no céu do interior. Instintivamente, procurei a constelação Cruzeiro do Sul que, pelo seu formato de cruz, fazia-me lembrar de Jesus. Senti forte emoção ao encontrá-la. Percebi que naquele momento decisivo em minha vida a espiritualidade estava comigo. Nesse clima, pude iniciar outra conversa com Deus:

— Obrigado pela oportunidade que me proporcionou.

— VOCÊ ACREDITOU QUE ELA VIRIA.

— Acreditei que Você não me deixaria na mão se eu me dedicasse.

— NÃO DEIXO NINGUÉM NA MÃO. AMO TODOS OS MEUS FILHOS E DISTRIBUO OPORTUNIDADES POR IGUAL.

— Mesmo para os que não merecem?

— CLARO! ESSES SÃO OS QUE MAIS PRECISAM DE OPORTUNIDADES PARA SE DESENVOLVER!

— Então qual a diferença de eu me esforçar tanto?

— A DIFERENÇA É QUE VOCÊ ESTÁ PREPARADO PARA TRANSFORMAR A OPORTUNIDADE EM SUCESSO PROFISSIONAL, ENQUANTO OS OUTROS JOGAM A SORTE PELA JANELA!

— Acho que estou... Pelo menos eu treino muito!

— ESTÁ SIM, POIS O TREINO LHE DÁ CONFIANÇA, E QUEM CONFIA PODE TUDO. ALÉM DISSO, SUAS ATITUDES FORA DE CAMPO FAZEM QUE O ALTO INTERCEDA A SEU FAVOR.

— Hein? Como?

— AMANHÃ, APÓS O JOGO, TERÁ MELHOR NOÇÃO DO QUE FALO.

— Você me ajudará?

— VOCÊ ESTÁ PRONTO. CONFIE NA SUA CAPACIDADE E SE MANTENHA LIGADO AO ALTO PELO PENSAMENTO, POIS É POR MEIO DELE QUE VEM SUA INSPIRAÇÃO PARA GRANDES REALIZAÇÕES.

— Então meu destino está traçado?

— DE FORMA ALGUMA! EXISTE UMA PROGRAMAÇÃO GERAL, MAS É VOCÊ QUEM FAZ AS ESCOLHAS. EU O INSPIRO SEMPRE PARA O BEM, MAS A DECISÃO FINAL É SUA. DAÍ A FAMOSA E VERDADEIRA FRASE: AJUDE-SE E O CÉU LHE AJUDARÁ! SIGA SEU CORAÇÃO E NADA PRECISARÁ TEMER!

Quando terminei aquela conversa, percebi que tinha somente uma certeza. Eu iria arrebentar naquele jogo! Estava bem-preparado técnica e fisicamente e minha ligação com o alto deixava-me ainda mais confiante.

Olhei para o relógio. Era tarde. Voltei ao meu quarto e adormeci.

O técnico havia me escalado oficialmente. Eu estava pronto. Quando chegamos ao estádio para aquele jogo, chamei de lado o lateral Gaspar e o médio-volante Derval, que eram exímios lançadores e pedi que prestassem atenção à minha movimentação, pois, assim que eles tivessem a posse da bola, eu me lançaria ao ataque em alta velocidade para que me lançassem em profundidade.

Eles conheciam minha velocidade, mas não estavam habituados com ela porque eu era reserva, e o titular daquela posição tinha uma característica completamente diferente. Por isso eu quis frisar muito esse ponto, pois somente assim teria essa colaboração a meu favor.

Começou o jogo, e, logo aos 12 minutos, nossa estratégia deu resultado. Gaspar me lançou pelo alto, a bola quicou no bico da área grande e eu emendei um chute sem pulo cruzado que foi parar nas redes do adversário, fazendo 1 x 0 para o Comercial.

Foi a maior festa da nossa equipe, mas essa alegria durou somente até o final do primeiro tempo, quando o Taubaté empatou.

Fomos para o intervalo e, no vestiário, todos me congratulavam pela ótima partida que eu estava fazendo. Vanderlei Paiva dizia que o empate fora de casa não seria mal resultado, portanto poderíamos jogar com cuidado, explorando os contra-ataques com a minha velocidade. Assim que tivéssemos a posse da bola, eu deveria ser lançado para surpreender o adversário. Mal sabia ele que já havíamos combinado isso desde o início.

O Taubaté era uma boa equipe e tinha muitos jogadores famosos que já tinham passado por grandes times da capital. Eles estavam desesperados pela vitória, pois era a oitava rodada do Campeonato Paulista e não tinham ganhado nenhuma partida até então.

A torcida os pressionava a ir para o ataque, e nós poderíamos explorar esse detalhe. A obrigação de se expor era toda da equipe do Taubaté que jogava em sua casa.

Começou o segundo tempo. Os dois times, nervosos, se estudavam até que, quando faltavam 15 minutos para terminar o jogo, Derval "roubou" a bola no meio de campo, e eu entrei na diagonal em alta velocidade. Derval lançou, armando o contra-ataque. Dominei a bola na entrada da grande área, fugi de um zagueiro e ajeitei a bola para chutar ao gol. Quando levei o pé para realizar o chute, apareceu outro zagueiro para tentar impedir. Em vez de chutar eu dei outro drible. O zagueiro que vinha em alta velocidade passou como um touro bravo se desequilibrando e escorregando pelo gramado. A bola sobrou para meu pé esquerdo e pensei: "É agora ou nunca!".

Armei novamente o chute e soltei a perna, mas novamente apareceu outro zagueiro para me impedir. Tirei a bola de lado novamente e o zagueiro, assim como o anterior, passou escorregando pelo gramado. Quando percebi, estava cara-a-cara com o goleiro dentro da pequena área. Ele saiu desesperado e se atirando aos meus pés tentando pegar a bola, mas eu fui mais rápido e toquei em seu canto esquerdo, vendo a bola entrar lentamente para o fundo das redes. Não me lembro por quanto tempo corri, gritando todas as emoções que me vinham no peito. Extravasei todas as ansiedade e incertezas de vários meses que agora davam lugar à minha vitória que ecoava por todo o estádio.

Os gritos da torcida adversária se calaram diante da minha determinação e perseverança. Quando olhei para trás, a equipe inteira do Comercial corria em minha direção para comemorar. Pude notar que os jogadores estavam eufóricos não só pelo gol da vitória, mas por ter sido eu quem o fizera, pois eles eram testemunhas de como eu me dedicava e me sobressaía nos treinos. Ficaram felizes com minha vitória particular, pois, para eles, era a vitória da justiça e da força do exemplo de um jogador que eles admiravam!

Olhei para o banco de reservas e novamente me emocionei ao ver que todos pulavam e gesticulavam em verdadeiro frenesi. Até o técnico Vanderlei estava emocionado. Naquele momento, senti a obrigação de ser solidário com aquele homem. Ele sabia que tinha se equivocado em não me escalar antes para o time titular, mas soube colocar o orgulho abaixo da humildade e aplaudir, de pé, a minha vitória. Corri para o banco de reservas e lhe dei um abraço apertado.

Vanderlei Paiva, após entender meu gesto solidário, beijou-me no rosto dizendo:

— Você é um exemplo que só encontramos nos grandes homens. Tenho orgulho de ser seu treinador!

Lembrei-me do que Deus havia me dito na noite anterior.

— VOCÊ ESTÁ PRONTO! CONFIE NA SUA CAPACIDADE!

Instintivamente, olhei em agradecimento para o céu, que parecia sorrir, satisfeito com os acontecimentos daquela noite, e chorei.

O jogo recomeçou e, durante dez minutos, marcamos fortemente a equipe do Taubaté, que procurava o empate de qualquer maneira.

Enfim, o jogo acabou e nossa alegria foi geral. Voltamos ao hotel em festa e, após o jantar, fomos direto para Ribeirão Preto.

No ônibus era a maior alegria até que, ao cair da madrugada, todos estavam exaustos pelos esforços exigidos naquela difícil partida e, enfim, dormiram.

Mas eu não conseguia pregar o olho, pois queria desfrutar daquela vitória o máximo de tempo possível. Todas as jogadas passavam pela minha mente e até agora eu não entendia como havia feito o segundo gol. Sabia que a forma como ele foi marcado não era minha característica. Eu tinha a impressão de que outra pessoa estava comandando meus gestos. Eu só queria chutar para o gol, mas nunca tive a intenção de driblar todos aqueles adversários! Aquele gol não tinha sido meu! A única explicação lógica, por incrível que pareça, era a que o próprio Deus havia me dito. Suas palavras ainda ecoavam em minha memória:

— MANTENHA-SE LIGADO AO ALTO PELO PENSAMENTO, POIS É POR MEIO DELE QUE RECEBE SUA INSPIRAÇÃO A GRANDES REALIZAÇÕES.

Será que a inspiração poderia mudar completamente as características de uma pessoa?

O gol da vitória, nas circunstâncias que havia sido feito, respondia à minha pergunta sem deixar qualquer sombra de dúvidas.

Naquele momento, olhei pela janela do ônibus e vi o céu estrelado. Procurei a constelação Cruzeiro do Sul e agradeci novamente a Jesus. Sentia-me o ser mais amado, mais cuidado do universo e, por um milésimo de segundo, tive a exata noção de toda força do amor de Deus! Senti vontade de contar a todos o quanto somos amados e como Deus está sempre nos guiando... Inspirando...

Sabia, porém, que seria tomado como louco e resolvi me calar. Quem sabe ainda chegaria o momento propício para eu falar ao mundo sobre essa verdade e dar o testemunho de todas as coisas maravilhosas que estavam acontecendo em minha trajetória. De uma coisa eu tinha absoluta certeza: Deus não era aquele ser distante e inatingível que todos imaginavam, mas um pai acessível que fala conosco a todo momento, através do coração.

Com esses pensamentos, adormeci.

Acordei assustado com um enorme barulho. Olhei pela janela do ônibus que estava parado em frente ao estádio do Comercial, em Ribeirão Preto. Olhei o relógio que marcava 8 horas da manhã de uma quinta-feira cheia de sol.

No ônibus, todos brincavam e pegavam suas coisas para sair. Lá fora, alguns torcedores e jornalistas nos aguardavam. Quando saí, todos sorriam e me congratulavam pela vitória. Dei várias entrevistas e autógrafos e fui para casa.

Quando cheguei, meu avô aguardava-me, sentado no alpendre. Percebi que ele estava cochilando de cabeça baixa. Entrei e, como de costume, fui beijar suas mãos dizendo:

— Sua bênção, vô.

Ele levantou a cabeça, olhou nos meus olhos e disse:

— Eu não preciso fazer isso, filho. Você já nasceu abençoado!

Pelo seu olhar de admiração e orgulho, eu soube que ele conhecia os fatos da noite anterior. Abracei aquele homem com todo amor do meu coração e o agradeci chorando, pois muito daquela vitória eu devia a ele.

Descansei da viagem e, após o almoço, resolvi visitar os velhinhos no asilo, já que teria um dia de folga.

Fui para lá ansioso por contar os acontecimentos. Lembrava das palavras de dona Alzira, imaginando se ela teria o dom de prever o futuro. Ela nem iria acreditar no que tinha acontecido!

Eu estava feliz, pois sabia que meu contrato seria renovado. Além de melhorar minha situação profissional, eu poderia continuar em Ribeirão, visitando meus amigos.

Foi com esses pensamentos que cheguei ao asilo e fui procurar a coordenadora. Quando ela me viu, levou-me ao seu escritório e, emocionada, começou o seguinte relato:

— Julio, ontem à noite, por volta das 20 horas, Dona Alzira e mais alguns velhinhos vieram me procurar e pedir para ficarem até mais tarde reunidos no pátio. A princípio eu não queria, mas ela me explicou que era uma ocasião especial, pois você jogaria e todos queriam acompanhar pelo rádio. Entretanto, somente Dona Alzira possuía um, e todos queriam ficar no pátio, onde pudessem ouvir. Nessas circunstâncias eu aceitei e, como moro também aqui no asilo, resolvi participar daquela reunião, não só por você, mas também para zelar por eles. Quando faltavam 15 minutos para o início do jogo, tínhamos formado um grande círculo e estávamos confortavelmente sentados. Foi quando Dona Alzira pediu que todos nós déssemos as mãos para iniciarmos uma oração, pedindo a Jesus que iluminasse seu caminho para que você pudesse realizar, naquela partida, aquilo que fosse melhor a todos, e isso só Jesus poderia saber. Rezamos um Pai Nosso e uma Ave Maria. Dona Alzira ainda disse mais algumas palavras que não entendi direito, algo do tipo que alguém pegaria aquelas vibrações e levaria até você... E assim o jogo começou. Cada vez que você pegava a bola, eles vibravam muito e quando você fez o primeiro gol, todos os noventa velhinhos que estavam no pátio pularam de suas cadeiras se abraçando e comemorando aquele gol, como se eles próprios o tivessem marcado! Muitos esqueceram de suas dores! Dava gosto de ver! Levou uns cinco minutos para que todos se refizessem e voltassem aos seus lugares. O jogo continuou e quando o Taubaté empatou, você nem pode imaginar a tristeza que se abateu sobre este pátio! Todos ficaram imóveis sem dizer uma única palavra até que terminasse o primeiro tempo. Assim ficaram por todo o intervalo. Quando faltavam cinco minutos para iniciar o segundo tempo, Dona Alzira pediu novamente que fizéssemos mais orações, o que foi atendido por todos. Começou o segundo tempo, e percebi que a angústia e a ansiedade tomaram conta de todos. Até no final do jogo, quando você recebeu aquele lançamento. O locutor narrava desesperado a cada drible que você dava e eu temi que alguns dos velhinhos pudessem ter um ataque do coração! Você foi driblando todos e não chutava nunca ao gol! Nós estávamos desesperados até que se ouviu a explosão do locutor anunciando o gol e gritando seu nome, artilheiro do Jardim Paulista![4] Eu jamais vou esquecer a festa que houve neste pátio! Todos pulavam abraçados, jogando o chapéu para o alto e comemorando sua vitória! Quando o jogo acabou, nós fizemos uma oração em agradecimento e eles ficaram ainda por muito tempo aqui no pátio. A única que estava mais serena era Dona Alzira. Engraçado! Parecia que ela já sabia o que ia acontecer!

Quando aquela mulher acabou aquele relato, eu chorava copiosamente, pois percebi o quanto era amado por aqueles velhinhos.

Entrara pela primeira vez naquele asilo, pensando em fazer caridade para aquelas pessoas. Agora eu sabia que o maior beneficiado era eu!

Naquele momento entendi o que Deus queria me dizer com a seguinte frase:

— Quanto mais acreditar que está dando, é quando mais estará recebendo!

Levantei e fui ver os velhinhos. Quando cheguei ao pátio, todos vieram felizes ao meu encontro. Eu os abracei, olhei Dona Alzira nos olhos e disse:

— Divido com todos essa vitória, já que foram vocês os maiores responsáveis por ela! Obrigado pelo carinho!

---

[4] Jardim Paulista é o bairro em que se encontra o estádio do Comercial F. C.

Todos gritaram:

— Viva!

Uma nova festa começou...

A noite daquela quinta-feira foi de festa em minha família. Meus irmãos, primos, tios e amigos vieram até a casa de meu avô para me dar os parabéns, pois toda a cidade de Ribeirão Preto comentava orgulhosa sobre a vitória da noite anterior. Todos falavam da história do novo ídolo cujo sobrenome era Prado, grande família local. Fiquei feliz em proporcionar alegria a toda a família, principalmente a meu avô.

Eles agora tinham em mim um grande motivo de orgulho.

Naquela mesma semana, meu contrato foi renovado e passei a ser titular da equipe.

Agora, mais motivado, eu treinava muito e me sobressaía nos jogos. Entretanto, estávamos quase no final do ano e meu contrato foi renovado apenas por alguns meses, e este fator me gerava uma certa insegurança financeira.

Foi quando me surgiu uma boa oportunidade de ampliar meu ganho financeiro além de exercitar os primeiros passos na habilidade de vender.

Eu havia comprado cordão e pulseiras de ouro, coisa comum naqueles tempos, principalmente no interior. Muitos parentes e colegas de time se ofereciam para comprar minhas joias. Eu as havia comprado na fábrica em São Paulo e percebi que os valores oferecidos eram mais do que o dobro dos que eu pagara. Comecei então a vender no interior e a comprar nas fábricas da capital paulista e em pouco tempo tinha um considerável estoque de joias como pulseiras, cordões, anéis, brincos e colares, que vendia por quase toda Ribeirão Preto! Meu tino comercial surgia e por meio dele pude realizar um sonho que havia protelado: a compra de meu primeiro carro, um fusca.

Quando estávamos no final de setembro, tive uma grata surpresa. O Botafogo acabara de contratar dois grandes amigos junto ao Corinthians: o goleiro Solitinho e Ismael, meu parceiro de alojamento. Vieram morar em um conjunto de prédios que o Botafogo mantinha para ceder aos jogadores que vinham de outras cidades. Coincidentemente, este prédio ficava próximo à casa de meu avô, facilitando minha frequência quase diária naquele local. Apesar de jogarmos em times diferentes da mesma cidade, não tínhamos o menor problema quanto à rivalidade local e não era raro sairmos juntos.

Um dia, quando cheguei ao apartamento dos meus amigos, lá se encontrava Raí. Após as cordialidades e perguntas sobre seu irmão Sócrates, que fora meu companheiro de Corinthians, Raí começou a nos contar o motivo de estar morando naquele mesmo prédio, defronte o apartamento de Ismael e Solitinho.

Raí ainda não era jogador profissional e, como amador, ganhava uma pequena ajuda de custo para jogar no Botafogo. Sua namorada havia engravidado e apesar de sua família ter posses e o irmão ser famoso, sua moral já desenvolvida, jamais aceitaria que terceiros arcassem com o que sabia ser de sua inteira responsabilidade.

Pressionara o presidente do Botafogo, dando-lhe o seguinte ultimato:

— Minha namorada está grávida e vamos nos casar. O que ganho no Botafogo não daria para sustentar uma família. Se o clube acredita que eu tenho futuro no futebol e possa vir a ser um grande jogador, que me profissionalize e me pague um salário decente. Se não puderem fazer isso, eu vou parar de jogar e trabalhar para cuidar de minha família.

Graças a Deus, o presidente do Botafogo acreditou que aquele rapaz teria futuro dentro do futebol e não só concordou com o pedido de profissionalizá-lo como cedeu o apartamento do clube para que ele iniciasse sua vida de casado.

Após o relato, passei a respeitar aquele que, com sua postura, viria se tornar um dos maiores exemplos (depois de Airton Senna) para os jovens do mundo inteiro.

O Campeonato Paulista seguia e novos jogos vieram. O mais difícil de todos foi contra o Guarani, em Campinas, quando conseguimos arrancar um empate de 2 x 2 em pleno "brinco de ouro".[5]

O time de Campinas tinha jovens valores ainda desconhecidos que, posteriormente, vieram a se consagrar no cenário mundial.

---

[5] *Brinco de Ouro da Princesa* é o nome do estádio particular do Guarani de Campinas.

Entre eles figuravam Ricardo Rocha, Wilson Gotardo, Julio Cesar, Neto, Evair e João Paulo.

Assim terminou o Campeonato Paulista de 1984, tão importante para que eu me firmasse na equipe e me preparasse com maior tranquilidade para a próxima temporada. Uma nova diretoria havia assumido o comando do clube e prometia melhoras consideráveis na estrutura do departamento de futebol profissional, para que o Comercial voltasse a exercer seu papel de grande revelador de novos talentos do interior paulista, como sempre fora. O ano de 1985 prometia.

Nesta época, meu pai, cansado da difícil labuta rural e mal ganhando para o sustento da família, resolveu vender o sítio e retornar a São Paulo.

Meus irmãos, Ricardo e Denise, já eram praticamente adultos e, caso fosse necessário, poderiam trabalhar para ajudar no sustento da casa. Ele resolveu, então, que era chegado o momento de realizar o sonho acalentado desde sua volta do Chile: viver da sua pintura. Após alguns meses de treino para exercitar a mão "enferrujada", não teve a menor dificuldade em passar no teste que lhe dava o direito de expor seus quadros oficialmente na Praça da República, local muito disputado pelos artistas e frequentado por turistas estrangeiros ávidos por adquirir obras da cultura local.

Eu estava muito feliz com a volta da família e passamos juntos aquelas férias.

Estávamos na metade de janeiro e eu deveria apresentar-me ao Comercial para o início dos treinos.

O ARTILHEIRO

Com a ascensão da nova diretoria, as expectativas na cidade eram grandes para aquele ano. No final de janeiro, chegaram novos reforços para a equipe. Os alojamentos foram reformados, oferecendo maior conforto. Resolvi sair da casa de meu avô e morar no clube, liberando mais espaço para meus primos que também moravam com ele.

Os treinos naquele início de temporada eram exaustivos, pois trabalhávamos principalmente a parte física. O calor daquela cidade, no mês de janeiro, é de causar vertigens! As folhas sequer se mexem nas árvores por falta de vento e a temperatura bate fácil 45°C na sombra!

Porém, era exatamente essa nossa grande arma contra os adversários que, na maioria das vezes, sucumbiam no final do jogo, pelo excesso de calor.

Agora, como titular daquela equipe, eu me dedicava integralmente a me preparar para o início dos jogos, pois sabia que, se fizesse um bom campeonato, voltaria a jogar em uma grande equipe.

Treinava com enorme otimismo e entusiasmo e mais do que nunca me ligava com o "alto".

À noite, quando saía do alojamento para jantar, olhava para o céu estrelado buscando a constelação Cruzeiro do Sul e sentia nesses momentos a presença de Deus. Isso me dava enorme confiança de que Ele estaria comigo naqueles importantes noventa minutos dos jogos, pelos quais eu tanto me preparava!

Todas as noites, mentalizava os gols e as jogadas que faria e aquela era minha maior motivação, pois sabia que seria visto por milhares de pessoas no estádio, bem como pelos jogos televisionados por todo o país.

Os treinos continuavam exaustivos. Agora havia chegado o momento das preparações técnica e tática.

Quando terminava o treino, eu ficava diariamente, por muito tempo, aprimorando cruzamentos, chutes a gol e dribles. Sabia que quanto mais eu treinasse, mais confiança teria no momento do jogo e as jogadas sairiam de forma natural.

Nossa equipe pouco mudara com relação ao ano anterior e isso nos dava enorme vantagem sobre os outros times, pois nos conhecíamos muito bem não só pelas características profissionais como também pessoais. Cada qual sabia exatamente o comportamento do outro, dentro e fora de campo, e isso facilitava muito. Esse conhecimento do grupo era importante para firmar a união, pois quase não havia atrito ou desavenças. Além disso, éramos todos jovens com um sonho em comum. Jogar em uma grande equipe, assim todos queriam aparecer. Entretanto, sabíamos que nada conseguiríamos sozinhos, e que dependíamos da força da equipe.

Por isso, não aceitávamos estrelismo. Aquele que jogasse deveria servir ao grupo e, se a equipe vencesse, todos nos destacaríamos atingindo nosso objetivo.

Assim, quando se deu o início do Campeonato Paulista de 1985, nosso time estava afinado como uma orquestra. Era chegada a hora de tocar a música dentro de campo.

Na primeira rodada, enfrentaríamos a forte equipe da Internacional de Limeira. O jogo seria em Ribeirão Preto e teríamos o apoio da torcida. Vencemos por 1 x 0, gol de Julio Cesar. Meu sonho começava a se realizar.

A Rede Globo, por meio do programa Globo Esporte, que ia ao ar diariamente às 13 horas e era apresentado pelo famoso jornalista Osmar Santos, mostrava os melhores momentos dos jogos, os gols da última rodada do Campeonato Paulista e quais jogadores haviam sido destaque. Este programa passava em todo o país, o que nos dava enorme visibilidade em âmbito nacional.

Na segunda rodada, novamente jogávamos em casa. O jogo seria contra o Noroeste de Bauru.

Vencemos por 4 x 1. Marquei dois gols e novamente fui destaque. Os jornais da capital começavam a falar do jovem que iniciou a carreira no Corinthians e agora se destacava no interior. Vencemos o América de São José do Rio Preto por 4 x 0. Fiz mais dois gols. Depois foi a vez do XV de Piracicaba, por 2 x 1. Fiz mais um gol.

Chegou a vez de jogarmos contra a primeira equipe grande de São Paulo, o Palmeiras. Esses jogos nos davam enorme motivação, pois sabíamos o que uma partida como aquela repercutiria não só em São Paulo, mas em todo o país.

O jogo seria em Ribeirão Preto. O técnico do Palmeiras era Mario Travaglini, que havia me lançado no Corinthians. O Palmeiras tinha fortíssima equipe a começar com o goleiro Émerson Leão, que também fora meu companheiro no Corinthians. Sonhava em deixar minha marca nas redes daquele goleiro. Vencemos por 2 x 0. Marquei um gol.

Chegara a vez de jogar contra o São Paulo, que era o grande destaque do campeonato pelo seu time jovem, apelidado de "Menudos". O técnico era Cilinho, que havia me treinado na Ponte Preta.

Em analogia ao grande time do São Paulo, todo o Brasil nos chamava de "Menudos do interior".

Foi um jogo de vida ou morte, e o São Paulo ficou feliz com o empate em 0 x 0.

Eu era considerado por todos os jornais de São Paulo, inclusive a Gazeta Esportiva, como o melhor ponta-direita dos vinte clubes participantes, e isso me era motivo de muito orgulho, pois eu concorria com jogadores consagrados como Müller, do São Paulo, Paulo Cesar, do Corinthians e tantos outros craques dignos de Seleção Brasileira. Virei ídolo na cidade de Ribeirão Preto. O que muito contribuiu para isso foram as brincadeiras criadas por um repórter iniciante na Rede Globo de Ribeirão Preto que insistia toda semana por uma reportagem diferente. Pedia ele:

— Julio, vamos fazer uma "tomada" vestido de índio, e como você tem enorme velocidade, vamos batizá-lo de "Flecha Ligeira".

Essas brincadeiras apareciam todos os dias no Globo Esporte, dando enorme destaque não só a mim, mas principalmente a esse repórter chamado José Luis Datena.

Meu avô estava mais orgulhoso do que nunca e falava sobre o neto para todos os amigos com enorme entusiasmo e alegria. Era muito bom ver meu valor reconhecido.

Agora eu não tinha um grande clube como o Corinthians em minha retaguarda, e se estava me destacando em um pequeno time do interior era de fato pelo meu real valor. Assim, tornei-me vice-artilheiro do campeonato fazendo 18 gols.

Fiz gols de todas as maneiras. Com pé direito, esquerdo, de cabeça, de falta, em velocidade. Os treinos de criança na porta da garagem de casa e debaixo do viaduto haviam feito de mim um jogador quase completo, para que agora eu pudesse me destacar.

Percebi a importância do treino e da preparação que devemos ter em tudo que fazemos.

Agora, grandes clubes, tanto do Rio de Janeiro quanto de São Paulo, falavam em me contratar.

Apesar de eu ter sido o artilheiro, o mérito foi da equipe, já que todos os jogadores puderam se destacar, posteriormente sendo contratados por grandes times do futebol brasileiro.

Henrique foi jogar no Vasco e, posteriormente, em Portugal. Roberto Carlos foi para o Botafogo do Rio de Janeiro, levado por Zagalo. Derval foi jogar no Santos. Glauco foi para o Internacional de Porto Alegre e Manguinha, para o Flamengo.

Nossa tese estava confirmada:

"*O trabalho deve ser em grupo, e você só ganha se todos ganharem. Portanto, você é uma parte do todo e se fizer esta parte com qualidade contribuirá para a sincronia geral que leva à perfeição*".

Foi uma época importante da minha vida, em que eu pude conviver com as duas faces da fama.

Em proporções, eu era para Ribeirão o que o Zico era para o Rio de Janeiro. Onde quer que eu estivesse, era imediatamente reconhecido. Muitos me pediam autógrafo, o que sempre fiz com prazer, mas também havia situações constrangedoras, como estar com a namorada em um restaurante e um fã sentar-se à mesa sem ao menos ser convidado e ficar por toda a noite falando de futebol! Sem contar os comentários nos momentos mais inoportunos, do tipo:

— Ô, Julio! Aquele gol que você perdeu até eu fazia!

Era comum, após os jogos, empresários oportunistas que eu nunca tinha visto acenarem com propostas mirabolantes somente para poderem estar ao lado de quem era destaque.

Repórteres irresponsáveis fomentavam discórdias quase sempre "torcendo" palavras que eu havia dito, com interesse de "criar" notícia que lhes dessem algum ibope.

Jornais e revistas envolviam-me semanalmente em romances (muitas vezes com mulheres casadas) que nunca aconteceram, colocando todos em situação extremamente delicada.

Eu percebia que tudo isso era proveniente de uma única coisa: o egoísmo. A falta de desenvolvimento pessoal que levava as pessoas a cometerem as atitudes mais vis, desde que lhes trouxessem algo que fosse de seu próprio interesse.

Eu começava a ficar decepcionado com o resultado daquilo que por tanto tempo havia me dedicado a conquistar.

E questionei isso a Deus:

— Por que as pessoas são tão egoístas e interesseiras?

— PORQUE NESSE ESTÁGIO EM QUE SE ENCONTRAM AINDA NÃO SE DESENVOLVERAM O BASTANTE.

— Então existem outros estágios?

— SEM DÚVIDA! CONFORME VÃO VIVENCIANDO EXPERIÊNCIAS, BOAS E RUINS, VÃO EVOLUINDO. NÃO É ISSO QUE TEM ACONTECIDO A VOCÊ?

— É verdade. Mas quanto mais aprendo, mais me decepciono! Por tanto tempo corri atrás de fama, sucesso e dinheiro, e agora vejo a hipocrisia que existe atrás disso tudo.

— MAS ISSO É ÓTIMO!

— Ótimo? Como assim?

— QUE ESTEJA CHEGANDO A ESSA CONCLUSÃO! COMEÇOU A APRENDER QUE AMOR E FELICIDADE ESTÃO NAS COISAS MAIS SINGELAS E DESINTERESSADAS DA VIDA, COMO AS VISITAS QUE FEZ AO ASILO. CONTINUE SUA JORNADA, POIS MUITAS OPORTUNIDADES AINDA VIRÃO. APROVEITE!

EUROPA

Entramos em férias no final de dezembro e, antes de vir para São Paulo, despedi-me de todos, inclusive dos velhinhos do asilo, pois algo me dizia que aquele ciclo havia terminado e novos rumos eu deveria tomar, mas deixaria com eles um pedaço do meu coração.

Eu estava pronto para alçar voos mais altos.

Logo após o período de festas, no início de janeiro, fui procurado por um mensageiro de Adilsinho, administrador de futebol do Corinthians, que queria falar comigo com certa urgência. Imediatamente, fui ao Corinthians ver meu amigo e saber o que ele queria.

Pensava no caminho: "Será que o Corinthians me quer de volta? Seria ótimo! Uma volta triunfal!".

Com esse pensamento, cheguei ao Corinthians.

Adilsinho me recebeu com enorme sorriso, como era seu costume. Foi logo dizendo com seu jeito franco e irônico:

— Vou ver se reparo um pouco da besteira que fizeram por aqui quando mandaram você embora. Eu o indiquei a um empresário português que quer levar você para a Bélgica. Se estiver interessado, esteja aqui amanhã às 14 horas.

Eu quase caí de costas! Claro que estava interessado! Afinal, jogar no exterior era o sonho de qualquer jogador brasileiro, principalmente na Europa. Pensei em todas as oportunidades que teria, não só para meu crescimento profissional mas também pessoal. Estava agora com 22 anos e solteiro; era o momento certo para esta experiência.

Conhecer outras culturas e aprender outro idioma eram coisas que me fascinavam e eu não iria perder esta oportunidade por nada. A Bélgica era um pequeno país da Europa central e eu poderia deslocar-me facilmente para conhecer toda a Europa.

Além disso, poderia conseguir minha independência financeira, o que me seria muito conveniente com aquela idade. Se esta negociação se realizasse, poderia comprar a casa com que tanto sonhava e para a qual já guardava dinheiro há algum tempo. Além disso, poderia ajudar toda minha família.

Excitado com aquela oportunidade, confirmei o encontro com o empresário para o dia seguinte. Fui para casa radiante dar a notícia para a família. Todos vibraram com aquela maravilhosa oportunidade que eu teria. Eu já me via morando na Europa e, com esses pensamentos, aguardei ansioso pelo dia seguinte.

O sr. Campos era alto, magro e beirava os setenta anos. Simpatizei-me com ele à primeira vista. Ele lembrava muito meu avô Juca. Sua fisionomia inspirava confiança. Era franco e objetivo e foi logo dizendo:

— Pretendo levar você para a Bélgica. Gostaria de ir?

— Sim, meu sonho é jogar na Europa.

— O Adilson me disse que você é dono de seu passe, portanto não teremos problemas quanto a isso. Eu custearei toda a viagem e farei um contrato para que você jogue por um ano em Antuérpia, na Bélgica. Neste primeiro contrato eu nada ganharei, pois o dinheiro do salário será seu. Porém, se você se destacar, eles vão querer comprar seu passe, aí então eu ganharei metade do valor que for negociado. Somente do passe, pois o que você pegar entre "luvas e salário" (*luva* é uma espécie de adiantamento do salário) será seu. Você aceita estas condições?

— Sim, sr. Campos, eu aceito.

— Então apronte suas coisas, pois deveremos partir dentro de uma semana! Outra coisa: o Juventus, na Mooca, já iniciou os treinos para esta temporada. O técnico é meu amigo e o deixará treinar para que você mantenha a forma. Você deverá se apresentar naquele clube todos os dias, às 9 horas.

— A quem devo procurar?

— Procure o técnico Dudu e diga que fui eu quem lhe mandei.

Dudu havia jogado na famosa "Academia do Palmeiras" e fora meu ídolo de infância!

Agora teria oportunidade de conhecê-lo pessoalmente!

Eu havia conseguido! Todas as minhas metas estavam sendo atingidas!

Fui para casa e contei aos meus pais. Foi uma festa só! Todos estavam felizes por mim.

Foi uma semana cheia de expectativas e preparativos para a viagem, e, no dia combinado, todos estávamos no aeroporto aguardando a hora do embarque. Quando o momento chegou, foi com muita emoção que abracei meus pais e irmãos para ir ao encontro de meu destino em outro país. Estava ansioso pelo que me aguardava, mas cheio de esperança por saber que Deus sempre nos reservava o melhor.

Portugal

Após dez horas de voo, aportamos em Lisboa, onde o sr. Campos disse-me que deveria resolver alguns problemas pessoais, o que levaria cerca de 15 dias quando então seguiríamos para Bruxelas, capital da Bélgica.

Pegamos um táxi e fomos para o hotel. Durante a trajetória, eu pude notar as largas avenidas com rotatórias que eram verdadeiros canteiros de flores. Passamos por uma enorme construção vermelha que muito me chamou atenção. Perguntei ao sr. Campos:

— De qual time é aquele estádio?

— Aquilo não é estádio! É a Praça do Touro! São realizadas touradas todos os domingos!

— Mas pensei que tourada acontecesse na Espanha! Não sabia que aqui também tinha!

— Ainda não sabe muita coisa, garoto, mas vai aprender!

FOTO 27 – Praça do Touro, Lisboa – Portugal.

Quando chegamos ao centro de Lisboa, fiquei encantado! Os prédios eram verdadeiras relíquias de antiguidade, porém muito bem conservados. A movimentação nas ruas era intensa, e as pessoas andavam muito bem vestidas, o que me lembrou o centro de São Paulo. O rio Tejo era limpo e havia várias barcas que faziam a travessia.

Fomos para o hotel e, após descansarmos da viagem, saímos para almoçar. O sr. Campos fez questão de me levar para comer a tradicional bacalhoada portuguesa.

Ao chegar no restaurante, pude notar que os portugueses, de uma forma geral, eram um povo muito alegre e brincalhão. Quando o garçom soube que eu era brasileiro e jogador de futebol, não sabia o que fazer para agradar. A cada português que conhecia eu ficava mais convencido do carinho e amor que aquele povo tinha pelo Brasil. Provavelmente, muitos deles tinham algum parente que para cá viera, criando maior vínculo com nosso país.

Após o almoço, o sr. Campos me convidou para passear. Caminhamos por um tempo, quando chegamos a um enorme elevador que ligava a cidade baixa à cidade alta. Lembrei-me do elevador Lacerda Franco, em Salvador, na Bahia. Para todo lado que olhasse, poderia encontrar algo que estivesse relacionado ao Brasil, e fiquei imaginando o tanto de desenvolvimento que ao longo de séculos nossos conquistadores nos brindaram quando resolveram fazer do Brasil sua colônia. Eu estava fascinado por aquela linda cidade, porém o mais entusiasmado era o sr. Campos.

Apesar da idade avançada, ele não parava um minuto e cheguei a pensar se aquela cidade não o havia rejuvenescido alguns anos.

Subimos pelas ruelas da famosa Alfama, famoso bairro boêmio onde as pessoas sentavam muitas vezes na calçada para passar a noite conversando com amigos ao som do fado.

O sr. Campos me disse que nos tempos de juventude varava a noite naqueles bares a recitar lindos poemas que encantavam a todos. Subimos até chegar ao topo da cidade. Estávamos na parte mais alta de Lisboa quando me disse:

— Vou lhe mostrar o castelo de São Jorge!

Pensei comigo: "Meu Deus! Um castelo de verdade!".

Eu só os conhecia pelas histórias que lera ou dos filmes que assistira!

Corri atrás do sr. Campos que já ia a longa distância!

Quando entramos no castelo, eu olhei tudo muito admirado. Naquelas pedras estavam gravadas muitas histórias. O passado era quase palpável. Aprofundamo-nos castelo adentro e, a cada cômodo que víamos, sentíamos a magia daquele lugar. Quantos amores, quantos horrores não foram vivenciados ali, ao longo dos séculos! Quando saímos, o sr. Campos percebeu o quanto o castelo me impressionara e me disse, preocupado:

— Basta de cultura por um dia! Ficaremos aqui o bastante para que você conheça tudo. Amanhã começaremos os treinos para você não perder a forma pois, para jogar na Europa, você precisa ser o mesmo artilheiro que foi no Brasil.

E eu respondi a ele:

— Sr. Campos, de fato precisamos treinar. Mas jamais serei o mesmo... Não depois de hoje (aludindo ao quanto me impressionara o primeiro dia em Portugal).

Assim correram aqueles dias, com muito treino pela manhã e passeios que terminavam altas horas da noite.

O conhecimento que eu tinha de História e Filosofia foram os responsáveis pela enorme emoção que senti quando conheci a maravilhosa Torre de Belém!

Dali, partiram as caravelas de Pedro Álvares Cabral que, posteriormente, viriam a chegar ao Brasil.

Eu ficava horas imaginando a expectativa e o anseio daqueles homens ao saírem daquele porto sem mesmo saber o que encontrariam pela frente. Se hoje o Brasil era um país desenvolvido com proporções continentais, devia isso à coragem e à determinação daqueles homens que não mediram esforços para fazer história. Isso me fazia filosofar sobre outro ponto ainda mais importante. A infinita capacidade que Deus proporcionou a todas as pessoas de mudar o mundo, quando resolvem sonhar e perseguir este sonho com amor e determinação.

Olhei para o céu, procurei a constelação Cruzeiro do Sul e enviei um pensamento a Deus:

— Pai amado! Que Você guie a minha vida como guiou as caravelas de Cabral!

Levantei-me e voltei ao hotel.

Após duas semanas, eu já conhecia Lisboa inteira.

Entretanto, o que mais me chamou a atenção não foi somente a cidade, mas o perfil daquele povo tão amável.

As mulheres eram elegantes não só na vestimenta, mas também no comportamento. Participavam ativamente do mercado de trabalho corporativo e eram tão competitivas quanto os homens, mas nem por isso perderam a enorme feminilidade que possuíam, valorizando sua condição de mulher e mãe. Não havia competição entre os sexos, pois cada um sabia qual era seu papel.

Essa naturalidade ainda não era comum no Brasil, talvez porque a mulher havia se emancipado há muito pouco tempo, o que tinha gerado uma enorme revolução de comportamento em ambos os sexos e os papéis sociais não haviam sido redefinidos.

O homem português era galante e educado e tratava a mulher como uma companheira.

Eu imaginava o dia em que veria esta harmonia no Brasil.

O português adorava ouvir piadas sobre portugueses, principalmente quando aludíamos à sua baixa condição intelectual! Respondiam com o mesmo bom humor, satirizando o brasileiro na figura típica do caipira.

Aquele povo tinha me encantado e, após um mês, eu já havia formado uma opinião bem definida sobre eles. Pensei em pedir ao sr. Campos que conseguisse um clube naquele país que me fosse de fácil adaptação.

Portugal era um "Brasil" dentro da Europa! Um país perfeito para qualquer brasileiro morar em definitivo.

Em contrapartida, meu momento era de conhecer novas culturas e, apesar de ter amado Portugal, deixaria que o destino escolhesse o que fosse melhor para mim. Portanto, resolvi me calar.

Após um mês, o sr. Campos me chamou e disse:

— O campeonato europeu esteve de férias por motivos das festas e do alto inverno. Voltará dentro de 15 dias. É chegado o momento de irmos para a Bélgica. Apronte suas coisas, pois partiremos amanhã.

Foi com pesar que deixei aquela maravilhosa cidade, mas com muita expectativa de conhecer meu novo destino.

BÉLGICA

Quando chegamos em Bruxelas, um empresário, sócio do sr. Campo, esperava-nos para levar-nos à Antuérpia, cidade que eu iria morar.

Bruxelas era uma linda cidade, muito organizada e limpa. Os prédios possuíam uma beleza arquitetônica sem igual! O frio era intenso e tudo estava com uma fina camada de neve, o que, para mim, era uma grande novidade.

Pegamos uma autoestrada com oito pistas, muito bem sinalizada. Podia-se notar que o asfalto, apesar de coberto pela neve, era liso e regular como uma fórmica. Todas as distâncias eram próximas nesse pequeno país europeu, e em pouco tempo chegamos em Antuérpia. Essa cidade, apesar de bonita, não tinha o mesmo *glamour* de Bruxelas, mas era um importante centro comercial europeu.

Logo nos primeiros dias, pude sentir o enorme choque cultural. Aquele país era diferente de tudo que eu havia conhecido! Em Antuérpia, o idioma mais comum era o difícil neerlandês (flamengo), de influência holandesa.

A construção fonética daquela língua era completamente diferente do latim, e algumas palavras chegavam a ter quatro ou cinco consoantes juntas. Era quase impossível pronunciar aquilo, e o som das palavras chegava a doer nos ouvidos! Entretanto, era comum ao belga falar inglês e francês, o que me facilitava um pouco.

O frio era horrível, muito mais intenso que em Portugal. Agora eu começava a entender por que eles paravam o campeonato de futebol durante o alto inverno. Só se via neve por todos os lados!

O povo belga era extremamente bonito. As mulheres eram verdadeiras "Bárbies", porém lhes faltavam a feminilidade e o *dulce caliente* latinos, naquele andar cheio de sensualidade que muito conhecemos na mulher brasileira.

As ruas da cidade eram arborizadas e limpas. Havia enormes parques públicos, onde as pessoas passeavam e se divertiam apesar do frio. Tudo era demasiadamente organizado.

Durante o dia, eu treinava nos parques para manter a forma, pois, dentro de uma semana, deveria participar de um jogo defendendo minha nova equipe. O sr. Campos avisou-me que era comum eles fazerem esse jogo de boas-vindas a jogadores estrangeiros, mas que eu não me enganasse, pois a real intenção dos belgas era confirmar se o jogador que estavam contratando era de fato capacitado a integrar suas equipes.

Porém, eu já estava acostumado àquela situação de ser colocado à prova, pois no Brasil isso é feito a cada jogo, seja pelos cartolas, seja pela torcida. Por isso, joguei com muita naturalidade, confirmando as expectativas de todos.

No dia seguinte, eu assinei o contrato até o final do ano com o time da Antuérpia.

O sr. Campos, preocupado com minha adaptação, ficou mais uma semana comigo antes de voltar à Lisboa.

Porém, desde o Brasil eu vinha me dedicando ao aprendizado do francês por meio de métodos básicos que pudessem, ao menos, me dar uma noção daquele idioma, e posso dizer que essa iniciativa muito me ajudou!

Quando o sr. Campos foi embora, eu já estava instalado em um apartamento cedido pelo clube e tinha me entrosado com outros jogadores do time, o que facilitou a minha adaptação naquele novo país.

Um deles foi morar comigo. Era um negro de Moçambique chamado Zabûe. O outro era de Angola e estava sempre conosco, pois era muito amigo de Zabûe. Tempos depois, vieram para nosso time mais dois africanos do Congo belga. Eles não eram considerados como estrangeiros, pois o Congo era colônia belga, o que facilitava sua vinda, já que cada equipe só podia inscrever três estrangeiros no campeonato e eu já estava ali como o terceiro.

Zabûe era alegre e simpático. Fiquei muito feliz quando veio morar comigo, pois seu país, Moçambique, assim como o Brasil, fora colônia portuguesa e podíamos falar o português. Isso nos ajudava a matar a saudade da nossa terra natal.

Zabûe tinha orgulho de seu país e vivia dizendo como era lindo. Segundo ele, as praias de Moçambique eram as mais belas do mundo e seu povo, o mais alegre e feliz.

Eu adorava provocá-lo, dizendo que ele dizia isso porque não conhecia o Rio de Janeiro. Nessas ocasiões, eu percebia que ele ficava introspectivo e com olhar distante. Várias vezes eu percebi este mesmo comportamento de Zabûe assim que eu aludisse ao Brasil.

Um dia, ele me disse que seus bisavós foram arrancados de suas aldeias e levados como escravos ao Brasil, o que muito me chocou.

Eu, particularmente, sempre achara que essas atitudes contra negros tinham sido um dos maiores absurdos acontecidos na história da humanidade, comparável ao holocausto contra os judeus.

Os traficantes de escravos invadiam as aldeias africanas e levavam os negros para trabalhar no Brasil, sem jamais voltar a ver suas famílias ou seu país. Dizimavam, assim, famílias inteiras que ficavam privadas do patriarca, isso quando não traziam as próprias mulheres com suas crianças, lotando os porões dos navios negreiros onde a peste e a doença se encarregavam de matar metade da carga humana antes mesmo de aportar em seu destino. Os brancos tinham, dessa forma, adquirido uma dívida moral com os negros que jamais seriam capazes de pagar. Por causa disso, até hoje estávamos vivendo o reflexo social negativo destas atitudes.

Fernando Nuamba, o angolano, era mais introspectivo. Falava pouco e era muito equilibrado em suas colocações. Percebi que tanto um como outro eram muito socializados e cultos. Sabiam detalhes da história de seu país e tinham muito orgulho tanto de seu povo quanto de sua raça.

Eu dizia que ainda veria os negros brasileiros na mesma condição que eles, pois para quem até pouco mais de uma geração tinha sido escravo, eles haviam feito, em pouco tempo, grandes conquistas nas áreas social, cultural e profissional, provando todo seu valor. Chegaria o dia em que o preconceito, de uma forma geral, seria banido da face da Terra.

Era só fazer uma retrospectiva na história da humanidade para perceber que o preconceito foi o responsável pelas maiores guerras e violências ocorridas, seja por diferença cultural, religiosa, racial, física ou mesmo ideológica.

Aos poucos, as pessoas estavam percebendo que eram exatamente essas diferenças que poderiam trazer muita riqueza cultural e desenvolvimento para todos, desde que fossem respeitadas.

O maior motivo de nossas brigas e discussões era quanto ao "bairrismo". Nessas oportunidades, cada um defendia sua terra. Fernando falava que nada podia ser igual a Luanda, capital de seu país. Zambûe defendia Maputo com unhas e dentes. Eu satirizava dizendo que nenhum deles conhecia de fato uma mulher negra se não tivesse visto uma escola de samba do Rio de Janeiro!

De tanto aqueles dois falarem de suas cidades, eu já as conhecia sem nunca ter ido a nenhuma delas. Fiquei me perguntando se algum dia teria a oportunidade de conhecer a terra natal desses dois grandes companheiros que me foram tão valiosos.

Nossa equipe treinava somente pelo período da manhã e no resto do dia eu aproveitava para ler e estudar francês.

O frio era intenso e o trabalhador comum encerrava sua jornada às 16h30, pois, às 17 horas, já estava escurecendo e todos estavam em suas casas aquecidas. Durante o dia, dificilmente se via o sol, o que cooperava para manter um ar sombrio na cidade.

Nas primeiras semanas, fiquei triste e deprimido com aquele clima, mas aos poucos fui me acostumando e aproveitava para passear com Zabûe antes de o frio noturno chegar.

Comecei a entender por que o europeu, principalmente do norte, tem dificuldade em se relacionar com as pessoas, o que lhe dá a fama de indiferente. Entretanto, isso não é verdade. Eu percebia que aquela gente era extremamente solícita e fazia de tudo para agradar. Mas, na maior parte do ano, fazia muito frio e seria quase impossível sair às ruas ou visitar amigos para conversar. Era natural que tivesse maior dificuldade de relacionamento, comparado ao povo de um país tropical.

Os belgas eram um povo sofrido e tinham passado por muitas guerras como a maioria dos europeus, o que tinha lhes dado determinação e ideia real do necessário. Por isso, nada tinham de consumistas, como o povo norte-americano. Ao contrário, davam muito valor ao dinheiro e só compravam aquilo que de fato precisavam.

Aprendi muito sobre cidadania. Em determinada ocasião, eu esperava o farol de pedestre abrir para atravessar uma avenida, quando ao meu lado chegou uma senhora na faixa dos setenta anos. Como o semáforo estava demorando, eu olhei para todos os lados e como não vinha nenhum carro, ensaiei os primeiros passos para atravessar a rua. Foi quando senti uma mão segurando meu braço. Assustado, olhei para o lado e me deparei com aquela senhora que, me olhando nos olhos em tom amável, começou a me dizer:

— Você não deveria fazer isso, pois pode ser multado!

— Como multado, se sou pedestre? Além do mais, nenhum carro está passando!

— Meu jovem, vejo que você não é deste país. Aqui, pedestre infrator paga multa!

— Mas não vejo guarda!

— Não vê porque todos cumprem a lei. Entretanto, se começarmos a infringi-la, teremos que contratar maior número de policiais, o que fará subir os impostos e somos nós quem terá de pagar por eles. Portanto, por favor, aguarde o semáforo abrir.

Não me lembro de ter levado uma lição de moral como aquela nem nos tempos de criança! Eu não sabia onde colocar a cara de vergonha, pois aquele foi um belo exemplo do que é um povo educado. Lembro-me que fiquei parado na calçada pensando em tudo aquilo, e somente um bom tempo depois, quando a velhinha já havia desaparecido pela avenida, é que continuei meu trajeto, ainda meio desconcertado.

Uma noite, eu estava passeando com Reginaldo, o empresário brasileiro, quando reparei em um rapaz muito bem vestido com blazer de veludo. Ele trazia um enorme saco de lixo em cada mão, correndo atrás do caminhão de lixo que ia à sua frente. Comecei a rir imaginando se era algum louco pensando ser lixeiro. Olhei interrogativamente para meu colega, que me disse:

— Não fique espantado, pois ele é mesmo lixeiro!

— Mas este cara está mais bem vestido do que eu!

— Sabe por quê? Provavelmente, ele tem formação universitária. Acontece que aqui todos têm, mas não existe emprego de médico para todos. As pessoas se sujeitam a trabalhar naquilo que aparece para poderem sustentar suas famílias.

Eu estava boquiaberto, pois aquilo era uma verdadeira aula de cidadania e humildade.

Reginaldo continuou:

— A diferença é que, em um país mais desenvolvido como aqui, não existe tanta diferença salarial entre as funções. Um médico dificilmente ganha mais que cinco mil dólares, como o lixeiro não ganha menos de oitocentos. Além disso, ninguém se sente humilhado por fazer o trabalho mais pesado, pois toda a população os valoriza sabendo da enorme necessidade desses serviços!

— Por isso não vemos indigentes por aqui!

— Exatamente. Todos trabalham e ganham o suficiente para levar uma vida digna e feliz.

Mais uma vez, minha mente se abria ao aprendizado da necessidade da igualdade social, além de todos os benefícios que ela trazia.

Entre tantas novas descobertas, nossa equipe estava se destacando no campeonato nacional e eu era um dos responsáveis por isso junto com Zabûe, meu companheiro de ataque.

Logo veio o verão, com temperaturas acima dos 30°C, o que facilitou ainda mais meu trabalho dentro de campo, já que estava habituado a jogar em temperaturas elevadas, o que me dava enorme vantagem sobre os belgas.

Em algumas oportunidades, nossa equipe tinha folga nos jogos de final de semana, e eu aproveitava para fazer pequenas viagens e conhecer não só as cidades belgas, como outros países ao redor.

Fiquei encantado com a cidade medieval de Brugges, a "Grand Palace" em Bruxelas, que exibia arquitetura secular e uma maravilhosa feira de flores aos domingos.

Fui a Paris conhecer a famosa Torre Eiffel, o Arco do Triunfo e passear na Avenida Champs Elysées. Amsterdã me fez sonhar enquanto olhava seus canais poéticos e seus enormes moinhos.

Na Espanha, conheci um povo encantador que amava touradas e futebol. Visitei a maravilhosa arquitetura de seus castelos medievais e toda a mistura de estilo e cultura trazidos pelos mouros. Nessas oportunidades, eu confirmava, pessoalmente, tudo que meu espírito juvenil havia vivenciado por livros e filmes, como o lendário El Cid.

Algumas cidades fizeram-me lembrar do Chile, país no qual eu havia nascido, talvez pelo sotaque daquele idioma que me era tão familiar.

Tive a oportunidade de fazer um jogo amistoso contra o Atlético de Madri, time em que Leivinha, ex-Palmeiras, havia jogado por quatro anos. Fiquei surpreso ao ver o carinho que a torcida ainda nutria por ele, mesmo muito tempo após sua saída, e mais uma vez fiquei orgulhoso do meu ídolo de infância!

A Bélgica, por si só, era linda e agora estávamos no verão. O astral das pessoas havia mudado completamente, e o sol brilhava alto todos os dias. O povo saía de suas casas eufórico com o calor que muitas vezes chegava a 32°C. Pude perceber que a população amava o sol, o calor e as pessoas, pois no verão todos ficavam nas ruas até altas horas da noite a conversar, rir e beber cerveja, a preferência nacional. Mais uma tese se confirmava: o europeu não era nem mais, nem menos sociável que outros povos. O que o fazia diferente era o clima demasiadamente frio que perdurava a maior parte do ano.

Tudo funcionava com perfeição naquele país, inclusive o serviço público. Obviamente, em um país com população menor que a cidade de São Paulo, tudo era mais fácil de administrar. Além disso, o fato de ele estar incrustado no centro da Europa contribuiu para que seu povo absorvesse outros idiomas e culturas, tornando o belga culto e receptivo.

Adaptei-me rapidamente àquele país e a seu povo e não teria dificuldade em viver ali por alguns anos aproveitando essa grande oportunidade de crescimento pessoal e profissional.

FOTO 28 – Antuérpia, Bélgica.

CONTRATO MILIONÁRIO

Estávamos no mês de outubro, e os primeiros ventos gelados sopravam anunciando o início de mais um inverno.

Nosso time continuava vencendo no campeonato e nossa posição era de destaque. O presidente do clube mostrava-se favorável à minha contratação em definitivo, o que me deixaria em ótima situação financeira. Para discutir as bases do novo contrato, o sr. Campos veio de Lisboa.

Foi com enorme prazer que abracei meu velho amigo. Comentei com ele minha intenção de ficar na Bélgica por mais uns anos e, após horas de negociação com a diretoria do clube, ele então saiu com ar de triunfo. Nada me disse até que fomos almoçar.

Eu não aguentava mais de ansiedade quando, enfim, ele falou:

— Você é um jovem rico! Consegui oitocentos mil dólares pelo seu passe. Metade será seu, conforme combinado. Receberá quatrocentos mil dólares pela metade do passe, mais quatrocentos mil dólares de *luvas*, totalizando oitocentos mil. Receberá ainda quarenta mil dólares mensais, além de prêmios dobrados por vitória, pelo fato de ser estrangeiro. Terá direito a uma casa e um carro. O contrato será por três anos. O que você me diz?

Eu simplesmente não conseguia falar! Nunca imaginara que pudesse ganhar tanto dinheiro e naquele primeiro momento eu nem imaginava o que faria com ele!

Eu nem me atrevia a fazer planos para aquela fortuna! Entretanto, a primeira coisa que me veio à mente foi minha mãe! Eu sempre soube que seu sonho era ter uma casa própria, mas nunca conseguira, e, desde criança, eu tinha o desejo de um dia poder realizar esse seu sonho. Agora isso seria possível.

Pensei em todos meus irmãos que levavam uma vida difícil, principalmente Zécalo e Paulinho, que moravam em Ribeirão Preto. Poderia, enfim, aliviar as dificuldades daqueles que eu amava, e isso me deixou extremamente feliz.

Eu nunca tive grandes pretensões pessoais a respeito de dinheiro. Entretanto, era bom saber que não mais precisaria me preocupar com o básico necessário. Aquele contrato me daria independência pelo resto da vida. Meu único objeto do desejo era ter uma casa bonita que eu mesmo construísse escolhendo tudo de que gostava. Um lugar com muito verde, piscina e lazer, onde eu pudesse reunir os amigos e a família nos finais de semana e pudesse criar meus filhos e meus animais com segurança e liberdade. Sabia também que jamais conseguiria isso enquanto jogasse futebol, pois, além de ter poucos finais de semana livres, a mudança de clube e cidade eram constantes. Além disso, eu não queria casar enquanto fosse jogador, pois via o sofrimento que as frequentes mudanças causavam às mulheres e aos filhos dos jogadores. Esse sofrimento já era suficiente para mim. Não levaria ninguém a viver como nômade.

Mas sonhava alcançar isso no dia em que parasse de jogar e, se tivesse um bom dinheiro guardado, realizaria o sonho de ter um lar e uma família da forma que desejava.

Foi o sr. Campos quem me fez voltar à realidade, com seu natural ar brincalhão:

— Está achando muito dinheiro? Se preferir fico com um pouco de sua parte!

— Eu queria agradecê-lo pela oportunidade que me deu. Não precisarei mais me preocupar com dinheiro. Agora, poderei ajudar toda a minha família. O senhor fechou um contrato maravilhoso!

— Não tem por que me agradecer, afinal foi um investimento que fiz. Ganho para isso. Ademais, você merece! Só tem uma coisa: seu contrato termina dentro de pouco mais de um mês, e o presidente aguardará que termine para fazer a renovação.

— Ok, sr. Campos. Está combinado.

— Você só tem 23 anos e já está na Europa, vitrine no mundo do futebol. Terá três anos para se sobressair e despertar interesse de times da Itália e da Espanha. Vou trazer sempre alguns amigos para lhe ver jogar. Eles facilitarão as coisas e, se isso acontecer, você estará no topo do mundo! Futebol, para isso, você tem. Não perca suas raízes nem a estrutura moral que recebeu de sua família. Continue humilde e vencerá! Estarei sempre por perto. Se precisar, é só ligar que eu venho. Por ora, ficarei em Antuérpia até você assinar o contrato. Se quiser, posso instruí-lo como aplicar seu dinheiro em dólar, ou mesmo enviar uma parte à sua família.

Não pude deixar de admirar e me emocionar com o carinho e preocupação daquele homem que bem poderia ser meu avô. Respondi a ele:

— Mais uma vez, obrigado por tudo, sr. Campos. Se precisar de algo, com certeza pedirei.

Assim terminou o almoço que decidiria o futuro de minha vida, bem como o da minha família.

A CONTUSÃO

O campeonato seguia normalmente e eu era sempre destaque nos jogos, principalmente agora que estava mais motivado e valorizado do que nunca. Continuava fazendo gols e nessas ocasiões levava a torcida ao delírio!

Nesse ponto, o belga era muito parecido com o brasileiro, pois amava futebol!

Em várias oportunidades, eu vi torcedores tremulando nas arquibancadas a bandeira brasileira em homenagem a mim e ao meu país. Nessas ocasiões eu me emocionava ao lembrar com saudades do Brasil. Eu era o novo ídolo da cidade e me chamavam de Juliô Cesár, devido ao sotaque francês.

Faltava praticamente um mês para terminar meu contrato. Os dias pareciam durar séculos!

Viajamos para Charleroi, cidade industrial no sul da Bélgica, onde jogaríamos contra a equipe daquela cidade. O jogo seria em uma quarta-feira à noite. Estávamos na metade de novembro e o frio já era intenso. Fizemos o aquecimento e fomos para o campo.

Logo no início do jogo, Zabûe entrou pela ponta direita e cruzou a bola para área em minha direção. Eu estava próximo à marca do pênalti. Avancei um pouco à frente. A bola veio a meia altura e eu levantei a perna direita para dar um chute de voleio. O goleiro que vinha saindo para fechar o ângulo acertou o ombro em meu joelho esquerdo, atropelando-me literalmente. Ele me acertou na perna de apoio de meu corpo. O joelho foi forçado para trás e eu senti enorme pontada como uma faca entrando no joelho.

Não tendo mais o ponto de apoio, caí por cima do goleiro.

O juiz apitou pênalti, pois a jogada foi de enorme deslealdade. Ele havia me atingido praticamente sem bola. Foi quase uma agressão!

Saí de campo para ser atendido. Após os cuidados médicos, achei que desse para continuar e segui no jogo. A dor tinha sumido. Joguei até os vinte minutos do segundo tempo, quando, ao dar um chute para o gol com a perna esquerda, senti novamente enorme dor e pedi para ser substituído.

Assim que terminou o jogo, voltamos de ônibus para Antuérpia e eu sentia uma dor enorme. Quando chegamos em nossa cidade, o inchaço era evidente. Assim, fui para casa dormir.

Acordei no outro dia e reparei que meu joelho mais parecia uma bola. Liguei para o médico do nosso time, que veio me buscar imediatamente levando-me ao hospital. Após ser chamado o ortopedista (um dos melhores da Europa) e ter sido feito exame prévio, decidiu optar por uma artroscopia.

Na época, isso não existia no Brasil. Era tecnologia de ponta somente disponível nos países da Europa.

Assim, fui submetido a essa cirurgia. Assim que terminou a operação, fui para o quarto.

Logo que passou o efeito da anestesia, o ortopedista, acompanhado de uma enfermeira, entrou no quarto me dizendo:

— Vamos começar a fisioterapia.

— Mas eu já fui operado, doutor?

— Claro que sim! E tivemos enorme êxito! Agora, vamos iniciar a fisioterapia.

— Mas se eu já fui operado, onde está o gesso?

— Na Europa não usamos mais isso há anos! Causava uma enorme atrofia na musculatura da perna por falta de movimentação. Hoje, temos métodos mais avançados. Não precisa temer. A operação teve sucesso. Se você fizer a recuperação como deve, em seis meses estará de volta aos campos!

Neste momento, o sr. Campos entrou no quarto. Caminhou até onde eu estava e sentou-se na beirada da cama segurando minha mão. Eu fiquei emocionado com esse gesto de carinho, pois naquele momento eu estava muito fragilizado e o sr. Campos era a única pessoa que ali não me era estranha.

Percebi que ele estava muito abatido. Eu sabia que aquele homem se preocupava comigo, como um pai se preocupa com um filho, e fiquei penalizado por ele. Ele então me disse:

— Eu já avisei sua família no Brasil. Não precisa se preocupar, pois a operação foi ótima. Logo, logo você estará jogando! Agora descansa que amanhã conversaremos sobre tudo isso.

Dizendo isso, levantou-se e saiu do quarto.

A enfermeira se colocou ao meu lado e, sob a orientação do médico, começou a me mostrar como eu deveria fazer o exercício. Eu deveria comprimir a musculatura da perna operada por 12 segundos e relaxar por mais 12 segundos. Faria esta sequência por dez vezes, três vezes ao dia.

Em muitas oportunidades, tanto o médico quanto a enfermeira falavam em flamengo, e eu nada entendia, e, quando falavam em francês, pronunciavam as palavras tão rápido que eu quase nada conseguia entender. Isso me deixava muito inseguro, pois eu não sabia o que de fato me aconteceria dali para frente.

Apesar da educação e do conhecimento intelectual daquele povo, era incrível como lhes faltava desenvolvimento pessoal e sensibilidade para perceber o que ia à alma do paciente. Nesse aspecto, notei que eles em nada estavam à frente dos países de terceiro mundo. Essa indiferença, ou mesmo falta de tempo para ouvir os anseios de outras pessoas e poder visitá-las, principalmente na área médica, era geral em todas as civilizações.

No outro dia, logo cedo, entraram no quarto o sr. Campos, o médico e o presidente do clube. Após breves cumprimentos, o médico iniciou a reunião colocando todos a par da minha situação:

— A cirurgia teve enorme êxito. Porém, o quadro é grave e difícil. O Julio teve uma ruptura parcial no ligamento cruzado. A recuperação é lenta e requer cuidados. Terá que ter enorme força de vontade se quiser voltar a jogar futebol. Deverá ficar no mínimo seis meses sem jogar. Se a recuperação for boa, ele voltará a jogar normalmente, portanto, depende dele.

Agora, ouvindo a posição oficial do médico, eu tive melhor noção do ocorrido. Eu não acreditava no que tinha me acontecido!

Nunca me machucara durante todos aqueles anos, e agora que tinha nas mãos um contrato milionário, acontecia-me aquela fatalidade! Estava revoltado!

Foi o presidente do clube, que, voltando-se para mim e o sr. Campos, falou:

— O Julio terá todo o apoio do clube e do que precisar para se recuperar. Seu contrato termina dentro de pouco menos que um mês e havíamos definido que você seria contratado em definitivo pelo clube. Entretanto, com esse acidente, quero conversar com o sr. Campos e reavaliar esta situação, afinal, tenho satisfação a dar a toda minha diretoria! A imprensa e a torcida vão cobrar uma posição nossa. Vamos fazer o melhor para que ninguém saia prejudicado dessa situação.

Assim, todos saíram do quarto do hospital. Eu não sabia em que pensar, mas estava desesperado com a possibilidade de não poder mais jogar futebol aos 23 anos de idade, além de correr o risco de perder aquele milionário contrato que resolveria o problema financeiro de toda minha vida! Mais parecia um pesadelo! Veio-me à mente a jogada que me causara tudo aquilo e senti vontade de chorar. Lembrei-me do goleiro e como sua falta de ética profissional e deslealdade pôde prejudicar a mim e minha família e acabar com meu sonho de jogar na Europa!

Será que, para ser competitivo, precisava chegar a tal ponto? Será que para subir na vida tínhamos que arrastar desgraça e sofrimento alheio atrás de nós? Eu me negava a aceitar isso. Os maiores jogadores que eu tinha visto jogar jamais necessitaram usar de tal subterfúgio para se sobressair. Quem tinha qualidade técnica e capacidade profissional não precisava disso e esse conceito se aplicava a todas as situações da vida ou mesmo a todas as profissões! Esse fato teve enorme peso na reavaliação de meus valores.

O presidente do clube me propôs uma renovação de contrato por mais seis meses, nos mesmos moldes do contrato que se extinguia. Passado esse tempo, seria feita nova avaliação de minhas condições físicas e técnicas. Se eu voltasse a jogar normalmente, ele então compraria o meu passe conforme havíamos combinado.

Entretanto, eu estava completamente desanimado com aquela situação. Sabia que iria passar seis meses de luta diária pela minha recuperação, quando em alguns momentos precisaria de apoio moral. Como faria isso naquele país estranho cujo idioma eu mal falava? Como faria isso longe da família e dos amigos? Pensei em tudo isso e tomei a decisão de fazer minha recuperação no Brasil. Se tivesse que voltar a jogar na Europa, seria em outras circunstâncias. Eu havia tomado uma decisão.

Volta ao Brasil

Após 15 dias, eu embarcava para Lisboa na companhia do sr. Campos. Ficamos ainda duas semanas na capital portuguesa para então voltarmos ao Brasil. Eu fazia meus exercícios diários e foi com enorme prazer que passei esses dias em Lisboa. Mais uma vez, pude desfrutar da companhia daquele povo educado e gentil.

Apesar de andar com o auxílio de uma bengala, eu dava pequenos passeios perto do hotel, ocasiões que encontrava alguns conhecidos que, preocupados, queriam saber o que me havia acontecido.

Foi com certo pesar que deixei aquele povo tão querido, com promessas de um dia voltar.

Entretanto, quando entrei no avião que me levaria de volta ao Brasil, pensei emocionado: "O próxima aterrissagem será em solo brasileiro! Meu Deus! Já faz quase um ano! Que saudades da minha família!".

Com estes pensamentos, adormeci. Eu estava a caminho de casa...

Após dez horas de voo, foi anunciado o pouso no aeroporto de Guarulhos. Assim como eu, muitos passageiros estavam fora do Brasil há tempos, fazendo que o clima de emoção contagiasse a todos.

Quando tocamos o solo brasileiro, a salva de palmas foi geral e alguns chegaram até a gritar emocionados, enquanto outros choravam. Obviamente, eu estava entre estes últimos.

Fomos para o terminal e, após realizar todos os trâmites legais, saí para o saguão. Olhava pelo vidro procurando minha mãe. Quando ela me viu, correu ao meu encontro me abraçando emocionada e disse:

— Filho querido! Ainda bem que está de volta! O que aconteceu, meu filho?

Eu não queria assustá-la e fui logo dizendo:

— Nada que em dois meses não me faça jogar novamente. Fique calma, mãe, está tudo bem!

Abracei o resto da família que estava em minha volta.

Depois de alguns dias junto com meus familiares, fui conversar com meu grande amigo, dr. Joaquim Grava, um dos melhores especialista em joelhos e ortopedistas esportivos do mundo, que nessa época era o médico responsável pelo time profissional do Corinthians. Quando lá cheguei, primeiramente me dirigi à sala de Adilsinho, e logo que entrei ele foi satirizando como de costume, com ar de quem já sabia de tudo que havia ocorrido:

— Pobre é fogo mesmo, não? Treinou a vida toda lá no terrão e nunca se machucou! Quando vai receber um milhão de dólares, arrebenta o joelho!

Ironicamente, eu respondi:

— Vejo que a desgraça alheia corre rápido! Fico feliz em ver que você continua com seu humor negro!

Adilsinho deu uma gargalhada, mas depois disse, com seriedade:

— Às vezes rimos para não chorar! Você sabe o quanto torço por você. Foi uma grande fatalidade tudo isso que aconteceu. Para o que precisar do Corinthians, pode contar conosco.

— Obrigado, Adilsinho. Considero você um grande amigo.

— Já falou com o dr. Joaquim?

— Já. Estou indo para lá agora.

— Então vamos que eu também quero falar com ele.

Assim, fomos caminhando para o departamento médico do Corinthians, enquanto eu contava a Adilsinho tudo que tinha visto e aprendido naquele tempo na Europa.

Quando encontramos o dr. Joaquim, após os cumprimentos cordiais, comecei a relatar o que havia acontecido com meu joelho. Eu tinha trazido toda a documentação oficial da operação, inclusive os exames, o que facilitou para que ele decidisse sobre o melhor tipo de recuperação.

O dr. Joaquim era meu médico desde que cheguei aos juvenis do Corinthians. Apesar de brincalhão, tinha a personalidade forte. Era uma pessoa contundente. Quando falava, não voltava atrás. Durante anos, ele vira vários daqueles meninos saírem dos juvenis, passarem a profissionais e realizarem grandes carreiras. Tinha muito orgulho disso, o que lhe dava um ar paternal. Comigo não era diferente.

Após olhar toda a documentação, ele se decidiu. Disse que minha recuperação seria feita no departamento integrado do Corinthians (entre os maiores e mais bem equipados centros de recuperação do país) e chamou o fisioterapeuta Ciro. Após passar todas as prescrições do que eu deveria fazer, disse para Ciro acompanhar pessoalmente toda minha recuperação.

O dr. Joaquim me falou que de fato eu deveria voltar a jogar dentro de seis meses, conforme o médico belga havia previsto, desde que eu tivesse muita força de vontade e seguisse à risca tudo que ele havia determinado. Para isso, Ciro me orientaria no que fosse preciso.

Iniciamos o tratamento no dia seguinte, e passei a fazer os exercícios durante os dois períodos.

Ciro era de Pirituba, bairro em que eu havia crescido. Éramos amigos há anos. Além de competente, era entusiasmado e muito contribuiu com apoio moral durante aquela fase difícil. Entretanto, eu sempre fora muito determinado e sabia que, como em tudo que eu havia feito, essa era a chave para o sucesso. Haveria, portanto, de me recuperar e dar sequência à minha carreira.

Após os dois primeiros meses, passei a realizar corridas leves dentro do campo. A dor havia sumido, o que me deixou mais animado. Comecei a treinar com bola e aos poucos fui ganhando confiança.

Agora, eu treinava com a equipe profissional do Corinthians, e o técnico Chico Formiga ficou tão impressionado com minha *performance* que chegou a comentar com dr. Joaquim sobre minha possível volta ao Parque São Jorge.

O que me deixou muito orgulhoso foi saber que, mesmo sem eu ter nenhum vínculo com o Corinthians, fui acolhido de braços abertos pelos amigos e antigos companheiros de clube, que foram os responsáveis pela minha volta aos campos.

A vida me passava mais um importante ensinamento: "Trate a todos com respeito e carinho. Faça amigos por onde quer que ande, pois nunca saberá quando precisará deles".

Apesar de haver uma certa pressão para que eu voltasse ao Corinthians, o clube passava por uma difícil crise financeira e a ordem era "economizar".

Cheguei a ser sondado em quanto minha volta custaria aos cofres do clube, mas o que eles estavam dispostos a me pagar era tão irrisório que perdi as esperanças de voltar a vestir a camisa do time alvinegro.

Dias depois, fui procurado pelo mesmo empresário que fora responsável pela minha saída do Corinthians. Ele não mais trabalhava no clube. Trabalhava agora em seu escritório e representava muitos jogadores famosos, pois mantinha ótimo relacionamento com todos os clubes do Brasil.

Esse empresário me dizia que o São Bento de Sorocaba estava interessado em me contratar e estava disposto a pagar um bom salário para isso. Pensei nos prós e contras e resolvi aceitar, afinal, eu queria mesmo ficar um pouco mais perto da família e Sorocaba era muito próximo a São Paulo. Além disso, o São Bento disputava a primeira divisão do Campeonato Paulista e estava contratando, além de mim, outros jogadores que haviam passado por grandes clubes, o que facilitaria uma posição de destaque para o clube e seus jogadores.

Entretanto, o que me deixou mais feliz foi perceber que o motivo real desse empresário ter me procurado foi reconhecer seu erro passado e de alguma forma tentar repará-lo. Eu, que sempre fui muito exigente tanto com os outros quanto comigo, começava a perceber que o real valor de uma pessoa não está na quantidade de suas virtudes, mas no esforço por corrigir seus defeitos.

Dessa forma, fui jogar em Sorocaba, porém, alguns meses depois, apareceu o presidente do Paissandu de Belém do Pará querendo me contratar. A oferta que me fizeram foi irrecusável e, após acordo entre os dois clubes, eu fui morar no norte do país. Para mim, foi uma experiência nova e gratificante, pois o norte tem uma cultura muito diferente do sul, neste país de proporções continentais.

Belém tem uma forte cultura indígena e as pessoas, de uma forma geral, não têm no trabalho sua prioridade. É um povo calmo e acolhedor.

Coincidentemente, meu pai estava na cidade realizando uma importante mostra de quadros no Teatro da Paz. Aliás, um lindíssimo teatro construído há mais de duzentos anos, onde todo o material usado fora trazido da Europa. Visitá-lo é quase obrigatório a quem vai a Belém, assim como o Mercado Ver-o-Peso, construído à beira do rio Guajará, e sua maravilhosa estrutura de ferro trazida da Inglaterra. Em sua volta, funciona a maior feira-livre da América Latina.

Fiquei em Belém por quase um ano e fui vice-campeão estadual. Transferi-me, então, para o Londrina, no Paraná, e, para minha surpresa, o técnico era ninguém menos que Jairzinho, o furacão da Copa de 1970!

Contei a ele a influência que aquele time teve sobre a minha vida, quando era um menino de apenas seis anos, e percebi que ele ficou emocionado ao ouvir sobre aquele tempo. Alguns meses depois, ele foi substituído pelo gaúcho Valmir Louruz, outro grande treinador.

Chegamos a disputar a final do Campeonato Estadual contra o Atlético Paranaense, mas, infelizmente, fomos derrotados pela equipe da capital. Entretanto, para um time do interior paranaense, esse foi um grande feito e todo a diretoria e torcedores do famoso "Tubarão" ficaram satisfeitos com nossa *performance*.

Após o fim de meu contrato, fui para o São Paulo de Rio Grande, cidade gaúcha no extremo sul do país. Fui várias vezes jogar em Porto Alegre, quando tive maior contato com minha família por parte de pai. Aproveitava essas oportunidades para ficar uns dias na casa de tias e primos e também em rever minha avó paterna.

A cultura era completamente diferente do que eu tinha visto na Região Norte, obviamente muito mais parecida com São Paulo. Porém, o gaúcho é mais austero e menos flexível que o paulista. Apesar disso, é um povo alegre e brincalhão.

Todas essas mudanças tinham o seu lado positivo, mas eu já estava com 28 anos e sentia falta de fixar raízes e constituir família, de preferência perto dos meus parentes.

As viagens, as concentrações e as mudanças já não eram mais atraentes e tudo se tornava enfadonho. Minha vida pessoal e afetiva era praticamente inexistente. Tudo girava em torno da profissão. Além disso, com o passar do tempo, eu fui me decepcionando com o circo do futebol.

Era revoltante ver como políticos, patrocinadores, dirigentes de clubes, empresários etc. se utilizavam do futebol, na maioria das vezes, de forma escusa, para conquistar poder, dinheiro e prestígio apenas por interesse pessoal, sem nada contribuir com aquele esporte.

Até o carinho da torcida, tão idealizado por mim na juventude, era fictício. Na realidade, não era amor, mas uma barganha em que gols e resultados positivos eram trocados por aplausos.

Eu amava o futebol, mas tinha me dedicado a ele por toda a vida e agora queria aprender coisas novas e ter outras oportunidades. Com essa intenção, resolvi encerrar a carreira de jogador. Deixei o Rio Grande e voltei a morar com a família em São Paulo.

Minha intenção era continuar os estudos, e o dinheiro que eu havia guardado com o futebol me deixava numa posição confortável para fazer o que me conviesse. Sabia que precisaria trabalhar, mas nem imaginava onde! Por ora, eu aguardaria e rezaria para que Deus me mostrasse um novo caminho.

PRESENTE DE DEUS

Quinze dias após eu encerrar a carreira, o técnico da Seleção Brasileira de Masters ligou-me convidando para a despedida do grande zagueiro da Seleção Chilena Mario Soto, que havia se tornado meu amigo quando tinha ido jogar naquele país. Os chilenos queriam que eu fizesse minha despedida oficial junto com a dele e, para isso, promoveriam um jogo em Santiago entre as seleções do Chile e Brasil.

Quando cheguei ao aeroporto para me juntar à delegação da Seleção Brasileira, o primeiro jogador que vi foi o goleiro Félix!

Fiquei emocionado ao lembrar que, há exatos vinte anos, aquele homem havia dado rumo à minha vida! O que ele representava era o motivo de tudo que eu havia feito até então! Agora não seria mais meu ídolo, mas um companheiro de equipe! Contei essa história a ele, que me acolheu carinhosamente e, desde então, nos tornamos amigos.

DEPOIMENTO DE FÉLIX

FOTO 29 – Félix.

  Jogar na Seleção de 70 foi um presente de Deus, pois nosso time era mágico!
  Naquela Copa, o jogo mais difícil foi contra a Inglaterra, e, após a vitória, ficamos confiantes.
  Na final contra a Itália, apesar do nervosismo inicial, sabíamos que seríamos os campeões.
  Entretanto, o que eu nunca poderia imaginar é que, no Brasil, eu despertaria, em um menino de apenas seis anos, o sonho de se tornar jogador de futebol, e muito menos que, vinte anos depois, eu participaria de seu jogo de despedida, tornando-nos companheiros de Seleção e grandes amigos.
  Trabalhamos juntos na Cooperesportes e cheguei a participar diretamente do projeto ímpar que o Julio desenvolveu, beneficiando milhares de crianças surdas.
  Emociona-me saber que eu, com meu exemplo, dei rumo à vida de um menino que realizou todos os seus sonhos e, hoje, faz a diferença na vida das pessoas, tornando-se um exemplo de vida!

Quando chegamos ao Chile, a televisão chilena novamente esperava por mim para me levar ao programa esportivo que eu faria junto com os craques chilenos. Foi com alegria que abracei meus amigos Elias Figuerôa e Mario Soto.

Mais uma vez, a mídia do país explorava a história do garoto chileno que foi morar no país do futebol e agora voltava não mais como um garoto, esperança de um grande clube brasileiro, mas como um homem que encerrava sua carreira com todos os seus sonhos conquistados.

O Chile parou para assistir àquele jogo, principalmente pelo fato de estarem em campo ídolos como Figuerôa, Soto, Casely e Roberto Rojas, Djalma Dias, Félix, Zé Maria, entre outros.

Para completar esse espetáculo, outro chileno estaria em campo, porém com a camisa amarelo-canarinho, que os chilenos aprenderam a amar desde que viram, em 1962, um jogador de pernas tortas, que usava a camisa 7, encantar o mundo com seus dribles. Agora veriam a mesma camisa 7, envergada por um chileno de alma brasileira chamado Julio Cesar! Era muita emoção para um jogo só, e chileno nenhum perderia essa oportunidade. Por tudo isso, o Estádio Nacional de Santiago estava abarrotado de gente.

Quando o ônibus da Seleção Brasileira chegou, ninguém poderia dizer se era o Brasil ou o Chile que chegara, tamanha a festa que os chilenos fizeram. Muitos traziam bandeiras brasileiras em minha homenagem e até o estádio nacional ganhou pintura verde e amarela. Naquele dia, entretanto, não haveria rivalidade. Era um dia de festa!

Entramos em campo de mãos dadas com os jogadores chilenos. Eu ia à frente com Mario Soto. O estádio inteiro nos aplaudia de pé! Saudamos a torcida levantando as mãos simbolizando a fraternidade e o carinho que existia entre aqueles dois povos. A torcida estava em delírio!

Milhares de bandeiras chilenas e brasileiras tremulavam, colorindo todo o estádio.

Colocamo-nos lado a lado no centro do campo para tocar o hino dos dois países. Em um, eu havia nascido, em outro, eu havia crescido. Quando começou a tocar o hino brasileiro, olhei para o distintivo de minha camisa e lembrei que a Seleção que eu agora representava fora a mesma que se sagrara bicampeã mundial naquele mesmo estádio há 28 anos, na presença de meus pais quando eu nem mesmo havia nascido!

FOTO 30 – Estádio Nacional de Santiago: Chile x Brasil.
Minha despedida do futebol.

O jogo começou nervoso com cada equipe estudando o adversário. Aos 25 minutos, Rosemiro me lançou a bola, pelo lado direito da grande área, e eu chutei cruzado, fazendo 1 x 0 para o Brasil!

Corri para comemorar com a torcida. Não sabia se a comemoração era pelo Chile, pelo Brasil ou pelos dois!

No final, o Chile empatou e o jogo terminou 1 x 1, para alegria de todos.

Jogar na Seleção Brasileira ao lado do goleiro Félix foi como voltar à Copa de 1970 e realizar o meu sonho de menino. Foi um momento mágico em minha vida!

FOTO 31 – Estádio Nacional de Santiago pintado de verde e amarelo.

FOTO 32 – Seleção do Brasil. Em pé (da esquerda para a direita): Zé Maria, Mauro, Félix, Miranda, Chicão, Djalma Dias, Ricardo e Patrício. Agachados (da esquerda para a direita): Paraná, Rosemiro, Julio Cesar, Edu, Menga, Mirandinha e Evair.

Aquele jogo teve uma repercussão tão grande que fomos convidados pelos chilenos a realizar vários jogos pela região dos lagos andinos. Jogamos em Temuco, Puerto Varas, Valdívia, Puerto Mont, Osorno entre outras cidades. Em cada uma delas, éramos muito bem recebidos com o carinho do povo daquele país. Todos queriam saber quem era o chileno que jogava pelo Brasil e passei a ser visto como um ídolo! Para mim, isso foi motivo de muito orgulho!

Quando terminou aquela temporada, eu achava que Deus havia me dado todos os presentes possíveis. Pelo menos, era o que eu pensava.

Um sentimento de gratidão enorme brotou em meu coração, deixando-me emocionado. Eu então disse a Deus:

— Obrigado pelo presente. Jamais poderia imaginar que me aconteceria algo parecido!

— VOCÊ FEZ POR MERECER ESTE PRESENTE DE DESPEDIDA. DEDICOU-SE PELA VIDA TODA AO FUTEBOL E, APESAR DAS DIFICULDADES, TEVE A CORAGEM DE SEGUIR SEU CORAÇÃO.

— É emocionante terminar a carreira com uma festa no país em que nasci, jogando pelo país que cresci, ao lado de meus ídolos de infância! São momentos que valem por uma vida! Ao mesmo tempo, estou triste e decepcionado com tudo que vi no futebol.

— Você percebeu que as pessoas cometem as maiores deslealdades para conquistar fama, dinheiro e sucesso, por isso se decepcionou.

— Sim. Mas o Senhor sabia disso, não é? Poderia ter me avisado!

— Várias vezes avisei que amor e felicidade não se encontram no sucesso nem na riqueza, mas nas coisas mais singelas da vida. Mas ainda não estava preparado para me escutar. Você escolheu esse caminho pelas suas próprias vibrações.

— Mas o Senhor sabia que era o caminho errado!

— Na realidade, não existe caminho errado. Todos eles levam a um aprendizado que está exatamente de acordo com a necessidade de cada um. Depois, é você quem precisava chegar a essa conclusão. Senão, quais seriam os seus méritos? Você precisou passar por isso para amadurecer. A concretização do sonho de menino deu lugar ao homem realizado e experiente.

— É verdade. Meus valores estão mudando com a idade.

— E ainda mudarão muito!

— Sim, mas e agora? O futebol foi o único sonho da minha vida. Tenho a impressão de que nenhum outro trabalho me satisfará.

— Engano seu. Pode encontrar motivação em muitos outros trabalhos. Aliás, o trabalho mais importante que você realizará ainda está por vir.

— Que trabalho será este?

— Calma. Você ainda está em fase de preparação. Está recebendo, para depois estar pronto para dar.

— Dar o quê?

— Quando chegar a hora, saberá exatamente o que fazer. Siga seu coração e aproveite os presentes do caminho.

— Sim. Toda vez que segui meu coração recebi muitos presentes pelo caminho.

— Está começando a entender!

Novos objetivos

A viagem ao Chile encerrou o meu ciclo como jogador de futebol. Eu ainda não sabia com o que trabalharia, mas confiava que Deus mostraria um caminho.

Voltei a morar com meus pais e, algumas semanas após minha volta do Chile, recebemos uma visita inesperada, porém muito gratificante.

Era Enzo, primo de minha mãe que, após trinta anos sem qualquer contato, soubera, por meio de um amigo, onde estávamos morando. Enzo nascera em Sertãozinho, cidade do interior paulista próximo a Ribeirão Preto. Casara-se cedo e viera trabalhar em São Paulo na mesma época em que minha mãe. Eram muito unidos, mas, quando meus pais foram para o Chile, perderam contato. Enzo havia trabalhado na Cofap por mais de vinte anos, onde chegara a diretor. Era exímio vendedor e negociante, o que lhe rendeu lugar de destaque dentro da empresa. Era ele quem negociava todos os contratos da Cofap no exterior, tamanha sua capacidade na arte da negociação. Um mestre, no que diz respeito a vendas e negociação.

Após os cumprimentos, iniciamos uma animada conversa, contando as novidades.

Falamos sobre nossa família, mas, inevitavelmente, o assunto se voltou ao futebol. Enzo dizia:

— Acompanhei sua carreira, principalmente quando estava no Corinthians.

— Uma época de ouro! Joguei com grandes craques e fui campeão paulista em 1982.

— Então, você jogou com a propaganda da Cofap na camisa do Corinthians!

— Claro!

— Pois fui eu quem negociou aquele contrato com o Adilson Monteiro Alves!

— Que coincidência!

— Estive muitas vezes no Corinthians, mas não tinha contato com os jogadores. Depois, acompanhei sua grande *performance* no Comercial de Ribeirão. Mas você já parou? Ainda é muito novo!

— Mas comecei cedo. Estou cansado dessa vida sem vínculo. Além do mais, fiquei desiludido com a podridão que existe por trás do futebol.

— E o que vai fazer agora? Já decidiu?

— Quero voltar a estudar.

— E trabalho?

— Nem sei o que fazer. A vida toda só joguei futebol!

— Eu saí da Cofap há dois anos e agora sou representante da Pneuac, do grupo Pirelli italiana. Por que você não vem trabalhar comigo?

— Mas... Para fazer o quê?

— Vender! Será representante comercial como eu! Eu lhe ajudarei e darei todas as dicas.

— Interessante! Mas terá de me ensinar tudo, porque eu nunca fiz isso.

— Sem problemas. Você tem carro?

— Sim, tenho.

— Então vá ao meu escritório na segunda-feira, fica no bairro de Pinheiros. Mas chegue cedo. Às 7h30 está bom para você?

— Está ótimo!

Agradeci pela oportunidade e passamos a falar sobre trivialidades.

Logo que Enzo foi embora, comecei a pensar a respeito dessa nova oportunidade que se abria à minha frente e como ela se encaixava exatamente em minha necessidade.

Aquele homem repentinamente bate à porta de nossa casa após trinta anos!

Só podia ser obra de Deus!

Trabalhar com vendas. Como não pensei nisso antes? Afinal, já havia tido uma experiência positiva quando comprava joias nas fábricas de São Paulo e revendia aos jogadores dos times em que passei.

Sempre tive desenvoltura para falar, e quando acreditava em algo, era fácil convencer os outros com o meu entusiasmo contagiante!

Além disso, Enzo prometeu que me ensinaria todos os segredos de vendas e negociação, e aprender com ele era um privilégio de poucos! Poderia, inclusive, usar como trunfo de vendas o fato de ter jogado futebol no Corinthians. Com certeza, despertaria o interesse dos clientes, pois quem não gostava de futebol neste país?

Até o fato de não ter um horário rígido, trabalhar fechado ou mesmo uma rotina de trabalho contribuía com a liberdade que o jogador de futebol estava acostumado. Estava entusiasmado!

Na segunda-feira pela manhã, às 7h15, eu tocava a campainha do escritório de Enzo. Após rápido cumprimento, foi logo dizendo:

— Estou de saída, mas separei uma tabela de preços, um talão de pedido e um catálogo de amortecedores.

Tirou do bolso um papel todo amassado e começou a desdobrar, dizendo:

— Aqui, você tem o endereço de seis clientes que precisam ser reativados.

Dizendo isso, colocou tudo em minhas mãos e falou:

— Boa sorte!

E saiu.

Eu fiquei atônito! Nunca tinha visto um talão de pedido na frente! Como começaria uma profissão daquela maneira?

Confesso que fiquei decepcionado com Enzo, pois esperava que ele me desse mais apoio naquele primeiro dia. Mas não seria aquilo que me tiraria a motivação de iniciar o novo trabalho.

Decidi voltar para casa e estudar aquele material para iniciar as visitas no próximo dia.

Acordei às 6 horas da manhã e preparei-me para meu primeiro dia como vendedor.

Despi-me de toda vaidade e orgulho do jogador do Corinthians e, às 7h30, já estava na estrada de Campo Limpo ajudando meu primeiro cliente a levantar as portas de sua loja.

Após quarenta minutos, eu saía de lá com meu primeiro pedido!

Esta minha nova profissão dava-me enorme motivação, pois o desafio era diário. A cada pedido que eu tirava ou novo cliente que abria, eu comemorava como se tivesse feito um gol!

Com apenas três meses de vendas, ganhava mais do que quando jogava futebol.

Após um tempo, comecei a perder a audição. Entretanto, isso não foi motivo para que eu parasse meu desenvolvimento pessoal ou mesmo profissional.

Coloquei um aparelho auditivo e segui vendendo e, apesar dessa dificuldade, cheguei a gerente e supervisor de vendas.

O trabalho como vendedor deu-me oportunidade de conhecer como funciona o mundo corporativo, quais suas falhas, necessidades e, principalmente, como eu poderia contribuir com ele por meio de todas as experiências vividas dentro do futebol. Em pouco tempo, percebi que lutar até o final com muita disciplina e determinação por um gol ou por um pedido não tinha muita diferença. Além disso, usava como *marketing* pessoal o fato de ter jogado no Corinthians. Dessa forma, novamente conquistei sucesso profissional e consolidei minha situação financeira.

Meu Casamento

Eu tinha cada vez mais necessidade de fincar raízes, consolidando assim uma vida estável. Já tinha adquirido uma boa soma em dinheiro e poderia dar início a um dos meus maiores sonhos: constituir uma família.

Construí uma bela casa, um prédio comercial que me rendia bom aluguel. Há algum tempo eu namorava Luciana, e, apesar da nossa diferença de idade (eu era 8 anos mais velho) e, principalmente, de experiência de vida, estávamos apaixonados e fazíamos planos de nos casar, fato que ocorreu tempos depois, em uma quinta-feira cheia de *glamour* social, em uma das mais tradicionais igrejas de nosso país, Nossa Senhora do Brasil.

A igreja estava ricamente decorada com arranjos de orquídeas brancas. Convidados e padrinhos estavam impecavelmente vestidos.

A orquestra tocava música clássica e foi ao som do bolero de Ravel, acompanhado por um violinista de cada lado, que entrei na igreja de braços dados com minha mãe, que me deixou no altar à espera da minha noiva. Eu vestia uma maravilhosa casaca preta confeccionada especialmente para a ocasião, entretanto, o que fascinou a todos, arrancando suspiros de aprovação, foi a entrada da noiva, com seu porte altivo em seu esplendoroso vestido de noiva todo confeccionado a mão. Rendas, bordados e pedrarias cintilavam na exuberante "cauda" que media mais de cinco metros de comprimento.

Ainda posso me lembrar do olhar singelo, cheio de esperança e admiração que Luciana me enviava enquanto caminhava pelo tapete azul, vindo ao meu encontro como se vai ao encontro da felicidade!

Após o casamento, recebemos nossos convidados em uma festa impecável no renomado Buffet Érico, selando aquele casamento cheio de amor e de promessas de um futuro de felicidades.

O casamento ajudou-me a encontrar o equilíbrio que faltava em minha vida pessoal e, apesar da deficiência auditiva que me incomodava, eu era agora uma pessoa realizada e feliz.

FOTO 33 – Foto do meu casamento.

Capítulo Quatro
A Surdez

Em busca de soluções

Minha surdez piorava gradativamente e há algum tempo eu procurava seu motivo. Em todas as clínicas e hospitais por que passava, ninguém sabia me dizer qual era o problema. Cheguei a fazer exames sofisticados, como tomografia computadorizada e ressonância magnética, mas nenhum médico me dava um diagnóstico definitivo.

Meu olhar analítico sobre as clínicas e hospitais que frequentei, bem como seus profissionais, desde atendentes a médicos, dava-me exata noção de como o sistema de saúde era desestruturado, bem como o departamento de RH, que carecia de desenvolvimento pessoal e treinamento profissional. Não tinham a menor sensibilidade com os pacientes. Apesar de tratarem todos com o verniz da educação, faltava a sensibilidade que deve prevalecer em toda pessoa que trabalha na área da saúde. Esses profissionais que interagem dia a dia com pacientes emocionalmente frágeis, precisando de apoio, carinho e, principalmente, de uma esperança, deveriam estar mais bem preparados para isso, principalmente em relação ao desenvolvimento pessoal.

Entretanto, percebi que a área médica, de uma forma geral, julgava-se mais importante que qualquer outra, provavelmente pelo fato de salvar vidas, despertando o orgulho e a vaidade humana. A rotina do dia-a-dia do hospital ou mesmo das clínicas era, de fato, deprimente, o que muito contribuía para acabar com a sensibilidade que restava nos profissionais mais conscientes. Mas eu tinha certeza de que um treinamento adequado e constante poderia resolver aquela situação. Presenciei fatos que aconteciam não só comigo, mas com todos os outros pacientes e que muito me revoltavam. As atendentes ficavam irritadas por eu não ouvir, e mesmo que eu pedisse que me avisassem quando meu nome fosse anunciado para realizar o exame ou mesmo passar pela consulta, muitas vezes ficava esperando por horas, para depois saber que há muito havia sido chamado.

Ouvi de médicos frases do tipo:

— Não foi possível saber o motivo de sua surdez e duvido que alguém saiba.

Ou das enfermeiras:

— Pelo resultado da audiometria, você está mal mesmo, hein!

Ou ainda:

— Deve ser difícil ficar sem ouvir, não é?

Ou mesmo:

— Coitado! Tão novo e bonito e é surdo!

Sofri humilhações de todo tipo e, nessas amargas experiências, conheci todo preconceito que sofre a pessoa deficiente. Sem saber, eu estava passando por momentos que me seriam valiosíssimos em trabalhos que eu nem imaginava que faria.

Eu já usava aparelho auditivo, mas era muito pequeno e mal era notado pelas pessoas. Com a perda mais acentuada, eu agora havia colocado um aparelho bem maior e mais visível. Era difícil aceitar aquilo. Eu pensava: "Como vou agora sair na rua com um aparelho deste tamanho no ouvido?".

Eu não me conformava!

Esse processo foi importante para que eu trabalhasse o orgulho e a vaidade dentro de mim, duas chagas da humanidade das quais provêm todos os outros defeitos.

Eu começava a aprender que, por mais predicados que uma pessoa possa ter, isso não a torna melhor do que ninguém. Ao contrário, isso lhe dá maior responsabilidade de usá-los em prol de todos com muito amor.

Nessa época, eu mal conseguia ouvir meu violão, que sempre foi meu companheiro de todos os momentos. Agora, tinha que colocar o queixo encostado na "caixa" do instrumento para ouvir o som por via óssea. Já podia imaginar o sacrifício que seria quando tivesse que deixar de tocar, o que, mais cedo ou mais tarde, acabaria acontecendo.

Minhas peregrinações pelas clínicas de diagnósticos, consultórios de otorrinos e hospitais continuavam. A indiferença que eu continuava presenciando no dia-a-dia desses locais só fazia aumentar a minha indignação.

Por isso, eu "brigava" muito com Deus. Dizia a ele:

— Por que o Senhor está me castigando? O que fiz de errado para me deixar surdo?

Silêncio.

— Por que não me responde?

Silêncio.

Eu, então, tentava me lembrar de algo ruim que eu houvesse feito que pudesse justificar aquele castigo, porém nada encontrava de mais grave.

— Não me lembro de nada que possa ter feito para deixá-Lo tão bravo! Nunca prejudiquei ninguém! Sempre ajudei a todos que pude! Por que eu?

Silêncio.

— Não vai responder? Ou será que houve algum engano e o Senhor está com vergonha de me dizer? Mas o Senhor é Deus! Deus não pode se enganar! Pois saiba que, com ou sem o Senhor, eu vou continuar!

Deus não falava mais comigo, mas eu sabia que de uma forma ou de outra ainda ficaria sabendo o propósito de tudo aquilo.

VOLTA AO FUTEBOL

Agora, eu estava com 37 anos e havia atingido todas as metas a que tinha me proposto. Reparei, entretanto, que meus valores mudaram durante a trajetória, e agora tudo o que eu já havia conquistado, como sucesso, dinheiro e fama, já não eram suficientes para encher meu coração. Questionei o real sentido da vida e descobri que ele não estava em tudo que eu havia recebido, mas no que eu ainda poderia dar!

Porém, para isso, eu não precisava ser jogador do Corinthians, muito menos milionário, mas uma pessoa simples que, por meio de qualquer trabalho diário feito com um pouco de amor e dedicação, pode fazer a diferença na vida de milhares de pessoas. Afinal, o valor de uma pessoa não está em quanto ela tem no bolso, mas no que tem no coração!

Nessa época, todas vez que eu assistia a um jogo de futebol meu coração chorava de saudades, pedindo-me para voltar. Minha consciência dizia que chegara o momento de eu devolver um pouco do muito que a vida tinha me dado.

Comecei a participar de "peladas" semanais com os velhos amigos companheiros de futebol, e, nessas ocasiões, comentávamos sobre a época em que jogávamos, relembrando passagens engraçadas ou tristes. Eu tinha muitas saudades daquele tempo.

Fui convidado pelo Zé Maria a participar dos jogos da equipe master do Corinthians e pude rever todo o pessoal que havia jogado comigo. Entre eles estavam Sócrates, Wladimir, Mauro, Solito, Zenon, Biro Biro e tantos outros.

Reparei que a maioria deles trabalhava com escolinhas de futebol, ensinando a "arte de jogar" aos garotos, educando-os por meio do esporte. Muitos ex-atletas prestavam serviço na prefeitura de São Paulo em projetos esportivos sociais. Comecei a pensar com carinho na possibilidade de trabalhar como eles, afinal, o futebol tinha feito de mim um homem e me ensinado muito do que eu sabia, e a melhor forma de eu reconhecer isso era passar esse aprendizado e experiência àqueles que mais precisavam: as crianças carentes!

Com essa intenção, preparei-me para encerrar minha carreira como supervisor de vendas e voltar ao futebol, agora como educador. Pensei na importância daquele trabalho e não pude deixar de me lembrar do que Deus havia me dito:

— Quando chegar a hora, você saberá o que fazer!

Eu sabia que teria que abrir mão do ótimo salário que recebia com vendas para me sujeitar à má-remuneração que todo educador recebe, mas minha prioridade não estava mais no dinheiro. Além disso, eu havia construído um prédio de aluguel exatamente para me dar ao luxo de fazer aquilo que acreditava e não o que precisava.

A hora havia chegado, e eu sabia o que deveria fazer.

Quem me encaminhou foi meu amigo Wladimir, que havia jogado comigo no Corinthians. Estávamos batendo bola, um dia, e comentei com ele sobre minhas intenções de voltar ao futebol. Ele então disse:

— Por que você não dá aula de futebol? Você pode entrar para a prefeitura de São Paulo e fazer esse trabalho com crianças carentes. Já tem vários ex-jogadores que estão fazendo isso. O Zé Maria e o Mirandinha são diretores, por que não fala com eles?

— Boa ideia! Vou falar com eles para ver se posso participar.

Quando falei com Mirandinha e com o Zé, eles me prometeram que na primeira oportunidade me chamariam.

CLÍNICA DE DEPENDÊNCIA QUÍMICA

Nesta época, surgiu oportunidade de iniciar um projeto esportivo junto a uma clínica de dependência química. Tal projeto deveria promover a saúde e a recuperação por meio do esporte. Entretanto, meu trabalho deveria ser voluntário, pois a clínica alegava que não tinha recursos para esse tipo de serviços.

Aceitei assim mesmo, pois seria mais uma oportunidade de ajudar as pessoas. Além disso, eu, que havia trabalhado com esporte profissional e educacional, agora teria oportunidade de aprender com o esporte-saúde. Após me familiarizar com a clínica e participar de cursos e palestras durante dois meses, desenvolvi uma metodologia semanal baseada na fisiologia do exercício para a desintoxicação das pessoas que ali se internavam para tratamento, com ênfase no trabalho psicológico que realizávamos com os pacientes, visando à reconstrução da confiança, da autoestima e da capacidade de superação de situações adversas, que todo esporte pode acrescentar. Jogava vôlei na piscina e na quadra, futebol, caminhadas, brincadeiras e jogos recreativos e cooperativos.

Havia pacientes de toda faixa etária, mas, via de regra, os mais velhos eram alcoólatras e os mais jovens, viciados em drogas. Entretanto, conhecendo a história dos garotos, percebi que os maiores incentivadores das drogas e a porta de entrada para elas eram o cigarro e a bebida, na adolescência. Além disso, a falta do diálogo e informação que os pais sonegam a seus filhos, tachando esse assunto de proibido, é um dos maiores responsáveis por jovens mal-informados estarem nessa deplorável situação. Isso tudo ainda é agravado pelo tempo que os pais, sejam eles ricos ou pobres, alegam não ter para os filhos, dizendo ter que resolver problemas, obviamente de acordo com sua classe social. Mas eu percebia que era exatamente nessa fase da adolescência que os jovens, ainda confusos e inseguros com relação à vida futura, mais precisam que os pais os conduzissem com segurança, fazendo essa transição de forma tranquila e segura. Eu olhava para aqueles meninos muito penalizado e fazia o que podia para ajudá-los a se livrar do vício. Nessas horas, eu lembrava com carinho de meus pais e dos seus sábios conselhos que puderam me dar uma base sólida para que eu nunca tivesse trilhado por aqueles tristes caminhos, mesmo tendo milhares de oportunidades, principalmente no futebol, onde tantos amigos já haviam se perdido.

Percebi a importância da família nesse processo de prevenção, principalmente do amor e da atenção dos pais.

O trabalho de atividade física era obrigatório, e todos deveriam participar. Eu procurava tirar o ímpeto que os mais jovens tinham pela competitividade esportiva e fazia que enxergassem que a principal finalidade da aula não era ganhar *do* outro, mas ganhar *com* o outro, e cada um deveria respeitar o limite do parceiro, pois só assim estariam cooperando entre si para os fortalecimentos moral e espiritual necessários, dos quais tanto precisariam para o dia em que deixassem a clínica e voltassem a conviver em sociedade.

Emocionava-me com a saída de cada paciente, que, com lágrimas nos olhos, iam com a esperança de nunca mais voltar. Uns conseguiam, outros não. O importante é que todos estavam dando o melhor de si para se tornarem pessoas melhores a cada dia. Eu tanto ensinava como também aprendia com eles, e o episódio que relato a seguir marcou-me profundamente e deu-me maior noção da importância de promover a confiança pessoal com elogios, principalmente a uma pessoa que se encontra fragilizada, seja por problemas pessoais, doenças ou circunstâncias da vida.

Fazia quatro meses que eu desenvolvia esse trabalho junto à clínica, quando chegou Antonia. Ela era carioca e havia sido internada pelo pai por ser viciada em cocaína. Passou os primeiros dias quase isolada e, depois de uma semana, começou a participar dos trabalhos de recuperação junto com todos.

Antonia era uma ótima pessoa e, com seu peculiar sotaque carioca cheio de gíria, acabou tornando-se o centro das brincadeiras dos pacientes.

Assim que cheguei para a aula daquele dia, ela me foi apresentada pelos demais. Comecei a explicar como deveria ser realizado o trabalho daquele dia. Os mais jovens queriam jogar futebol no campinho de terra onde improvisamos dois gols. Os mais velhos não se animavam a participar, porque temiam se machucar e preferiam caminhar pelo circuito que preparei para essa finalidade.

Outros pediam para jogar vôlei, pelo qual optei, pois queria que todos fizessem o trabalho juntos.

Após as reclamações sempre bem-humoradas de alguns, reunimo-nos no gramado que havia sido improvisado para a prática do esporte. Percebi que Antonia saiu do grupo e foi sentar-se em um banco próximo. Fui atrás dela, sentei-me ao seu lado e comecei uma conversa:

— Por que você se afastou? Algum problema?

— Não, tá normal, professor. Só tô querendo descansar.

— Mas são 8h30 da manhã. Não dormiu à noite?

— Dormi sim, professor.

— Então qual o problema?

— Tô "zoada", não tô a fim de jogar!

— Mas você sabe que o trabalho é obrigatório!

— Então, deixa eu andar.

— Hoje não. O trabalho será com todo o grupo.

Percebi que algo a estava constrangendo e acrescentei:

— Qual o real motivo? Pode me contar.

— Sabe o que é, professor? Eu não sei jogar vôlei!

Eu então fiquei mais tranquilo por saber que não se tratava de nenhum problema real e continuei:

— E daí? Não vamos disputar as Olimpíadas! Vamos só brincar e nos divertir!

— Sei não, professor, acho que não consigo! Melhor ficar fora pra não passar vergonha!

— Nada disso! Não vai passar vergonha nenhuma! Não precisa saber jogar! É só atirar a bola para cima! Vamos lá que em cinco minutos você não só estará jogando, como ganhando daqueles marmanjos! Quer apostar comigo? Vem cá que vou te ensinar!

Fui levando Antonia para o gramado, onde todos já nos aguardavam. Quando chegamos, peguei a bola e comecei a mostrar a ela como deveria fazer. Após ela treinar os movimentos por uns instantes, passei a jogar a bola para ela, que deu então uma manchete, jogando a bola para cima. Todos aplaudiram enquanto ela abriu um enorme sorriso de satisfação. Percebi que aquilo era o que faltava para Antonia adquirir confiança e levantar a moral.

Assim, iniciamos o jogo e, após um tempo, todos participavam ativamente com enorme entusiasmo, inclusive os mais velhos.

Ao término do trabalho, eu me dirigia ao estacionamento para pegar meu carro quando percebi que Antonia corria atrás de mim com um enorme sorriso, pedindo-me para esperar. Assim que me alcançou, ainda ofegante pelo esforço, começou a dizer com enorme emoção na voz:

— Professor, você não tem ideia do que fez para mim hoje! Desde criança, meu pai nunca acreditou que eu fosse capaz de fazer algo direito e só me chamava de burra, imbecil e incompetente. Ouvi isso por toda a minha vida e provavelmente é esse o maior motivo de eu ser uma viciada em drogas.

Percebi que sua emoção aumentava conforme as frases iam sendo proferidas e, com a voz embargada, ela continuou:

— Tenho 32 anos e você foi a primeira pessoa que me deu uma força. Hoje, com um simples incentivo, você me ensinou que posso ir à luta de cara limpa.

Lágrimas escorreram do meu rosto e era difícil segurar a emoção. Antonia continuou:

— Eu vou me recuperar e sair daqui sim, professor, e o maior responsável por isso será você, cara! Obrigada.

Naquele momento, nenhuma palavra mais precisava ser dita e nos abraçamos, chorando de emoção.

Passados alguns minutos, Antonia partiu, mas eu ainda fiquei ali por muito tempo, refletindo sobre o que havia acontecido.

É incrível como uma simples frase, sem a menor importância para a maioria das pessoas, poderia, em contrapartida, ser tão importante para outras, a ponto de mudar suas vidas! Ao ouvir de Antonia aquelas palavras cheias de amor e reconhecimento, mais uma vez lembrei-me da frase de Deus:

— QUANTO MAIS PENSAR QUE ESTÁ DANDO, É QUANDO MAIS ESTARÁ RECEBENDO!

Novamente, eu me rendia às leis de Deus! Um ano depois, eu deixei a clínica para trabalhar como professor de futebol na prefeitura de São Paulo e não mais teria tempo de continuar com aquele trabalho.

Entretanto, fiquei muito feliz ao saber que os diretores da clínica enfim reconheceram a importância da atividade física na recuperação de dependentes químicos e contrataram um profissional de Educação Física para dar continuidade ao trabalho que eu havia iniciado.

COOPERESPORTES

Houve muitas mudanças na prefeitura e o trabalho que era feito por meio de cada jogador, individualmente, agora seria feito por uma empresa, onde os próprios jogadores se reuniriam e formariam uma cooperativa de trabalhos práticos.

Quando cheguei para a primeira reunião que iniciaria aquele novo projeto social, havia vários ex-atletas famosos que eu já conhecia.

Mirandinha e Zé Maria apresentaram-me a Badeco, que seria o presidente da cooperativa pelo fato de ter larga experiência, adquirida nos tempos que fora delegado da Polícia Federal. Foi com muita emoção que dei um abraço em Badeco, um dos maiores ídolos de minha infância.

Aquele negro enorme que eu conhecera aos oito anos, treinando pela Portuguesa no campo do Pirituba, agora não me parecia tão assustador! Lembramos juntos dessa história e demos boas gargalhadas.

DEPOIMENTO DE BADECO

FOTO 34 – Badeco.

Existem certos acontecimentos em nossas vidas em que há necessidade de buscarmos algumas evidências para entendermos os fatos que se desenrolam ao nosso redor.

De tudo isso, estou falando do convívio entre mim e o Julio Cesar.

A Associação Portuguesa de Desportos, às

vezes, realizava seus treinos no campo do Pirituba F. C., ao lado da linha férrea, e ao chegarmos no local sempre nos encontrávamos com um garoto loiro que nos aguardava e se prontificava a transportar minha chuteira até a beira do gramado e ali permanecia até encerrar os treinos, que invariavelmente terminava com penalidade máxima. O garoto loiro corria para trás do gol, protegido pela rede e tinha como principais batedores os exigentes Enéas e Dica. Notava-se, naquele instante, o brilho no olhar daquele garoto.

Os anos se passaram, e de repente estamos novamente próximos, dessa vez prestando nossos conhecimentos adquiridos no dia-a-dia dos campos e da vida aos jovens carentes.

O Julio Cesar, após alguns meses, percebeu a possibilidade de atender aos portadores de necessidades especiais. A princípio, houve votos contrários pelas dificuldades que se apresentavam, mas ele, com sua inigualável persistência, pois também possui dificuldades de audição, começou a estudar Libras e começou a desenvolver aquele novo projeto.

De início, o signatário também não acreditava, mas, com o decorrer do tempo, o Julio tornou-se referência no trabalho da Cooperesportes Craques de Sempre. Parabéns, Julio Cesar!

Eu estava maravilhado e ao mesmo tempo orgulhoso, pois ali estavam presentes vários ídolos de minha infância.

Ao todo, éramos 65 ex-atletas. Entre os famosos figuravam Maguila (boxe), Aurélio Miguel, (judô), Xandó e Amauri (vôlei), Ademir da Guia (ex-Palmeiras), Belini (capitão da Copa de 1958), Coutinho, Mengálvio e Dorval (atacantes do Santos), Félix (campeão da Copa de 1970) e vários outros ícones do esporte nacional.

Decidimos que a cooperativa se chamaria Cooperesportes.

Havíamos sido contratados pela prefeitura de São Paulo para desenvolver um projeto esportivo, e aquela reunião era exatamente para iniciar este novo trabalho.

O diretor da secretaria de esportes de São Paulo começou a explicar como seria o projeto. Cada ex-atleta deveria ficar em um CDM (Clube Desportivo Municipal) e ali montar uma escola dentro de sua modalidade esportiva. Tal escola deveria atender aos moradores daquele bairro.

Alguns ex-jogadores deveriam montar essa escola de esportes nos locais mais perigosos e alguns deles eram nas piores favelas.

O diretor dizia:

— O principal motivo pelo qual vocês foram escolhidos para realizar este projeto é que são ídolos do povo. Onde vocês trabalharão, nem a Polícia consegue entrar. O maior objetivo de vocês não será o de formar craques, mas o de formar homens! Deverão, para isso, tirar as crianças das ruas, educá-las pelo esporte e encaminhá-las na vida. Vocês têm uma oportunidade de ouro de fazer a diferença na vida de milhares de pessoas. Emprestem um pouco do brilho que têm para iluminar o caminho dessas crianças que tanto precisam. Que Deus abençoe todos vocês!

Quando terminou aquela reunião, todos nós estávamos cientes de nossa responsabilidade social. Sabíamos das dificuldades que nos esperavam, mas estávamos dispostos a dar nossa parcela de contribuição para que a sociedade se tornasse mais justa. Eu estava orgulhoso por participar daquele grupo de estrelas.

Quando foi definida a escolha dos locais onde cada um trabalharia, o diretor me disse:

— Julio, você vai dar aula no Pelezão (apelido do CDM do alto da Lapa) até conseguirmos um campo somente para você. Já temos lá um professor. Fique com ele por uns tempos.

No outro dia, dirigi-me ao local para meu primeiro dia de trabalho. Cheguei ao Pelezão e fui cumprimentar o professor que lá trabalhava. Disse a ele:

— Muito prazer, meu nome é Julio Cesar!

E o professor me respondeu:

— O prazer é todo meu, eu sou Leivinha.

Quando ele disse aquilo, quase chorei de emoção, e dei um enorme abraço naquele que foi o maior ídolo de minha infância.

Trabalhando juntos, tornamo-nos amigos e frequentávamos a casa um do outro.

Anos depois, vivi uma das mais fortes emoções de minha vida. Estávamos fazendo um churrasco em minha casa, quando em determinado momento eu saí para o quintal e deparei-me com Leivinha jogando futebol com meu filho Leonardo, de apenas seis anos.

Naquela hora, lembrei-me que, com a mesma idade de meu filho, aquele homem para mim era um mito, um ídolo que jamais eu esperava conhecer. Agora era meu amigo, estava em minha casa, jogando futebol com meu filho! Este foi outro grande presente de Deus.

DEPOIMENTO DE LEIVINHA

FOTO 35 – Leivinha.

Tive momentos maravilhosos jogando com a camisa do Palmeiras na época da academia.

Participei de uma Copa do Mundo e depois me transferi para o Atlético de Madri, na Espanha.

Encerrei a carreira e, tempos depois, comecei a dar aulas para crianças carentes.

Quando o Julio chegou para trabalhar

comigo, jamais imaginei que eu pudesse ter sido tão importante em sua vida.

Agora, o destino nos colocava frente a frente.

Se ontem fui seu ídolo, hoje eu que sou seu fã, pois o Julio usou toda a força de sua determinação para tornar seu sonho realidade e, como eu, conseguiu jogar em um grande clube do Brasil e também na Europa. Entretanto, ele conseguiu superar todos os seus ídolos, quando criou este projeto único de educação pelo esporte que hoje beneficia milhares de crianças surdas.

Sinto-me orgulhoso de ter contribuído para que o menino Julio tenha se transformado no homem que hoje nos brinda não só com sua amizade, mas principalmente com o seu exemplo!

Esses acontecimentos davam-me maior noção da importância do ídolo na vida de uma criança, e como um bom exemplo poderia modificar o futuro delas. Senti-me na obrigação de vigiar mais minhas ações, pois agora, como educador, minhas palavras e conselhos deveriam ser embasadas pelas minhas atitudes.

Nessa época, iniciei um curso sobre Filosofia e Teologia que muito me ensinou sobre a finalidade e o propósito da vida. Um dos motivos que me levou a realizar esse curso foi a necessidade de saber por que eu estava ficando surdo, principalmente em relação à espiritualidade.

Esses estudos eram baseados na própria Ciência, em que nada era aceito sem antes passar pelo crivo da razão e da lógica. Além disso, a maior comprovação de nossas conclusões era a observação dos acontecimentos da natureza e no dia-a-dia das pessoas. Quanto mais eu estudava, mais eu comprovava a lógica de tudo que Deus havia me dito durante aqueles anos. Eu agora podia entender melhor:

— TERÁ OPORTUNIDADE DE REALIZAR UM IMPORTANTE TRABALHO DE AJUDA A SEUS IRMÃOS E DARÁ UM GRANDE PASSO PARA SEU DESENVOLVIMENTO ESPIRITUAL.

Eu dava o melhor de mim para aquelas crianças carentes e esperava que, por meio de meu trabalho, elas tivessem um futuro com melhores oportunidades e, principalmente, estivessem preparadas para aproveitá-lo.

Negritude Junior

Após um ano, o diretor da prefeitura de São Paulo pediu-me para desenvolver uma escola de futebol em parceria com o Netinho de Paula, do grupo musical Negritude Junior.

Netinho era cantor e compositor de fama internacional, porém o que mais se destacava em sua personalidade marcante era o comprometimento que tinha com suas raízes. Havia saído da cohab de Carapicuíba, e, apesar de rico e famoso, nunca virou as costas aos seus, ao contrário, tinha orgulho de ser negro e fazia o que podia para ajudar sua gente. Lutava pela inclusão e igualdade de todos.

Desenvolvemos essa escola na cohab de Carapicuíba, onde cheguei a ter mais de quinhentos alunos.

Alguns adolescentes eram dóceis, como o garoto Leonardo que, desde o início do projeto, destacava-se nos treinos. Depois de estar mais bem preparado, foi encaminhado para a Portuguesa, tornou-se jogador profissional e hoje joga em Portugal.

Porém, com a maioria era difícil lidar, pois a falta de estrutura familiar os tornava extremamente problemáticos. Mas eram exatamente esses alunos que mais precisavam de nosso carinho e compreensão, e conseguimos tirar muitos deles da marginalidade, dando rumo e prumo a suas vidas.

Houve um caso que particularmente muito me chamou a atenção e que relato a seguir.

Sílvio era um negro alto e forte, apesar de ter apenas 15 anos. Com personalidade forte, provavelmente adquirida pela vivência nas ruas, parecia acostumado a se impor pela força.

Participava regularmente do projeto e foi um dos escolhidos a viajar com a equipe quando tivemos um convite para disputar um importante torneio no norte do Estado do Paraná.

Ele gostava de jogar como atacante, mas eu sempre dizia a ele que deveria pensar em jogar na defesa como zagueiro, onde, em minha opinião, poderia aproveitar melhor seu porte avantajado.

Sílvio era reserva, posição que muito o incomodava, e, às vezes, tentava me intimidar, forçando sua escalação.

Chegamos à cidade para esse torneio e fomos instalados em um clube de campo muito grande e bonito.

Os jogos começaram, e, sempre que possível, eu colocava todos os reservas para participar um pouco, promovendo o sentido de equipe, em que todos deveriam sentir-se parte integrante do grupo.

Numa tarde, descansávamos após o almoço, quando o capitão de nosso time, Leonardo, veio me procurar dizendo:

— Professor, preciso falar com o senhor.

— Fique à vontade, pode falar.

— É sobre o Sílvio, mas ele não pode saber que fui eu quem falei.

— Fique tranquilo, diga-me qual é o problema.

— O Sílvio distribui maconha e cocaína na porta da escola lá da vila.

Fiquei tenso, pois sabia que provavelmente era verdade e ele poderia ter trazido alguma droga naquela viagem, o que causaria muitos transtornos para todos nós.

Disse então ao garoto:

— Pode deixar que vou conversar com ele.

— Vê lá, hein, professor. Não vai dizer que fui eu quem falei, senão ele me mata!

— Fique calmo, rapaz! O Sílvio não vai matar ninguém, não!

Após Leonardo sair, fui procurar Sílvio e convidei-o a um passeio pelo clube.

Estava uma tarde de sol muito agradável naquele mês de julho, o que contribuía para aumentar a beleza do lugar. Andamos por um tempo sem trocas palavras, aproveitando aquele momento. Comecei a prestar atenção em Sílvio e, reparando que usava no peito um enorme crucifixo de prata, decidi começar o diálogo.

— Você é cristão?

— Sou. Acredito em Jesus.

— Isso é ótimo. É importante termos uma religião que ensine a trilhar os caminhos certos. Como vai sua família, Sílvio?

— Beleza, professor. Meus pais são legais, mas não têm muita grana.

— Mais um motivo para você estudar, trabalhar e se preparar para ajudá-los, não acha?

— É, professor, muito trampo! E depois eu tenho que me virar para cuidar do meu pretinho!

— Você tem filho?

— Tenho um moleque.

— Ouvi falar que você está metido com drogas, Sílvio. Isso é verdade?

— Ei, mano! Quem falou isso?

— Isso não importa. O que importa é que você está prejudicando as pessoas.

— Mas são elas que me procuram. Se não for eu, será outro.

— Você não precisa ganhar dinheiro assim, Sílvio! Eu posso conversar com Netinho e arrumar um trabalho no projeto para você. Você sabe o que significa este crucifixo que você tem no pescoço?

— Claro, mano!

— Cristo pediu amor entre as pessoas, pediu que elas se amassem e se respeitassem. Acha que faz isso quando vende droga a uma criança?

— Elas que me procuram, já disse.

— Isso não o isenta da responsabilidade. Vou colocar da seguinte forma, para sua melhor compreensão: e se um dia aparecesse um cara na escola de seu "pretinho" e oferecesse droga a ele? O que você faria?

— Eu encho o vagabundo de "bala"!

— Mas não é exatamente o que você está fazendo? Já parou para pensar quantos pais não gostariam de enchê-lo de tiros?

Nesse momento, Sílvio caiu em si. Parecia que colocando a situação inversa, ele, afinal, tinha compreendido quanto sofrimento e desgraça estava proporcionando a centenas de lares e famílias. Percebi que Sílvio estava envergonhado e tentava agora mudar de assunto. Foi ele quem voltou ao diálogo:

— Quando você vai me por pra jogar? Só fico no banco!

— Já disse. Você jogará melhor de zagueiro, pois poderá aproveitar melhor seu tamanho. Se fizer isso, logo se destacará, pois você tem potencial. Entretanto, você teima em jogar de atacante, não conseguindo render bem. Faremos amanhã nosso último jogo. Se você aceitar jogar na zaga, eu coloco você como titular, mas se quiser jogar no meu time, terá que parar com as drogas. O jogo de amanhã será o mais importante, pois o técnico adversário veio me procurar para saber se eu conhecia um zagueiro para levar ao Paraná Clube. Ele é olheiro de lá e pode ser uma ótima chance para você. O que me diz?

— Você me coloca como titular?

— Se cumprir sua parte, eu coloco você de titular do time.

— Fechado! Meu sonho é ser jogador profissional!

O que motivava aquele garoto era o que eu precisava saber, pois sabia que só dando um objetivo na sua vida iria tirá-lo do tráfico de drogas. Aproveitei a deixa e falei:

— Se fizer sua parte eu ajudo a realizar seu sonho, mas terá de se empenhar.

— Beleza, professor.

Assim ficou combinado.

No dia seguinte antes do jogo, eu chamei o técnico da equipe adversária e disse a ele:

— Hoje vou lhe mostrar um zagueiro que pode interessar. O nome dele é Sílvio, aquele negro alto. Ele é muito bom!

O técnico do outro time olhou-me com ar de desconfiança e perguntou:

— Então por que só o colocou para este jogo?

— Porque o meu projeto não tem como finalidade formar jogadores, mas homens. É um projeto social. E o Sílvio estava fora porque faltou com respeito a um colega. Nada grave, mas é importante que a correção seja feita.

Esse argumento pareceu convencer o técnico sobre a capacidade de Sílvio. Agora dependia dele no jogo do dia seguinte.

Estávamos no vestiário, momentos antes do jogo, e já tínhamos feito o aquecimento. Quando faltavam alguns minutos para o início da partida, chamei Sílvio de canto e disse-lhe:

— Hoje é sua chance de mostrar seu valor. Dê tudo de si, pois o olheiro do Paraná Clube está aqui para ver você jogar. Portanto, jogue sério, sem brincadeiras e coloque toda sua vontade até o final. Se fizer isso, vai dar tudo certo.

Fomos para o jogo motivados, e logo no início fizemos 1 x 0, o que deu maior tranquilidade à equipe.

O adversário começou a apertar, mas Sílvio era uma verdadeira muralha lá atrás, principalmente pelo alto.

Ao término do primeiro tempo, Sílvio tinha ganhado todas as disputas pelo alto. Somente atrapalhou-se um pouco quando saiu da área. Fomos para o vestiário e, no intervalo, conversei com o rapaz para que esse problema fosse resolvido. Mandei o médio-volante jogar um pouco mais atrás para que Sílvio não precisasse se expor tanto. Resolvido o problema, voltamos para o segundo tempo.

Aos 15 minutos, o adversário empatou em uma cobrança de falta. Mesmo assim, Sílvio continuava muito bem no jogo. Porém, eu sabia que ele precisaria realizar uma jogada de efeito para impressionar o técnico, e ela surgiu aos quarenta minutos do segundo tempo, quando saiu um escanteio a nosso favor.

Sílvio olhou para mim como quem quer ir para o ataque tentar o gol. Eu então gritei a ele:

— Vai logo de uma vez! Levanta os braços para o Henrique colocar esta bola em cima de você!

Lá foi o Sílvio correndo em disparada em direção à área do adversário.

Henrique cobrou o escanteio, e a bola começou a viajar. Parecia mesmo que ia na direção de Sílvio. O garoto subiu mais que todos e cabeceou sozinho para marcar 2 x 1!

Todos correram para abraçar Sílvio! Eu fiquei emocionado, pois sabia que aquele gol deveria mudar sua vida! Todos comemoramos muito. Assim, o juiz encerrou aquela partida.

Logo após o jogo, o técnico adversário procurou-me pedindo permissão para levar o Sílvio para o Paraná Clube. Expliquei que ele era um garoto de difícil temperamento e por isso deveria ser observada sua disciplina quando passasse a morar no clube. Disse ainda que seria responsabilidade do Paraná Clube obrigar Sílvio a estudar se quisesse permanecer na equipe, caso contrário o pai do rapaz não permitiria. O técnico aceitou, e ficamos de conversar com a família de Sílvio assim que retornássemos.

Quando contei a ele, ficou maravilhado com a notícia e aproveitei para cobrar que cumprisse sua parte no trato. Disse a ele:

— Eu fiz minha parte. Quero ver você fazer a sua. Se ficar sabendo que você continua vendendo drogas na escola, estará fora do futebol!

— Que é isso, mano! Tá me estranhando? Você acha que não vou cumprir? Da minha parte, tá tudo certo!

E então ficamos combinados.

Assim que voltamos, fui na cohab Carapicuíba, na casa de Sílvio. Um casal já de certa idade que se apresentou como os pais do garoto recebeu-me muito bem. Pessoas simples e humildes, porém percebi que eram todos muito corretos e honestos. Contei as novidades e pedi permissão a eles para que Sílvio pudesse ir à Curitiba. Após explicar os detalhes e ouvir as condições dos pais, tudo ficou combinado.

Quando estava saindo do apartamento e já ia pelo corredor, a mãe de Sílvio correu ao meu encontro, parou à minha frente e, de olhos rasos d'água, disse-me:

— Filho querido! Deus abençoe tudo que você está fazendo pelo Sílvio. Você nem imagina o quanto esta mudança é abençoada na vida de meu filho!

— Eu sei o quanto.

Naquele momento, ela soube que eu sabia de tudo a respeito do filho e me disse:

— O Sílvio não é mau! Ele só está mal-orientado pelas más companhias. Mas você já sabia de tudo. Mais um motivo para agradecer você, filho! Foi Deus que colocou você no caminho do meu Sílvio!

Dizendo isso, abraçou-me com enorme emoção.

Fiquei comovido com o amor daquela mãe e mais ainda em pensar que poderia mudar a vida daquele garoto de apenas 15 anos.

Um mês havia se passado quando Netinho de Paula mandou me chamar no projeto. Entrei em sua sala, e, após os cumprimentos triviais, ele tirou uma folha da gaveta e disse:

— Julio, dá uma lida nesta carta que recebemos do diretor do Paraná Clube.

Meu coração gelou! Meu Deus! Será que Sílvio aprontou alguma em Curitiba? Será que aconteceu algo com ele?

Imediatamente, pensei na responsabilidade que havia assumido, principalmente com a mãe daquele garoto.

Com as mãos trêmulas e o coração acelerado, segurei aquela folha e comecei a ler:

Querido Netinho.

Venho, através desta, parabenizá-lo pela iniciativa do seu projeto social que, em parceria com a Cooperesportes, vem fazendo um exemplar trabalho em toda a Grande São Paulo.

Agradeço também ao professor Julio Cesar, pela iniciativa e boa vontade que teve em nos encaminhar o jovem Sílvio. Este garoto, desde que aqui chegou, tem sido enorme exemplo a todos os outros, sempre se prontificando a ajudar, colaborar e acima de tudo dar o seu exemplo.

É o atleta que mais auxílio tem-nos prestado dentro do alojamento do clube.

Mantém-se dedicado aos treinos, sempre dando o melhor de si.
Na escola, Sílvio nos surpreende com as melhores notas.

Pedimos, portanto, a você e ao professor Julio para sempre que tiverem um garoto com todas estas qualidades que o encaminhem ao nosso clube.

Mais uma vez os parabenizo pelo excelente trabalho.

Cordialmente
Antonio Carlos
Diretor do Paraná Clube

Terminei aquela carta sem acreditar no que tinha lido!

Olhei para Netinho, que me sorria com seu jeito generoso. Foi ele quem quebrou o silêncio:

— Que maravilha, Julio! Parabéns pelo trabalho! Estamos começando a colher os frutos de nosso projeto esportivo.

— Sim, Netinho, é verdade. Estou orgulhoso pelo Sílvio! Mas sabe o que me entristece? Pensar que existem milhares desses meninos em toda a periferia, sofrendo enorme preconceito por serem pobres ou negros, crescendo revoltados e se perdendo nas drogas por não terem uma oportunidade na vida. E quando têm, olha o que acontece!

— É verdade! Façamos nossa parte. Vamos ajudar a todos que pudermos e aqueles que merecem ser ajudados. O resto, deixemos nas mãos de Deus.

Quando saí da sala de Netinho, eu pensava na mãe de Sílvio e em como ela deveria estar feliz pelo sucesso do filho. Em breve, aquele menino seria um jogador profissional e poderia então ajudar sua família. Mais uma vez eu via a grandeza de Deus...

Algum tempo depois, Netinho de Paula resolveu sair do Negritude Junior e começar sua carreira solo. O projeto foi separado e infelizmente nós encerrávamos aquela parceria que tinha dado tantos frutos. Porém, o projeto social Negritude Junior continuaria e, além disso, o Netinho já tinha articulado outro programa social de ajuda aos moradores da cohab Carapicuíba.

FOTO 36 – Escola de futebol – Projeto Negritude Junior.

NASCIMENTO DE LEONARDO

Nessa época, minha esposa ficou grávida e foi com enorme emoção que, no quarto mês de gravidez, ela chegou em casa após mais um exame de ultrassom e me disse:

— Hoje deu para ver o sexo do bebê. Sabe qual é?

Eu estava ansioso, preparando-me para ouvir o que viria.

— Você vai ser pai de um molequinho!

Uma avalanche de emoções explodiu no meu peito e eu chorei de alegria!

Por mais que eu não fosse uma pessoa machista, gostaria de ter como primeiro filho um menino. Talvez pela identificação com o futebol, um menino era a continuação do próprio pai! Entretanto, como um paradoxo, sempre pensei que jamais iria incentivar meu filho a jogar futebol. Preferia que estudasse e seguisse outra carreira. Não jogaria aquele peso sobre meu filho e nem criaria falsas expectativas para seu futuro.

Comecei a fazer planos para quando ele nascesse, e assim começamos a escolher seu nome, pintar o quarto, comprar o enxoval, e, quando estava tudo preparado, minha expectativa para seu nascimento era enorme.

Chegara o grande momento, o dia em que meu filho nasceria. Eu iria assistir ao parto. Os preparativos para a cesariana haviam começado. Estava nervoso, rezando para que tudo desse certo. Segurava a máquina fotográfica em um canto da sala de cirurgia pensando se conseguiria tirar algumas fotos. De repente, o médico avisou que traria meu filho para a vida e, quando isso aconteceu, mesmo com a pouca audição que me restava, eu ainda pude ouvir o choro forte do meu filho que acabava de nascer.

Eu chorava muito enquanto tirava fotos com a mão trêmula e posso afirmar sem nenhum medo de errar que esta foi a maior emoção que eu vivi.

Após limpá-lo, a enfermeira colocou meu filho em meus braços e pude sentir o calor daquele bebezinho recém-nascido que era um pedaço de mim!

Eu era pai! Esse foi o dia mais feliz da minha vida!

Foi com enorme alegria que, dois dias depois, eu chegava em casa com Leonardo nos braços e mostrei a ele com que amor tudo que fora preparado para sua chegada em nossas vidas.

Como havia prometido, nunca dei uma bola ou camisa deste ou daquele time a meu filho, pois sabia que ele sofreria enorme pressão psicológica pelas cobranças sociais que inevitavelmente o comparariam ao pai, e eu sabia o quanto isso poderia ser prejudicial a ele. Para piorar a situação, ele era muito parecido comigo, tanto física quanto emocionalmente. Com alguns meses, ele não desgrudava de mim e tínhamos uma afinidade tão grande que chegava a causar ciúmes na própria mãe! Leonardo havia superado todas as expectativas que eu poderia ter feito sobre ele!

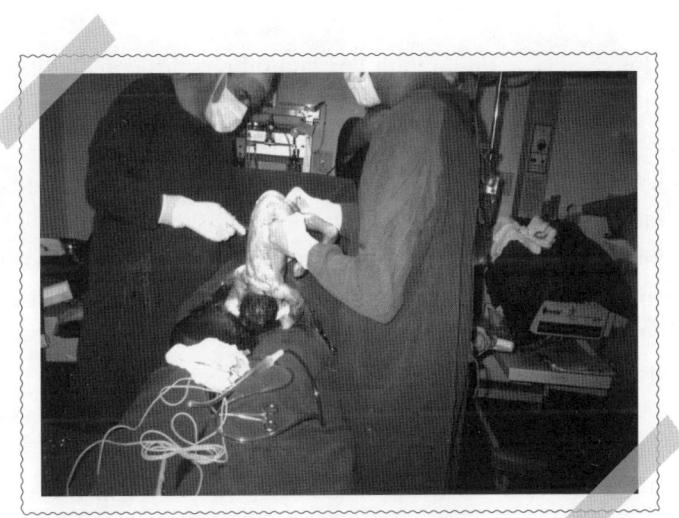

FOTO 37 – Nascimento de meu filho Leonardo.

Parque da Aclimação

Logo após o nascimento de meu filho, saí do projeto Negritude Júnior e fui então transferido para o Parque da Aclimação.

O "parque", como era chamado, era o local de maior estrutura, entre todos os polos esportivos da prefeitura de São Paulo. Foi a primeira escola de futebol em toda a América Latina com o intuito de atender gratuitamente a crianças e adolescentes de baixa renda.

Não foi uma coincidência eu ter sido transferido exatamente para lá, mas na época, obviamente, eu não sabia disso.

Desde o diretor até o mais simples servente, todos eram pessoas simpáticas e solícitas. O ambiente era de união e harmonia, o que facilitava muito o desenvolvimento de projetos pioneiros que sempre eram enviados para serem realizados naquele polo, exatamente por ter todas essas características.

Eu havia criado duas turmas de futebol e seguia normalmente meu trabalho com jovens carentes.

Nessa época, eu já tinha enorme dificuldade em escutar, mesmo com o auxílio do aparelho auditivo mais potente, e, para piorar a situação, o processo da perda auditiva continuava.

Um dia, resolvi ir ao Corinthians fazer uma visita ao meu amigo dr. Joaquim Grava.

Iniciamos uma animada conversa falando de épocas passadas dos tempos de juvenis, um bate-papo que inevitavelmente vinha à tona pelas lembranças daquela época feliz. De repente, o dr. Joaquim virou-se para mim e disse:

— Julio, você está surdo! Eu estou falando e você não está nem respondendo!

— Desculpe, Joaquim, mas não ouvi você dizer nada!

— Nossa! Você está ruim mesmo! Mas está de aparelho, não está?

— Estou sim, mas confesso que nem ele está mais ajudando. Faz dez anos que eu vou de clínica em clínica, hospital em hospital, centros de diagnósticos, devo conhecer todos de São Paulo!

Joaquim deu uma gargalhada e eu continuei:

— Pior que nem descobri a doença!

— Eu vou levar você a um amigo que é um dos melhores otorrinos do mundo. Se ele não ajudar, só mesmo o próprio Deus conseguirá isso!

Após essa conversa, fiquei com maior esperança em saber o motivo de minha surdez, mesmo que ela não mais tivesse cura. Assim, fui procurar aquele que poderia ser o anjo que me devolveria a audição.

Levaria todos os exames de tomografia, radiografias e audiometrias que havia realizado durante todos aqueles anos, mesmo sabendo que provavelmente de nada adiantariam, pois todos os médicos haviam sido categóricos em dizer que não havia explicação para meu problema e que ninguém conseguiria me curar.

De qualquer forma, nada custaria levá-los... Quem sabe?

Depoimento do Dr. Joaquim Grava

FOTO 38 – Joaquim Grava.

Como todos que leram o meu livro sabem, a minha origem é humilde. Com 11 anos, o meu sonho era ser jogador de futebol, mas uma lesão no joelho esquerdo fez que eu mudasse o rumo da minha vida. Prometi a minha mãe, Tite, que seria médico, ortopedista, cirurgião de joelho, médico do Corinthians e Seleção Brasileira. E o destino e Deus fizeram que o sonho e a promessa fossem realizados.

Essa trajetória fez que eu conhecesse e pudesse conviver com pessoas maravilhosas como o Julio Cesar. Acompanhei sua vida como jogador e pessoa e aprendi a admirá-lo como um exemplo de ser humano.

A sua surdez não significa nada, Julio, o importante é o seu caráter e a personalidade que tem.

Obrigado por você existir.

O dr. Antonio Douglas Menon era considerado um excelente médico em sua especialidade. Fiquei abismado ao entrar em seu consultório e ver a parede forrada de diplomas de todas as partes do mundo. Aquilo deixou-me muito confiante.

Ele recebeu-me com enorme simpatia e cordialidade. Era palmeirense roxo, e após trocarmos algumas palavras sobre futebol comecei a explicar como aquele processo de surdez havia começado.

O dr. Menon fez uma lavagem em meu ouvido e, após verificá-lo minuciosamente, encaminhou-me para a audiometria. Em seguida, perguntou-me:

— Quais são os exames que você tem em mãos?

— Todos estes.

Entreguei a ele aquele enorme pacote.

— Vamos pegar somente os mais recentes.

Começou a olhar um a um.

Eu estava tenso. Minha respiração era ofegante, pois estava prestes a descobrir o motivo de minha surdez e se, de fato, teria cura. Eu não cabia em mim de tanta ansiedade.

Então, o dr. Menon, após examinar tudo, olhou para mim de um jeito simpático e paternal e começou a dizer o que eu esperava saber há mais de dez anos:

— Seu problema é muito comum. Chama-se otosclerose. É, na realidade, uma enorme calcificação que você tem nos ossos de todo o organismo e não somente no ouvido. Ele atinge os ossos do ouvido médio, bigorna, estribo e martelo, que têm a função de vibrar para a passagem do som, como se fosse um sino. O que acontece é que essa calcificação endurece esses ossos a ponto de eles não mais vibrarem, e o som não se propaga para o ouvido profundo. Esses ossos poderiam ser facilmente substituídos por próteses e você voltaria a ouvir normalmente, entretanto, a sua calcificação é tão violenta que de nada adiantaria, porque, dentro de seis meses, estaria calcificada toda a concavidade do ouvido médio, o que resultaria no mesmo problema. Você tomou alguma medicação a base de cálcio na infância?

Lembrei do problema de meu nascimento e tudo por que minha mãe passou para que eu tivesse uma chance de viver.

Lágrimas brotaram-me nos olhos, em um sentimento dúbio de todo amor de minha mãe e toda a tristeza de saber que meu problema não tinha cura.

O dr. Menon colocou sua mão em meus ombros e olhou-me com enorme carinho e solidariedade. Agora sabia por que ele era considerado um dos melhores do mundo!

Além do grande conhecimento em sua área médica, havia desenvolvido enorme sensibilidade espiritual para saber que grande parte do tratamento era exercido sobre a alma do paciente, principalmente no momento da revelação do diagnóstico. Como conduzir psicologicamente o paciente a partir daí poderia fazer toda a diferença na vida da pessoa, havendo ou não a cura.

Respondi a ele:

— Sim, doutor, tomei.

Comecei a relatar todo o problema que minha mãe teve durante a minha gestação e toda a coragem que ela teve para que eu nascesse.

Quando terminei aquele relato, o dr. Menon me disse:

— É exatamente essa a causa do problema. Porém, você é um iluminado, pois deve agradecer, todos os dias, pela mãe que tem. Qualquer outra no lugar dela teria feito o aborto, pois corria risco de vida! Sua surdez é um custo muito baixo a pagar pela oportunidade de viver, olha quanta coisa grande você já fez! Além disso, você pode treinar leitura labial com uma fonoaudióloga e levará uma vida normal. Seu único mal é que foi encaminhado para o time errado!

E passamos a dar boas gargalhadas!

Aquele homem tinha o dom de devolver a alegria e a esperança às pessoas, enquanto todos os outros médicos pelos quais eu havia passado, além de nada saberem a respeito do diagnóstico, não tinham a menor sensibilidade com seus pacientes. Porém, mal sabiam eles que o verdadeiro médico sabe que a causa da maioria das doenças está no espírito, para somente depois manifestar-se no corpo, e que todo tratamento só terá eficácia se feito paralela e simultaneamente de forma integral.

Após um tempo, já me levantando para sair, veio à mente uma terrível possibilidade e, preocupado, perguntei ao dr. Menon:

— Meu filho pode herdar esta doença?

— Sim, Julio, infelizmente sim.

Eu estava preparado para enfrentar qualquer coisa, mas não suportaria ver Leonardo naquela situação.

FOTO 39 – Eu e Leonardo.

Na primeira oportunidade que tive, recolhi-me a um local tranquilo, fiz um relaxamento e liguei-me com o alto para outra conversa:

— Descobri o problema da minha surdez, que não tem cura! Por que eu? Preciso saber o motivo disso tudo. Nunca prejudiquei ninguém! Ajudo a quem eu posso! Por que eu?

Enfim, Deus me respondeu:

— PORQUE VOCÊ TEM A FORÇA, A CORAGEM E O IDEALISMO NECESSÁRIOS PARA DESBRAVAR CAMINHOS QUE POSSIBILITARÃO A SUA EVOLUÇÃO E A DE MUITOS!

— Eu não podia desbravar esses caminhos sem ter de ficar surdo?

— INFELIZMENTE, NÃO. NO ESTÁGIO EVOLUTIVO QUE SE ENCONTRA, VOCÊ AINDA PRECISA DE UM ESTÍMULO PARA SE COLOCAR NO LUGAR DO OUTRO PARA SABER SUAS NECESSIDADES. ALÉM DISSO, VOCÊ OUVIU POR TEMPO SUFICIENTE PARA ESCUTAR O DELÍRIO DA TORCIDA A COMEMORAR OS SEUS GOLS OU MESMO A CLAMAR PELO SEU NOME. NÃO ACHA QUE É CHEGADO O MOMENTO DE DAR UM POUCO DE SI?

— Eu acho. Só não estou certo de que precise ser dessa forma.

— TODO TRABALHO, TODA AJUDA EXIGE ENORME SACRIFÍCIO E UMA BOA DOSE DE RENÚNCIA! CONFIE EM MIM! EU SEMPRE FAÇO O MELHOR. MESMO QUANDO VOCÊ NÃO ESTÁ PREPARADO PARA ENTENDER.

— E por que não me disse isso logo de uma vez?

— PARA QUE VOCÊ BUSCASSE A RESPOSTA.

— Estudei Filosofia e Teologia, venho me dedicando cada vez mais a ajudar as pessoas que precisam de amparo, há anos procuro entender tudo isso, e hoje sei que deve haver um grande motivo para eu ter ficado surdo.

— VOCÊ FOI ENCAMINHADO A ESSES ESTUDOS. PORÉM, MAIS UMA VEZ, FEZ A ESCOLHA CERTA E SE DEDICOU AO APRENDIZADO. PARABÉNS! AGORA VOCÊ ESTÁ PRONTO! EM BREVE, SABERÁ DOS MEUS PROPÓSITOS!

Eu acreditava no que Ele me dizia, pois Deus, para mim, era bom e haveria de me dar uma justificativa razoável para tudo aquilo que estava me acontecendo.

Um mês havia se passado, e eu aguardava ansioso por alguma revelação.

Parte segunda

Capítulo Cinco

Superação da Surdez

Verdadeira missão

— Quero dar a todos vocês os parabéns! Conseguimos criar 65 escolas de esportes por toda a periferia de São Paulo. Beneficiamos milhares de crianças carentes com nosso projeto. Somente ídolos como vocês para conseguir êxito junto a esses garotos e também a suas famílias. A partir desse projeto, esses meninos terão oportunidade na vida e poderão ter a chance de se tornarem campeões como vocês. Se não conseguirem no futebol, conseguirão na vida, pois com certeza serão cidadãos melhores e mais conscientes do seu papel social.

Na primeira reunião após um ano do início do nosso projeto esportivo, o diretor Célio nos congratulava pela formação das escolas de esportes que havíamos desenvolvido. Foi quando ele disse uma frase que mudou completamente toda a minha vida.

— Mas ainda tenho um sonho que eu não consegui realizar e gostaria da ajuda de um de vocês para isso. Eu gostaria de criar uma escola de esportes especial. Quero que seja uma escola de esportes para deficientes.

Quando aquele homem disse aquilo, uma ponta de esperança brotou em meu coração, pois eu sabia que era Deus me falando do propósito da minha surdez.

Assim que o diretor acabou de falar, corri ao seu encontro e aceitei prontamente aquele novo desafio que era a motivação que faltava para eu superar meu problema auditivo, e tudo que havia sido motivo de tristeza até então passou a ser o maior estímulo de minha vida.

Assim terminava aquela importante reunião, que seria o início de um gigantesco salto que seria dado para a educação de pessoas surdas e, consequentemente, sua inclusão social. Marcamos uma reunião para o dia seguinte a fim de tratar da nova escola. Além de Célio, compareceram todas as pessoas que estariam envolvidas no projeto. Célio deu-me carta branca para começar e, pelo fato de ser surdo, eu seria o coordenador geral do projeto.

O primeiro passo era mapear onde e como vivia a pessoa surda. Para isso, eu comecei uma pesquisa pela internet.

Eu procurei por esporte para surdos, futebol para surdos, educação esportiva para surdos, mas nada encontrei. Pensei: "Meu Deus! Onde vou encontrar tantos surdos para montar um projeto? Sei que foi o Senhor quem me direcionou para isso. Já é hora de essas crianças surdas terem oportunidade. Mas onde elas estão? Não é possível que o Senhor me trouxe até aqui para terminar neste beco sem saída. Preciso encontrar esses surdos!"

Certo dia, estava indo ao Parque da Aclimação para mais um treino, quando, "acidentalmente", perdi-me por uma rua lateral. Estava parado no semáforo, quando reparei em uma placa que dizia: *"Cuidado! Escola de surdos"*.

Eu não acreditei no que estava vendo!

Naquele momento, novamente Deus carregava-me no colo para que eu trilhasse os caminhos necessários para a realização daquele importante projeto. Ao ver que encontrara a provável solução para meu maior problema, fiquei ainda mais motivado.

É incrível como Deus se faz presente durante nossa vida, mostrando-nos sempre o melhor caminho, seja por um amigo, um desconhecido ou até mesmo ao "acaso", conforme costumamos dizer. Mesmo assim, nossa falta de fé e sabedoria nos torna céticos na única força que podemos confiar de todo coração! O amor de Deus, a força que rege todo o Universo!

Chamei o diretor do Parque da Aclimação, José Orlando, para que me acompanhasse até a escola de surdos onde saberíamos da possibilidade de criarmos, ali, o primeiro projeto de futebol para surdos.

Ao chegarmos, fomos muito bem recebidos pela diretoria do colégio Helen Keller, que prontamente aceitou colaborar para a criação da primeira Escola de Futebol de Campo para Surdos. Segundo a diretora, nada se fazia em prol da educação daquelas crianças na área esportiva. Percebi que ficaram felizes por saberem que agora proporcionariam esporte para todas elas!

Quem ficou a cargo da organização, junto conosco, foi a coordenadora da escola, a sra. Maria Inês, que era uma das mais animadas de todos.

Imediatamente, começamos a elaborar o programa. Iniciaríamos pelos alunos mais velhos, entre 14 e vinte anos, pois já tinham uma certa autonomia para ficar após as aulas, quando então faríamos os treinos no campo do Parque da Aclimação. Esses alunos estudavam no período da manhã, entre 7 e 11 horas. Terminada as aulas, os estudantes tomavam o lanche que levávamos da secretaria de esportes e iam para o treino de futebol. Após o treino, por volta das 14 horas, eles voltavam para a escola, almoçavam e iam para suas casas. A participação no projeto de futebol era alternativa, mas percebemos que estava sendo muito bem aceita, já que nunca ninguém se preocupou em oferecer nenhum outro projeto semelhante para aqueles jovens. Após tudo organizado, marcamos a data de início.

FOTO 40 – Colégio de surdos Helen Keller, São Paulo.

Quando cheguei no Parque da Aclimação para o primeiro treino, fiquei muito emocionado ao ver mais de oitenta alunos surdos dentro do campo.

No olhar, eles refletiam emoção e excitação, pois pela primeira vez tinham a oportunidade de entrar em um campo de futebol e fazer aquilo que tanto amavam, e fiquei muito feliz em saber que eu, com meu trabalho, estava proporcionando a eles aquela chance.

Naquele momento, olhei para o céu envergonhado por achar que Deus havia me castigado pela surdez, quando na realidade Ele havia me escolhido para desenvolver este projeto que deveria beneficiar milhares de crianças surdas!

Novamente, ecoou a seguinte frase na lembrança:

"O TRABALHO MAIS IMPORTANTE QUE VOCÊ REALIZARÁ AINDA ESTÁ POR VIR!"

Sabia que esse momento havia chegado. O trabalho mais importante de minha vida seria educar aqueles meninos pelo esporte e mostrar a todos que é possível que a pessoa surda tenha as mesmas qualidades e habilidades que uma pessoa comum, desde que seja oferecida uma oportunidade para isso.

Meu trabalho com crianças carentes tinha me dado a experiência necessária para a realização desse projeto com deficientes. Um trabalho pioneiro de que toda uma comunidade viria a se beneficiar.

O fato de eu ter sido jogador do Corinthians facilitava muito para que eu o realizasse, pois chegava às escolas como ídolo daquelas crianças. Além disso, eles sentiam certo orgulho de ver um jogador do Corinthians surdo como eles. Passei a ser uma referência para todos os meus alunos.

Pensei em como a vida é perfeita e como cada acontecimento tem a hora certa e sua razão de ser, conduzindo-nos para caminhos de desenvolvimento dos quais todos nos beneficiamos.

Eu estava orgulhoso de ter sido o escolhido de Deus para a realização desse projeto, mas, para isso, eu precisei sentir na pele os problemas que aquelas crianças enfrentavam, pois eu não tinha um desenvolvimento pessoal elevado a ponto de me sensibilizar sem que passasse por aquilo, um preço baixo a pagar pela contribuição que daria ao desenvolvimento das qualidades e das habilidades necessárias à inclusão social do surdo.

Era chegado o momento de essas pessoas começarem a tomar seu lugar na sociedade, que por tanto tempo havia sido negado a eles!

DEPOIMENTO DE VANESSA VIDAL

FOTO 41 – Vanessa Vidal.

Grande Julio Cesar!

Tive a honra de conhecê-lo em Fortaleza, por ocasião de sua visita à minha maravilhosa e acolhedora terra natal.

Nos campos de futebol, em grandes clubes como o Corinthians, fez memoráveis jogadas. Como que imitando a arte, a vida fez-lhe jogadas marcantes: Julio perdeu a audição aos 30 anos.

Aguerrido, assim como eu, conseguiu superar o fato muito bem. Assumiu sua nova identidade surda (surdez híbrida: surdo falante fluente da língua portuguesa). Procurou conhecer e assimilar a cultura surda, tornando-se bicultural.

Para mim, que nasci surda, assimilar minha própria cultura foi perfeitamente natural. Para ele, que depois de adulto ficou surdo, assimilar essa cultura foi um de-

safio e uma necessidade imperiosa de inclusão. Com toda certeza não foi fácil. Isso o torna mais admirável.

A comunidade surda, como a maioria das minorias, precisa de apoio. Como fazedores de opinião, almejamos o melhor para nossos pares.

Profissionalmente, somos incansáveis na labuta, dando, cada um do seu jeito, exemplo prático de superação sem hipocrisia.

Aliamo-nos na luta contra o preconceito e para a eliminação de barreiras que impedem a acessibilidade. Os diferentes têm que ser respeitados. A inclusão precisa ser mais e melhor defendida.

Com certeza, faremos muitos e belos gols nas jogadas da vida.

Escola de Futebol de Campo para Surdos

O projeto-piloto que criamos na Aclimação era realizado da seguinte forma:

Faixa etária: de 14 a 21 anos;
Sexo: masculino e feminino;
Modalidade esportiva: futebol de campo;
Local: campo de futebol do Parque da Aclimação;
Dias da semana: 2ª, 4ª e 6ª feira;
Horário: das 12 horas às 14h30.

FOTO 42 – 1º Treino com alunos surdos do Colégio Helen Keller.

Tive que usar toda minha criatividade para desenvolver esse projeto. Para isso, chamei o Dudu para me ajudar. Dudu havia sido um grande jogador do Palmeiras na época áurea da Academia. Foi um dos melhores marcadores do Pelé! Além disso, eu já o conhecia, pois tinha treinado com ele no Juventus quando me preparei para ir à Bélgica. Dudu havia sido treinador de futebol após encerrar sua carreira e tinha uma boa experiência com garotos. Nesse primeiro treino, tivemos muita dificuldade, pois não sabíamos falar o idioma do surdo (Libras – Língua Brasileira de Sinais). Percebi, porém, que alguns dos alunos escutavam relativamente bem com a ajuda de aparelhos auditivos.

Chamei um aluno que me pareceu mais apto e expliquei a ele que deveria ser meu intérprete; além disso, ele poderia me ensinar gradativamente a falar aquele idioma que eu tanto desejava aprender.

Resolvido esse problema inicial, separamos as equipes e explicamos como deveria ser o treino. Colocamos os dois primeiros times para começar o jogo.

Estava observando os garotos, quando, de repente, vi o Dudu lá no meio do campo com o apito na boca.

Pensei comigo: "Será que o Dudu está apitando o treino desses meninos?".

Como eu também não ouvia mais nada, fiquei olhando para ver o que ele faria com aquele apito. De repente, vejo o Dudu assoprando o apito com toda força. Gritei então a ele:

— Dudu! Você está apitando o treino dos meninos?
— Tô sim, Julio! Pode deixar comigo!
— Mas os meninos são todos surdos, Dudu!
— É mesmo, Julio! E agora? Como é que nós vamos fazer?
— Pelo amor de Deus, Dudu! Sai do meio do campo e para de apitar!

Peguei um dos coletes que nós usávamos para diferenciar um time do outro e passei a rodá-lo acima da cabeça.

Os alunos, porém, não prestaram a menor atenção aos meus movimentos. Sequer olhavam para mim e continuavam correndo com a bola!

Quanto mais eu rodava o colete, mais eles corriam com a bola. Só pararam quando fizeram o gol e foram comemorar, pulando um em cima do outro.

Quando estavam voltando para o reinício da partida e perceberam que eu havia anulado o gol, começaram a me xingar de juiz ladrão!

Eu parei o treino e os chamei. Coloquei-os à minha frente e então disse:

— Faz cinco minutos que estou rodando este colete acima da cabeça e ninguém sequer olha para mim. Nós somos surdos, não ouvimos e por isso precisamos olhar mais. Só assim receberemos maior informação do mundo.

Comecei a imaginar como poderia estimular aqueles garotos a olharem para mim.

Decidi criar um incentivo. Disse então a eles:

— Quem ver primeiro eu rodar o colete acima da cabeça ganhará a posse da bola, mesmo que for da equipe que tiver cometido a falta.

Pronto! Era exatamente o que faltava para que eles se interessassem. Agora não mais jogavam, pois todos corriam pelo campo olhando para mim!

Nesse primeiro treino, percebi que os alunos tinham enorme dificuldade nos aspectos físico, psicológico e social que provavelmente eram decorrentes da falta de oportunidade de experimentar.

A coordenação motora era horrível. Eles se chocavam entre si nas jogadas mais banais. Quando isso ocorria, um saía xingando o outro. Alguns queriam ir embora, dizendo que aquele jogo era muito violento e não queriam se machucar. Outros pegavam a bola, chutavam para frente e corriam em disparada atrás dela. Quando chegavam ao final do campo, não conseguiam parar em razão da velocidade. Chocavam-se então contra o alambrado, muitas vezes se machucando. Percebi que eles não tinham a menor noção de distância e espaço.

Após cada equipe jogar um pouco, nós já tínhamos ideia do trabalho que seria educar aqueles alunos.

A coordenação motora era o pior aspecto e o que mais saltava aos olhos. Resolvi que seria necessário realizar treinos de fundamentos do futebol (passe, chute, domínio de bola, cabeceio etc.). Apesar de os alunos não gostarem, pois preferiam o jogo propriamente dito, seria necessário passar por esse aprendizado para que desenvolvessem maior coordenação motora e conseguissem jogar com o mínimo de destreza.

No início, eles tiveram enorme dificuldade em acertar a direção de chutes e passes. Não tinham o menor controle sobre os movimentos e nem mesmo sabiam calcular a força que deveriam imprimir na bola, com relação à distância.

Reparei, entretanto, que, como qualquer outra pessoa, aquilo ocorria por falta de oportunidade, pois em muito pouco tempo a evolução do aprendizado em nada era diferente de um garoto ouvinte.

Passamos a exercícios mais complexos, e aprenderam a dominar a bola no peito, na coxa e como cabecear.

Após trinta dias, estávamos mais aptos a realizar uma partida de futebol.

Passei então a alternar treinos coletivos (jogos) com treinos técnicos (exercícios com bola) para aumentar a destreza dos alunos.

O grau de dificuldade era aumentado conforme houvesse evolução por parte de cada um.

Começamos a realizar cobranças de escanteio, cruzamentos, lançamentos, cobranças de faltas e pênaltis etc.

Alguns treinos me chamaram muito a atenção, como o caso dos cruzamentos e dos cabeceios. Comecei a notar que os atacantes pulavam a mais de cinco metros de onde a bola caía.

Fiquei imaginando por que eles tinham tanta dificuldade em cabecear a bola e me perguntava: "Será que, além de surdos, alguns deles podem enxergar mal?".

Após questioná-los sobre isso, ficou constatado que não. Todos enxergavam muito bem.

Era a falta de cálculo aerotemporal! Ou seja, não sabiam calcular a trajetória da bola com relação à força ou à altura. Consequentemente, não sabiam onde a bola cairia!

Passei a ensiná-los e deixei que aprendessem com os próprios erros e experimentação.

Passado um mês, eles já conseguiam cabecear 80% das bolas cruzadas.

Após um tempo, as mães dos alunos começaram a me perguntar o que eu tinha feito nos treinos, pois seus filhos estavam mais confiantes, mais atenciosos e observadores e estavam conseguindo atravessar a rua com maior segurança! Expliquei que o cálculo da trajetória da bola que eles desenvolveram nos treinos era a mesma trajetória dos carros na rua, o que resultou em enorme independência daqueles garotos surdos, que agora não mais dependiam dos pais para andarem sozinhos pela cidade.

Outro tipo de treinamento que muito me chamou a atenção foi a cobrança de faltas, afinal todos os alunos adoravam tentar fazer o que somente os melhores jogadores profissionais conseguiam realizar: o gol de falta. Formávamos a "barreira" e revezávamos na cobrança entre todos.

Percebi que, no início, houve grande dificuldade, mas após exaustivos ensinamentos, eles começaram a acertar o gol, colocando a bola por cima da barreira.

A partir daí, foi fácil para que acertassem o ângulo direito ou esquerdo do goleiro, fazendo belos gols como alguns dos ídolos de seus times faziam.

Reparei que essas vitórias traziam enorme benefício no aspecto psicológico desses alunos, pois ao marcarem os gols saíam dali com o peito estufado com orgulho e autoestima! Comecei a reparar que eles adquiriam muita confiança em si próprios, pois começaram a perceber que, se tivessem oportunidade e vontade de aprender, poderiam conseguir vitórias como qualquer pessoa comum. Eu anotava todos esses fatos do dia-a-dia de nossos treinos para futuramente ter um histórico geral sobre o projeto. Anotava, inclusive, como tinham sido desenvolvidos todos os exercícios e métodos de aprendizado. Eu começava, assim, a criar um conceito que ninguém jamais tivera interesse: educar o surdo pelo esporte.

Um ponto importante que notei quando iniciamos o projeto foi a falta de confiança e a baixa autoestima. Os alunos chegavam olhando para a ponta de seus pés. Após seis meses de treinos, chegavam me olhando nos olhos!

Paralelamente aos treinos, eu conversava muito com mães, diretoras, professoras e os próprios alunos para saber o motivo dessa grande diferença no desenvolvimento de habilidades e qualidades que, somente pela surdez, não seria motivo de estarem tão aquém de uma pessoa comum.

Dessa forma, fui mapeando os motivos, colhendo dados e chegando a algumas conclusões importantes.

ORIGEM DA EXCLUSÃO

Os transtornos têm início na família, a partir da constatação da surdez, principalmente em crianças pré-linguísticas (antes de aprenderem a falar, ler e escrever). Após o processo de aceitação dos fatos (nenhum pai está preparado para ter um filho deficiente), a família começa a procurar uma forma de conseguir conviver com a diferença do filho da maneira mais natural possível. Porém, quase sempre existe a falta de recursos financeiros para contratar profissionais habilitados a qualificar a comunicação do surdo, como fonoaudiólogos, escolas particulares especializadas em educar crianças com esse tipo de deficiência (onde irá interagir com outros surdos) e curso de Libras (não só para a criança surda como também para a família). Geralmente, as famílias têm outros filhos, quase sempre ouvintes. Após algum tempo de tentativas sem sucesso em obter uma comunicação satisfatória entre o filho surdo e a família ouvinte, inicia-se o processo de exclusão, afinal é mais fácil ignorar o surdo do que tentar se fazer entender por ele. Aos filhos ouvintes, são dadas todas as oportunidades de aprendizado e experimentação. Eles podem brincar nas ruas com os amigos, desenvolvendo todas as suas habilidades, e podem usar o computador em casa ou na escola. Porém, ao filho surdo é negada essa oportunidade, pois os pais temem pela sua integridade física. Sozinho e sem participar de brincadeiras, o surdo não tem para onde canalizar suas energias e se torna uma criança nervosa, introspectiva, insegura e até hostil ao mundo ouvinte. Começa, então, uma ruptura social.

Assim, nasce então o sentimento de incapacidade que gera a frustração da criança e da família. Geralmente, a família compensa o sentimento de culpa, permitindo o comportamento abusivo sem nenhuma imposição de limites ou noção de responsabilidade ao filho surdo. Este, por sua vez, aproveita-se ao máximo dessa situação, aprendendo desde cedo a usar a chantagem emocional ("síndrome do coitado") e a não-capacidade como formas mais fáceis de atingir seus objetivos. Entretanto, mal sabe o ônus e as dificuldades que estará acumulando para conquistar uma vida adulta independente e feliz.

Esse triste quadro poderia ser facilmente resolvido ou, em grande parte, amenizado, se fosse obrigatório o exame de audição em recém-nascidos. A partir daí, o Estado e os municípios poderiam, por meio das suas secretarias de educação e saúde, criar uma estrutura para dar início não só ao aprendizado eficiente por meio de pedagogias próprias, para que o surdo seja preparado para uma vida comum, mas também às informações e ao apoio necessários para que toda a família seja preparada para lidar com a situação de educar e interagir com o filho surdo de uma forma eficiente e inclusiva, como se faz com um filho não deficiente. Obviamente, sempre deverá ser respeitada a diferença existente entre surdos e ouvintes. Porém, infelizmente esse exame é opcional e só o realizam aqueles que têm condições financeiras mais confortáveis.

Após alguns anos, vivenciando esse relacionamento neurótico com a família, o surdo chega à escola. Teoricamente, a escola especial deveria ser o local onde os jovens pudessem, de fato, qualificar-se para enfrentar os obstáculos normais da vida futura, somados aos obstáculos específicos que terão em virtude da surdez.

Entretanto, o que encontramos na maioria das escolas é uma completa falta de estrutura, não só pela ausência de espaço físico adequado como também pela enorme burocracia para resolver os problemas básicos do dia-a-dia. Além disso, não há uma definição de metodologia de ensino eficaz, principalmente no ensino da língua portuguesa que, para o surdo pré-linguístico, é como um segundo idioma, o que gera constantes mudanças e verdadeiros experimentos nas escolas especiais. Tudo isso contribuía para que aquelas abnegadas professoras perdessem a motivação para cumprir a contento seu papel não só de professoras, mas também (e principalmente), de educadoras. Na realidade, nesse ambiente educacional, cuja predominância é do sexo feminino, onde não existem professoras surdas, mas somente ouvintes, o sentido maternal muitas vezes falava mais alto, permitindo enormes abusos de comportamento por parte dos alunos surdos, como escolher o que fariam (e se fariam) durante as aulas, o que jamais aconteceria em escolas comuns. Isso prejudicava muito a educação daquelas crianças.

Sempre que possível, eu procurava mostrar a todos o erro que estaríamos cometendo sempre que fôssemos condescendentes com esse tipo de procedimento e ficava imaginando o que mais eu poderia fazer para conscientizar as pessoas das reais necessidades educacionais da criança surda.

LIBRAS E A CULTURA DO SURDO

Agora, como surdo, passei a entender melhor aquele universo. Até meu comportamento havia mudado radicalmente. Evitava festas, não tocava mais violão, não ouvia música e nem via mais televisão como antes. Meu aprendizado e minha interação com o mundo passaram a ser feitos de forma visual. Isso facilitou a minha aproximação com a comunidade surda e até me fez entender melhor quais eram suas necessidades. Eu sofria muito preconceito, principalmente com atitudes que geram certas barreiras, e podia ter uma ideia de tudo que o surdo passava quanto à interação com pessoas ouvintes. Na realidade, isso acontecia, em grande parte, por falta de informação e hábito, pois o ouvinte não conhecia nada do universo do surdo pela própria falta de convivência com ele. No meu entendimento, isso era um grande erro, pois os surdos poderiam ter sua comunidade, sua cultura e seu idioma, mas deveriam promover maior interação surdo/ouvinte, ajudando a desfazer essa barreira. Da mesma forma, os ouvintes deveriam se aproximar mais das comunidades dos surdos, pois muito aprenderiam com ela. Com o passar do tempo, fui percebendo que, na verdade, a comunidade surda é muito complexa, existindo várias subdivisões inseridas nesse contexto. Pude constatar o perfil de duas delas:

- *Comunidade de surdos sinalizadores*: comunicam-se por meio de sinais, gestos, expressões faciais e movimentos corporais. Eles defendem o uso de Libras e, geralmente, são surdos pré-linguísticos. Os membros desta comunidade identificam-se escrevendo a palavra surdo com "S maiúsculo" e não aceitam serem tratados como deficientes auditivos;
- *Comunidade de surdos oralizados*: comunicam-se oralmente, falando português. Defendem a leitura labial e alguns podem até utilizar a Libras, como apoio, mas geralmente desprezam seu uso, ou não admitem usá-la publicamente. Em geral, são surdos pós-linguísticos, como eu. São considerados deficientes auditivos e não rejeitam essa denominação.

Eu precisava aprender Libras se quisesse fazer um trabalho de qualidade. Trata-se do idioma oficial da comunidade surda, que é garantido por lei e considerado como qualquer outro idioma. O Decreto nº 5.626 de 22.12.2005, publicado no Diário Oficial de 23.12.2005, regulamenta a Lei nº 10.436, de 24.4.02, que dispõe sobre a Língua Brasileira de Sinais – Libras, e o art. 18 da Lei no 10.098, de 19.12.00. Para mim, aprender Libras era não só uma necessidade, mas uma questão de ética e respeito com toda uma comunidade da qual eu pretendia fazer parte e cuja educação eu pretendia promover. Além disso, poderia conhecer um pouco mais da sua cultura e saber como e onde eu poderia contribuir.

Uma coisa era certa: eu achava que, independentemente de subdivisões, a comunidade surda deveria estar preparada para interagir com qualidade junto às pessoas ouvintes, para que não fossem perdidas oportunidades sociais, educacionais, profissionais ou mesmo pessoais. Isso somente se daria quando o surdo, principalmente o gestual, aprendesse a leitura labial e a língua portuguesa com o mínimo de eficiência.

Ao ouvinte, também cabia parte dessa responsabilidade social, que era acabar com o preconceito e promover oportunidades.

Quando passei a entender bem o mecanismo de toda essa complexa situação entre surdos e ouvintes e da própria cultura do surdo, senti-me mais confiante para criar mais uma escola de futebol para surdos, aumentando, assim, o número de alunos que poderiam se beneficiar com nosso projeto.

ESCOLA DA MOOCA

Quando a escola de futebol da Aclimação completou um ano, eu já dominava melhor a Libras. Minha ideia era montar pelo menos quatro escolas de futebol, uma em cada zona da cidade, facilitando e gerando oportunidades para que todos pudessem participar e se educar pelo esporte. Sabia que, para isso, precisaria contar com a ajuda de mais professores para o projeto; porém, em se tratando de prefeitura e "oscilações políticas", não seria fácil essa conquista. No entanto, esse era o meu papel e, de uma forma ou de outra, eu iria cumpri-lo.

Com pesquisas, conheci uma outra escola especial para surdos chamada Neusa Basseto. Ficava dentro do Parque da Mooca, o que facilitava muito, já que no local existiam várias quadras esportivas e um campo de futebol disponível, tudo a duzentos metros da escola.

Quando lá cheguei, fui muito bem recebido pela diretora da escola e, após uma conversa, fui encaminhado para a coordenadora pedagógica Cleide. Ela disse que há muito tempo estava procurando por um professor de futebol a pedido dos próprios alunos que já sabiam do projeto na Aclimação. Assim, começou a me mostrar o espaço físico escolar, e, reparando que não havia sequer uma quadra esportiva, perguntei:

— Vocês não têm quadra esportiva dentro do colégio?
— Não.
— E como vocês fazem a aula de Educação Física?
— Fazemos num espaço atrás da escola.

Notei que o local era do tamanho de metade de uma quadra comum, o chão era muito áspero e não havia nenhuma estrutura esportiva. Por uma irônica coincidência, o muro de fundo dava para uma quadra poliesportiva que fazia parte de uma outra escola, para ouvintes, exatamente ao lado da escola especial para surdos, onde eu estava.

Não pude deixar de perguntar:

— Por que você não conversa com a diretora da escola ao lado e pede um horário em que eles possam ceder a quadra aos alunos surdos? Fica muito difícil fazer um trabalho com essa falta de estrutura.

— De fato é verdade, e já tentamos contato com a direção dessa escola para esse fim, mas eles deixaram bem claro que isso seria impossível, alegando alguns motivos como desculpa. Na verdade, o motivo é o preconceito, Julio, e não é só isso. Essa falta de estrutura e descaso com o surdo é geral.

— Mas eles não são os donos da escola! Esse colégio é público! Vou conversar com pessoas que podem nos ajudar dentro da

Secretaria da Educação. Não é justo o que fazem com a criança surda! Não me admira ver as dificuldades básicas que eles encontram posteriormente para enfrentar a vida. As pessoas ouvintes estão negando ao surdo o direito de aprender!

— É verdade. Mas não adiantaria ir à Secretaria da Educação. Ou você acha que eles não sabem o que se passa? Essa briga é política, e bem lentamente a Secretaria da Educação especial, que cuida dos colégios para surdos, está conseguindo benfeitorias e melhorar a estrutura do ensino dessas crianças. Você tem um coração de ouro, mas tome cuidado, pois nem todos querem ou gostam de mudanças. Você está lidando com funcionários públicos. A maioria se preocupa em fazer um trabalho sério para essas crianças, mas muitos não têm essa consciência. Você tem todos os requisitos para realizar em pouco tempo o que nós levaríamos séculos, afinal todas as portas se abrirão a um ex-jogador do Corinthians. Porém, terá que ter muito tato, porque muitos terão inveja, ciúme e medo de perder seu lugar. Foi Deus que colocou você nesse caminho, meu filho. Ajude essas crianças a terem um futuro melhor. Conte comigo para o que precisar!

Cleide estava emocionada quando terminou, e percebi o amor que aquela mulher tinha pelas crianças surdas.

Admirei prontamente sua enorme sensibilidade. Ela decifrou em minutos todo meu papel naquele contexto e alertou-me para o que, mais cedo ou mais tarde, viria de fato a acontecer.

Agora eu começava a entender por que os surdos tinham tanta resistência aos ouvintes. Foram obrigados a uma ruptura social para que encontrassem um espaço em que pudessem ter a oportunidade que o ouvinte não proporcionava nem no espaço do próprio surdo!

De qualquer forma, meu projeto seria realizado no campo de futebol do Parque da Mooca, que era do domínio da Secretaria de Esportes, onde eu trabalhava. Assim, não teríamos problema com isso.

Após definir com o colégio o dia e o horário das aulas de futebol, fiz a solicitação na secretaria que me cedeu rapidamente o uso do campo. A organização seria nos mesmos moldes do projeto da Aclimação. Os alunos treinariam após as aulas, entre 12 e 14 horas.

Iniciamos a escola com noventa alunos, entre meninos e meninas. Após o primeiro treino, percebi que os mesmos problemas e dificuldades que eu já havia enfrentado na Aclimação se repetiam, confirmando, assim, todo o estudo e o mapeamento que eu havia realizado sobre a origem dessa enorme diferença qualitativa entre surdos e ouvintes.

Comecei a perceber que o real motivo da desqualificação dessas crianças era muito mais profundo do que eu imaginava. Era, na realidade, um enorme preconceito e descaso contra a pessoa surda, que gerava falta de oportunidade no processo do aprendizado. Meu forte senso de justiça começava a me deixar revoltado com aquela situação, e eu estava disposto a mudar isso, mesmo sabendo que poderia ter de pagar um alto preço.

As dificuldades do dia-a-dia que se apresentavam nos treinos eram exatamente iguais às que já havíamos observado na outra escola de futebol, mas eu estava mais preparado para elas. Além disso, tinha aprendido a me comunicar em Libras relativamente bem, o que facilitava demais o diálogo direto com os alunos. Eu conseguia educar o surdo pelo esporte, mesmo lutando contra a burocracia da escola e dos próprios surdos, que ainda não tinham incorporado em sua cultura o hábito de praticar esportes ou mesmo atividades físicas.

Nessa época, o Dudu deixou de trabalhar comigo e convidei outro ex-jogador para ocupar seu lugar. Aguinaldo foi o escolhido e o fato de ele ter se formado em Educação Física, após encerrar a carreira de jogador, facilitava muito. Alternávamos os dias de treinos entre a Mooca e a Aclimação, pois eu, como coordenador do projeto, ex-jogador do Corinthians e, principalmente, por ser surdo, passei a ser enorme exemplo para todos os garotos que participavam. Os alunos tratavam-me de forma diferente com relação a todos os outros professores ouvintes. O fato de eu ser surdo dava-me enorme autoridade moral sobre eles e meu próprio exemplo de estar ali trabalhando e ensinando, apesar da minha surdez, falava mais alto que qualquer palavra. Isso gerava certa polêmica e até certo ciúmes entre mim e os outros professores.

Assim, após alguns meses de treinos, o desenvolvimento dos alunos seguia o esperado dentro de nossas referências com a primeira escola. Começamos a motivá-los promovendo jogos entre as duas escolas de futebol. Nessas ocasiões, estavam presentes não somente os atletas que, participariam dos jogos, mas todos os alunos dos colégios envolvidos, que, para minha surpresa, passou a ser também um importante evento social dentro da comunidade surda. O mais importante era que esses jogos motivavam aqueles alunos que não participavam do projeto de futebol. Lentamente, o surdo começava a agregar em sua cultura a prática esportiva, tão importante para seus desenvolvimentos físico, moral e psicológico.

Eu criava exercícios que estimulavam o desenvolvimento das habilidades necessárias para a qualificação da pessoa surda e, para isso, usava jogos recreativos, cooperativos e brincadeiras que faziam durante o aquecimento, antes do treino de futebol propriamente dito, e confesso que era nesses momentos que eles mais se desenvolviam. Observação, coordenação motora, resposta visual-motriz e aproveitamento da visão periférica entre outros eram alguns pontos importantes que esses exercícios estimulavam.

FOTO 43 – Colégio de surdos Neusa Basseto (Mooca).

ESCOLA DE PIRITUBA

Assim passaram-se seis meses e resolvi criar outra escola de futebol de campo para surdos. O local escolhido para a terceira escola veio do fundo do coração: Pirituba, o bairro da zona oeste de São Paulo onde eu havia crescido.

O local das aulas de futebol não poderia ser outro senão o campo do CDM (Clube Desportivo Municipal), no qual eu havia treinado pela primeira vez ao fazer o teste no Palmeiras, quando tinha apenas 14 anos!

O colégio de surdos denominado Vera Lúcia ficava a trezentos metros do CDM, e, como na Mooca, não havia uma quadra esportiva em seu espaço físico, o que impossibilitava os alunos de realizarem as aulas de Educação Física.

O descaso das autoridades com a pessoa surda, principalmente com sua educação, era revoltante. Por isso, quando eu acenava com um projeto em que os alunos teriam uma oportunidade à prática esportiva, a maioria dos educadores que trabalhava no dia-a-dia da escola e sabia dos benefícios que minha aula traria não só adorava como participava. Assim, novamente obtivemos enorme sucesso com esta nova escola!

A direção do colégio colaborou bastante, e iniciamos, com 78 alunos, a terceira escola de futebol de campo para surdos.

Novamente, as mesmas dificuldades e problemas foram encontrados para desenvolver essa nova escola, confirmando aquilo que já esperávamos pelas experiências anteriores. Estávamos no caminho certo! Eu continuava com Aguinaldo a me ajudar e cada um dava aula uma vez em cada escola, pois o trabalho era realizado três dias por semana.

Notei que o dia de treino era intensamente esperado pelos alunos. Pela primeira vez, estavam tendo uma real oportunidade de aprender com qualidade.

Percebi também que, como nas demais escolas, muitos funcionários reclamavam pelo fato de estarmos mudando hábitos que há anos já estavam estabelecidos e definidos, e eles não tinham a menor intenção de ter mais trabalho, uma vez que não teriam aumento salarial por isso. Eu sentia que nem sempre era bem-vindo, mas, mesmo assim, abria caminho para o surdo com o coração!

FOTO 44 – Colégio de surdos Vera Lucia (Pirituba).

COMPROVAÇÃO CIENTÍFICA

Em uma das reuniões que tive com Célio e Alexandre, diretor e coordenador da Secretaria de Esportes, respectivamente, eles perguntaram-me como estava o projeto. Então lhes mostrei as anotações sobre todas as dificuldades que os alunos surdos tiveram no início e o quanto haviam se desenvolvido até aquele momento. Expliquei a metodologia que eu havia desenvolvido para melhorar o aprendizado. Relatei, ainda, por que o surdo tinha aquelas dificuldades e quais as origens.

Quando Célio e Alexandre puderam comprovar, por meio das minhas anotações, o resultado que tínhamos atingido, ficaram completamente entusiasmados e disseram:

— Precisamos comprovar isso cientificamente! Vamos fazer o seguinte: chegaram sete professores de Educação Física de Cuba para nos ajudar a desenvolver o esporte olímpico. Como você sabe, Cuba está muito à nossa frente em esporte olímpico e também na área socioesportiva. Vamos ver se eles se interessam em trabalhar com você por uns tempos.

Assim eu conheci Lorenzo Rosales, um cubano muito simpático e alegre. Mostrei a ele minhas anotações, e, durante a leitura, seu semblante ora sorria, ora se espantava! Quando terminou, Lorenzo disse:

— Mas isso tudo é maravilhoso! Quem trabalha na sua equipe?

— Eu e Aguinaldo, um professor que me auxilia. Mas essa iniciativa é pessoal, pois nada ganho para realizar esse trabalho, além da satisfação em tentar criar um programa adequado para a criança surda. Ninguém parece ter se preocupado com isso até hoje.

— Mas este projeto não tem preço! Posso trabalhar com você? Gostaria de participar dessa comprovação científica.

— Será um grande prazer!

Assim, ficou combinado que Lorenzo e mais três professores de sua equipe ficariam comigo três dias da semana, um dia em cada escola. Poderíamos então comparar os testes entre cada uma delas, chegando a conclusões mais definidas.

Fizemos avaliação física em todos os alunos e começamos a comprovar, cientificamente, o que já sabíamos na prática. Na primeira bateria de testes, a escola mais antiga que criamos saiu-se melhor, depois a segunda e por último a terceira, comprovando a capacidade de desenvolvimento físico de acordo com o tempo que participavam do nosso programa.

Passamos, então, para a parte técnica. Avaliamos as condições de todos os alunos e novamente pudemos comprovar a melhora das habilidades e das qualidades com a bola, desde a primeira até a terceira escola.

Em seguida, avaliamos os lados social e psicológico. Pudemos comprovar também que, de acordo com o tempo de treino, cada aluno estava mais sociável, calmo e realizava os exercícios com confiança e naturalidade. Respeitavam juízes, superiores e, principalmente, os próprios colegas. Aceitavam melhor quando o colega errava, substituindo a reclamação pelo incentivo. Cumpriam o horário e mantinham um melhor comprometimento com o programa. Sentiam-se mais à vontade na presença de ouvintes e até interagiam melhor com eles, além de tantas outras coisas que eles desenvolveram com o esporte.

Porém, a grande dificuldade que encontramos foi criar os exercícios que serviriam de base para a comprovação da área científica. Para isso, tive que usar toda minha criatividade.

Perguntei a Lorenzo como criaríamos os testes que comprovassem todo aquele desenvolvimento observado. O próprio Lorenzo disse-me que não sabia, pois nunca tinha desenvolvido nada igual.

Eu então comecei a pensar como poderiam ser esses exercícios que valessem de teste. Lembrei-me da circunferência de 180° e tive uma ideia. A partir dela, criei o teste que há muito nos preocupava. Poder medir o percentual do aproveitamento da visão periférica era agora uma realidade.

Coloquei um aluno em pé no centro do campo. Fiquei de frente para ele, a dois metros de distância. Ele deveria olhar para meus olhos e jamais se desviar. Caso isso acontecesse, nós o desclassificaríamos. O semicírculo que ficou à frente do aluno seria a circunferência de 180°. Marquei o chão daquele semicírculo, a cada 10°, de 0 a 180°. Coloquei um aluno em cada uma dessas marcas com uma bola na mão. Ao meu sinal, cada um deles deveria jogar a bola na mão do aluno que fazia o exercício. Começávamos sempre jogando a bola pelo aluno que estava a 0° depois 10°, 20° e assim sucessivamente, até finalizarmos 180°. O aluno que realizava o exercício deveria pegar a bola com as duas mãos e colocá-la de lado, mas não poderia tirar o foco de meus olhos. Anotávamos os graus em que ele havia pegado a bola e quais os graus em que ele não havia conseguido.

Repetíamos essa sequência com todos os alunos. Fizemos alguns desses testes com alunos surdos que não participavam de nossa aula de futebol, como também o realizamos com alunos ouvintes da escola de futebol da Aclimação. Esse trabalho foi feito nas três escolas de forma idêntica. Quando terminávamos com os diferentes grupos das diferentes escolas, era feito o cruzamento e a comparação das informações. Para nossa alegria, os resultados comprovaram-se como uma matemática perfeita.

Algumas habilidades o surdo chegava a desenvolver melhor do que o ouvinte que não tinha, por exemplo, nenhum estímulo para melhorar o aproveitamento da visão periférica, uma vez que podia confiar em seus ouvidos.

Da mesma forma, criei outros exercícios para realizar tais testes e os aplicamos para comprovar diversas outras habilidades que o aluno surdo estava desenvolvendo com meu programa de treinamento especial. Os resultados motivavam-me cada vez mais. O fato de saber que, a partir da minha iniciativa, milhares de surdos poderiam ter uma forma comprovada de aprendizado e que, por meio dela, poderiam levar uma vida quase comum, deixava-me muito animado.

Em seguida, realizamos os exercícios para avaliar o desenvolvimento de tempo de resposta de reação física e cálculo aerotemporal. Novamente, os resultados apresentaram perfeição.

O desenvolvimento do tempo de resposta de reação física é o tempo que a pessoa leva para enxergar algo, levar essa informação ao cérebro e este mandar o comando ao corpo. Essa habilidade de reflexo é muito usada em situações de perigo e é muito importante para a segurança da integridade física de qualquer pessoa.

O cálculo aerotemporal, não menos importante, trata de verificar a velocidade e a trajetória de objetos. Tanto uma quanto a outra habilidade são extremamente importantes para que se consiga realizar as tarefas básicas do cotidiano.

Os testes eram realizados a cada três meses, e, após fazermos as comparações, poderíamos saber exatamente o percentual relativo ao tempo de treinamento que cada aluno havia atingido. Ao tirar um parâmetro dessa média, sabíamos a evolução do grupo e, para nossa surpresa, houve muito pouca diferença de aluno para aluno.

Para ajudar o desenvolvimento dos alunos e criar oportunidades de vê-los aplicando os conceitos aprendidos, não somente em dias de treinos mas em uma situação real de jogo, momento em que a parte psicossocial estaria sob enorme pressão, promovíamos jogos e festivais socioesportivos entre as escolas. Essas oportunidades serviam de observação para a comprovação científica.

Os jogos de futebol de campo eram realizados no Parque da Aclimação pela sua boa estrutura, e, após alguns desses torneios realizados, fazíamos as comparações pertinentes que havia entre eles. No último torneio realizado, pudemos fazer comparações com os torneios anteriores; assim, tínhamos melhor noção da evolução do programa.

O nível da qualidade técnica aumentava a cada festival e eu percebia o espanto e a admiração das pessoas ouvintes que assistiam às partidas. Elas jamais imaginariam que a pessoa surda poderia ser tão desenvolvida, ao ponto de se igualar, ou mesmo superar, a uma pessoa ouvinte. Aliás, a palavra "deficiente", por si só, trazia em si muito preconceito. As pessoas nem sabem como é tal deficiência e criam uma imagem de que o deficiente é uma pessoa completamente incapaz!

Tanto na parte física quanto na técnica as equipes faziam os fundamentos do futebol de forma correta e harmoniosa, para meu deleite. No lado psicossocial, também houve enorme evolução. Todos os alunos das equipes de surdos respeitavam o juiz e a autoridade; havia ética entre os jogadores. Não havia ofensas e não se ouvia nenhum palavrão ou gesto obsceno, tão comum em uma partida de futebol, seja de surdos ou, principalmente, de ouvintes.

Para as anotações que serviam de base do lado científico, Lorenzo havia levado quatro cubanos de sua equipe, e cada um tinha uma planilha diferente, na qual eles anotavam a *performance* dos jogadores para comparações e nível de aproveitamento.

Os dois primeiros professores eram responsáveis em anotar os seguintes dados:

- Passe errado de cada jogador;
- Chute a gol de cada atacante;
- Bola defendida pelo goleiro;
- Jogadas desarmadas da defesa e meio-de-campo.

Os dois últimos anotavam o restante dos dados, que eram:

- Aspecto físico dos jogadores (velocidade, resistência, força e flexibilidade);
- Faltas cometidas e indisciplinas verbais ou físicas (psicossocial);
- Gols marcados;
- Desenvolvimento científico de cada jogador (aproveitamento da visão periférica, velocidade visual-motriz, cálculo aerotemporal, coordenação motora, entre outros).

Tínhamos bastante material para realizar uma avaliação final e, de fato, chegar a uma comprovação científica de todo projeto.

Durante esse tempo de comprovação, eu procurava meu grande amigo e padrinho, o dr. Antonio Douglas Menon. Com vasta experiência, ele comentava comigo os resultados que eu mostrava, dizendo que muitas vezes serviram para melhorar nosso trabalho. Chegamos a promover algumas mesas de debate entre profissionais ligados à área da surdez, nos quais eram comentados e questionados amplamente o resultado dos testes e a forma de aplicá-los à evolução dos alunos surdos. Enfim, fazíamos tudo que poderia melhorar o projeto e sua comprovação científica.

Eu continuava conversando com a família dos alunos surdos, os professores e os diretores da escola de surdos, as pessoas ouvintes com as quais os surdos interagiam fora da escola e, principalmente, com os próprios surdos. Todos eram unânimes em dizer que o surdo havia se qualificado, desenvolvido habilidades e evoluído muito no tratamento social, principalmente com relação à pessoa comum. Os alunos surdos sentiam-se agora mais próximos dos ouvintes, pela sua própria qualificação educacional, e estavam mais seguros para interagir com eles.

Porém, apesar de amenizada, o surdo ainda nutria certa mágoa do ouvinte. Uma ruptura social havia sido criada pelo preconceito de centenas de anos. O ouvinte nunca deixava o surdo participar. Isso os levava à exclusão, e assim ele sentia vontade e até necessidade de criar uma comunidade que vivia paralelamente às margens da sociedade comum. Só assim o surdo assegurava seus direitos de vivenciar os fatos, mas, no fundo, a exclusão criava um enorme sentimento de inferioridade com relação ao ouvinte. Claro que a própria forma como o surdo e o ouvinte percebiam o mundo gerava uma separação cultural natural, pois as amizades e as companhias são escolhidas pelas afinidades, porém tanto um quanto o outro deveriam se conscientizar que isso poderia ser uma escolha natural e não uma necessidade obrigada pela falta de desenvolvimento.

Enquanto fosse um educador, lutaria para que o surdo tivesse o mesmo desenvolvimento de habilidades e qualidades que o ouvinte, assim ele poderia escolher sua preferência com toda a liberdade. Porém, o complexo de inferioridade era nosso maior empecilho. Resolvi acabar com aquela regra e iniciar o processo de inclusão que partisse do próprio surdo. Ele deveria, antes de tudo, saber de sua capacidade, e se isso, segundo o conceito social ou mesmo o de alguns que se consideravam "acadêmicos" da educação, nunca foi possível, comigo seria!

Eu pensava em arrumar uma forma de fechar brilhantemente aquela nossa comprovação científica, e, para isso, coloquei em prática uma ideia que há muito me havia surgido. O momento havia chegado.

Capítulo Seis
A MISSÃO EM PRÁTICA

Quadrangular de Futebol

Quando percebi que nossas três escolas estavam mais desenvolvidas, chamei Zé Orlando, diretor do Parque da Aclimação e pedi a ele que organizasse um time de garotos ouvintes da mesma faixa etária. Esse time não poderia ser a "Seleção" do Parque da Aclimação, mas também não precisava ser o pior time. Deveria ser uma equipe de qualidade técnica mediana. Faríamos um quadrangular entre três times de surdos e um time de ouvintes. Meus alunos já estavam devidamente preparados para acabar com o complexo de inferioridade e eu provaria a eles que, se quisessem se preparar com determinação e vontade, poderiam realizar tudo que quisessem e levar uma vida como qualquer outra pessoa.

Marcamos o quadrangular para uma sexta-feira, no estádio do Parque da Aclimação. Os alunos das nossas três escolas haviam sido liberados pela diretora para assistirem àquele histórico torneio. Nas arquibancadas, havia mais de oitocentos alunos surdos. A escola da Mooca jogaria contra a equipe de ouvintes, e depois as escolas de Pirituba e Aclimação jogariam entre si.

Pelos meus cálculos, a equipe ouvinte provavelmente venceria a Mooca, e, posteriormente, a Aclimação deveria vencer Pirituba. A final mais provável seria entre o time ouvinte e a escola da Aclimação. Nesse jogo, tudo poderia acontecer, mas eu esperava que o time de surdos da Aclimação vencesse a final, comprovando toda minha tese.

Começou o jogo. A equipe de ouvintes foi para cima do time de surdos da Mooca. Logo que passaram os primeiros dez minutos, o jogo ficou equilibrado. Eu estava muito nervoso e gesticulava muito para meus alunos. Entretanto, percebi que eles haviam assimilado não só os fundamentos técnicos como também o tático. Estavam indo muito bem e encarando os ouvintes de igual para igual. As chances de gol eram criadas pelas duas equipes, mas nenhuma delas convertia em gol. Assim terminou o primeiro tempo. Eu tinha esperança de que eles pudessem fazer um gol e despachar a equipe de ouvintes logo no primeiro jogo. Então, qualquer time que ganhasse o campeonato seria para nós maravilhoso.

Voltamos para o segundo tempo e tivemos chance de marcar. Quem apitava o jogo era um dos professores do Parque da Aclimação, que dava aula aos alunos ouvintes. Comecei a reparar que a dificuldade que nosso time impunha ao adversário não estava por eles prevista, e começava a incomodar o fato de não terem ainda marcado um gol em uma equipe de surdos. Talvez aquilo fosse motivo de humilhação, pois começaram a ficar nervosos e percebi que até o juiz começava a inverter as faltas e dar uma "ajuda" no apito. Faltando cinco minutos para terminar a partida, em uma jogada duvidosa, a equipe de ouvintes fez 1 x 0! Pude perceber a decepção, não só nos jogadores surdos, mas em todos que assistiam ao jogo das arquibancadas. O time de ouvintes havia vencido! Fiquei triste, pois naquele momento percebi que Deus havia me dado uma tarefa hercúlea! Lutar contra o preconceito e a injustiça da sociedade, que eram os responsáveis pela exclusão da pessoa deficiente.

Levantei-me do banco e reuni minha equipe. Todos estavam de cabeça baixa, tristes. Eu então comecei a falar com eles em Libras:

— Por que a tristeza? Não percebem que hoje foi um dia histórico?

Um dos alunos então disse:

— Como, histórico! Nós perdemos! Pior: fomos roubado!

E eu respondi:

— Exatamente por isso! Os ouvintes não nos dão oportunidade para que possamos aprender, mas, quando conseguimos treinar um pouquinho, eles precisam nos roubar para vencer! Hoje, vocês provaram a capacidade do surdo, e isso deveria ser motivo de orgulho e não de tristeza. Se alguém deve sair daqui envergonhado de algo são eles, por terem nos roubado! Tenho muito orgulho de todos vocês! Agora, vão para o vestiário de cabeça erguida e sorriso no rosto.

Percebi que aquilo que eu disse fez toda a diferença, e eles saíram de campo sob o aplauso de todo estádio, que estava lotado de alunos surdos. Senti um profundo carinho por aqueles garotos que davam tudo de si e, apesar das dificuldades, estavam construindo sua própria inclusão social. Com esses pensamentos, fui saindo de campo.

Foi quando Zé Orlando cruzou comigo e disse:

— Quase que vocês ganham! Parabéns pelo trabalho com esses meninos!

— Obrigado. Só não ganhamos porque o juiz, que é ouvinte, ficou constrangido com a superioridade da equipe surda e resolveu intervir. Fico muito triste que até aqui nós tenhamos que passar por esse preconceito!

— Calma, Julio. De fato foi um erro do juiz, mas todos erram!

— O engraçado é que ninguém erra a favor do surdo, somente contra! Não estou culpando ninguém, entretanto, nos próximos jogos entre surdos e ouvintes quem apitará sou eu!

Assim foi feito. Não poderia permitir que nosso trabalho de anos fosse jogado na lata do lixo simplesmente porque o time de ouvintes se sentiria humilhado ao perder para o time dos surdos. Se eles quisessem ganhar, teriam que jogar muita bola para isso!

Conforme previsto, a escola da Aclimação venceu Pirituba em um jogo muito equilibrado, pois o time de Pirituba era muito bom, mas prevaleceu o maior tempo de treinamento e experiência da Aclimação, e o jogo terminou em 2 x 1.

Começou a disputa do terceiro e quarto lugares, entre Mooca e Pirituba. Foi o outro jogo difícil e bem equilibrado. Mais uma vez, nossa expectativa era comprovada. Mesmo assim, a escola da Mooca, que havia começado a treinar antes de Pirituba, venceu apertado por 1 x 0, ficando com o terceiro lugar.

A FINAL

Havia chegado o grande momento. A disputa da final entre o time de ouvintes e o de surdos da Aclimação. A torcida fazia a maior festa. Todos estavam excitados com o acontecimento, e a rivalidade poderia ser sentida no ar. Aquele evento, que começara com finalidade socioesportiva, agora tinha uma importância muito maior, pois, para o ouvinte, a vitória era questão de honra e para o surdo, de afirmação. Além disso, meus alunos sabiam que, se vencessem aquele jogo, sairiam dali como heróis, tornando-se o centro das atenções de toda a escola de surdos. Isso fazia grande diferença na motivação e no estímulo daqueles meninos. A alegria nas arquibancadas era geral. Até bandeiras de times profissionais tremulavam. Naquela festa, valia tudo.

Quando entrei no vestiário, os alunos já estavam trocados e comecei a minha preleção para toda a equipe:

— Vocês conseguiram vencer a primeira partida e ganharam o direito de disputar a final. Como sabem, vamos jogar contra a equipe de ouvintes. Não precisam ficar nervosos, pois a obrigação de vencer sempre será deles, que têm muito mais tempo de treino que nós. Portanto, eles estão mais nervosos do que nós. Vocês estão muito bem preparados em todos os sentidos, inclusive para ganhar e, principalmente, para perder. Joguem tranquilos. Não precisam fazer nada de diferente daquilo que fazem no treino. Tenham paciência, pois eles virão para cima tentar marcar logo de cara. Façam uma boa marcação para não tomarem gol nos primeiros dez minutos. Depois disso, o jogo ficará normal. Quanto mais o tempo passar sem que eles façam gols, mais nervosos vão ficar e começarão a brigar entre si, e nós poderemos tirar proveito disso. Saiam em velocidade para o ataque e voltem com maior velocidade ainda para ajudar na marcação. Agora, vamos para o campo nos divertir, mas com muita responsabilidade e vontade. Que Deus abençoe todos vocês!

Assim, fomos para o campo. Quando nossa equipe fez a saudação para a torcida, foi a maior festa nas arquibancadas!

Peguei o apito e uma camisa vermelha e fui para o centro do campo. Como juiz, eu deveria apitar para o time ouvinte e acenar a camisa para a visualização dos surdos. Reuni os jogadores das duas equipes e disse, falando em português e Libras ao mesmo tempo:

— Para vocês, ouvintes, esta é mais uma disputa entre tantas que já tiveram. Será um jogo comum. Parabenizo a iniciativa de vocês aceitarem participar deste torneio, promovendo, assim, a inclusão social de pessoas menos favorecidas que vocês. Porém, isso não quer dizer que somos piores. Esta é uma grande oportunidade que vocês oferecem a esses meninos de provar a eles mesmos e a toda a sociedade que vontade, dedicação e perseverança vão além de qualquer deficiência e que se, de fato, a pessoa quiser, deficiente ou não, ela pode tudo! Vocês têm milênios de cultura esportiva de vantagem, mas, caso essa vantagem não se concretize no placar, não fiquem constrangidos, pois mais uma vez fica comprovada a capacidade dos surdos e eles estão bem preparados, conforme vocês mesmo já viram no primeiro jogo que realizaram. Aos surdos, eu digo que este é um momento histórico na sua vida, vencendo ou não. O ouvinte tem maior experiência, portanto vocês deverão ter mais vontade se quiserem sair daqui campeões. Acima de tudo, este é um momento de confraternização, em que o respeito entre todos prevaleceu até aqui e deve continuar sempre. Portanto, cumprimentem-se e que vença o melhor!

Confesso que me foi difícil dizer aquelas palavras sem que lágrimas caíssem dos olhos, pois o mais nervoso e emocionado de todas aquelas pessoas, sem dúvida alguma, era eu! Precisava agora usar todo meu profissionalismo e frieza para não comprometer aquele momento, pois seria eu a apitar o jogo.

Os dois times já estavam a postos, e eu dei início à partida. A equipe de surdos começou nervosa, como previsto, e pedi calma a eles. Logo nos primeiros minutos, o time de ouvintes teve chance de marcar. A cada jogada de gol que o ouvinte criava, todo time de surdos olhava para mim completamente apavorado, como a dizer:

— E agora? O que fazemos?

Eu pedi que continuassem o jogo com calma. Aos poucos, nosso time foi se assentando em campo e igualou-se à equipe de ouvintes, conforme eu previra. Eu procurava perceber, principalmente, o lado emocional de cada time. Era visível que o time de ouvintes não estava pronto para enfrentar deficientes tão fortemente preparados e deveria pensar: "E se a gente perder? O que vai ser?".

Na primeira jogada duvidosa que apitei a favor dos surdos, houve muita reclamação do lado de fora, inclusive de pessoas da direção do Parque da Aclimação. Pude então saber que ali estava em jogo muito mais do que um simples campeonato quadrangular. O que estava de fato em questão era o orgulho do ouvinte, pois, apesar de saber que tamanha desigualdade entre surdos/ouvintes era pelo seu próprio preconceito, jamais aceitariam perder para nós! A honra do ouvinte estava sendo colocada em jogo, e isso incomodava muitos adultos ali presentes. Os jogadores do time ouvinte também reclamaram e, olhando em seus olhos, percebi nervosismo e medo. Medo de perder para os surdos. Confesso que aquilo me deu certa satisfação, pois, de uma forma ou de outra, eu estava preparando a comunidade surda para que fosse respeitada pela sociedade de uma forma geral. O primeiro passo havia sido dado e não tinha como voltar atrás. Só rezava a Deus por uma vitória. Isso seria a glória!

A falta foi cobrada e o jogo seguiu normal. Em determinado momento, a bola foi lançada para o atacante do time ouvinte. Eu fiquei na dúvida se estava ou não impedido, porém para não cometer injustiça com nosso adversário, eu deixei a jogada seguir. O jogador entrou na área e, após driblar o goleiro, foi derrubado por ele. Pênalti!

Obviamente, eu apitei marcando pênalti, pois jamais agiria com o ouvinte como por toda a vida eles agiram com os surdos. Aquela rivalidade tinha que parar e seríamos nós a dar o exemplo com a própria conduta reta e justa. Toda a equipe ouvinte comemorou muito o pênalti, bem como os que estavam no banco de reservas. Sorri com aquela atitude. Eles começavam a nos respeitar! Do nosso lado, houve muita reclamação contra aquela marcação, pois eles alegavam que, antes mesmo de haver o pênalti, o atacante estava impedido e eu não havia apitado. Fiz todas as colocações pertinentes àquela reclamação, dizendo inclusive que o juiz é humano e também pode errar, porém o fato de o juiz errar não queria dizer que estava roubando deliberadamente para este ou aquele time e que, mesmo que qualquer lado tivesse razão, isso não daria margem nem seria motivo para faltar com o respeito àquele que era a autoridade máxima dentro de campo. Eu nunca perdia oportunidade para educar, qualquer que fossem as circunstâncias. Eles entenderam e a contragosto aceitaram, não sem antes um deles com muita tristeza e mágoa no olhar me dizer:

— Professor, por que todos erram somente contra os surdos e nunca a favor?

Engoli em seco e respondi com a verdade:

— Porque o preconceito é enorme, mas nem sempre é proposital. Este caso é um deles, pois você sabe muito bem que eu nunca prejudicaria uma equipe surda deliberadamente.

Neste momento, tive plena noção da força do preconceito contra todos os deficientes e como isso repercutia em suas vidas. Eles estavam cansados de sofrer injustiças. Naquele instante, eu percebi que eles acreditavam que, por mais que lutassem pela igualdade, jamais a atingiriam. Então, eu soube o que trazia o olhar daquele menino. Impotência de vencer um preconceito tão forte. Decepção pelo seu próprio professor. Aquele mesmo professor que havia acenado com uma luz no fim do túnel e devolvera a chama da esperança a eles agora estava desacreditado. Porém, cabia a mim mostrar que eles estavam enganados...

O pênalti foi convertido: 1 x 0 para a equipe de ouvintes. A bola foi recolocada no meio-de-campo e foi dado início à partida. Percebi que meus alunos começaram a apelar, dando agora entradas duras nos adversários. Eles estavam com muita raiva! Inclusive de mim! Assim terminou o primeiro tempo. Fui com todos eles ao vestiário. Comecei, então, a falar sobre o pênalti e tudo que estava inserido nele:

— Sei que estão bravos por causa do pênalti, porém isso não é motivo para começar a distribuir pontapés no adversário! Eu posso ter errado quando marquei o pênalti, mas, como ser humano, não sou infalível. Mas jamais faria isso deliberadamente para prejudicar alguém, principalmente vocês, que são meus alunos! Até o pênalti, vocês estavam jogando de igual para igual com eles. Vocês têm capacidade para virar este jogo, mas precisam parar de arrumar um culpado pelo placar. Eu já ensinei a vocês o poder de reverter situações adversas. Nós somos surdos e fazemos isso todos os dias. Reverter situações difíceis é comum em nosso dia-a-dia e não deveria ser novidade para vocês! Sei o quanto é importante que vocês vençam este jogo, mas para isso precisam parar de se lamentar e enfrentar o adversário como vinham fazendo até tomarem o gol. Vocês têm trinta minutos para darem a vida por este resultado, mas para isso não podem medir esforços, pois esta vitória não é só de vocês, mas de toda a comunidade surda! Olhem para as arquibancadas e vejam a esperança que todos depositam em vocês! Sua obrigação é dar o melhor de si, sempre! Agora vão lá, joguem futebol e vençam este jogo!

Percebi que aquelas palavras surtiram um efeito favorável. Era a injeção de ânimo que faltava a eles. Voltaram para o segundo tempo completamente diferentes. Não davam espaço para a outra equipe jogar e marcavam em cima! Parecia que tínhamos vinte jogadores em campo, pois onde estava a bola havia dois dos nossos. Logo aos cinco minutos, nosso centroavante chutou a bola na trave, para delírio da torcida que agora estava reanimada. O time de ouvintes se preocupava em se defender para manter o resultado. Percebi que o professor da equipe ouvinte gritava e gesticulava muito a seus jogadores, tentando organizá-los em campo. De repente, a bola foi lançada em profundidade para nosso centroavante que, na saída do goleiro, tocou a bola no canto direito do gol, empatando a partida.

Senti um aperto no peito de emoção e confesso que precisei de muito equilíbrio para não sair correndo a comemorar com todos os jogadores que, neste momento, já se amontoavam, pulando uns sobre os outros na maior alegria. O estádio explodiu em festa, pois toda a comunidade surda que estava presente comemorou com os jogadores pelo empate da partida.

O jogo recomeçou. Olhei o relógio e reparei que faltavam vinte minutos para o final. Muita coisa poderia acontecer. Nossos adversários estavam muito inseguros e o medo estava agora estampado em suas faces. Comecei a incentivar meus alunos a atacarem mais naquele momento. Obviamente, deveríamos ter cautela, pois, na pior das hipóteses, aquele resultado já era uma enorme vitória para toda a comunidade surda. Já nos colocávamos, com aquele empate, em pé de igualdade com a pessoa "comum".

A bola estava dentro de nossa área grande quando o jogador adversário chutou a gol e nosso goleiro fez uma maravilhosa defesa, mandando a bola para escanteio. Nessas ocasiões, meu coração parecia que sairia pela boca! Eu não tinha a menor condição psicológica para ser juiz em uma partida como aquela e tinha consciência disso, porém as circunstâncias me obrigavam a tal sacrifício, pois não queria deixar todo o trabalho de um futuro melhor a todos os surdos nas mãos de um juiz ouvinte. Nossa equipe atacava e também era atacada pelo adversário. O jogo estava completamente equilibrado, o que só fazia aumentar a emoção de todos os presentes. Logicamente, nossos adversários tinham mais tempo de experiência que nós e isso dava a eles pequena vantagem no volume de jogo. Porém, eu percebia que a vontade da nossa equipe era tanta que igualava essa desvantagem. Olhei o relógio. Faltavam cinco minutos. O time ouvinte cobraria uma falta direta a nosso gol. A distância não era grande. Percebi que o garoto tentaria o gol. Avisei o goleiro e reparei que a defesa havia feito a barreira completamente errada, convidando o adversário a marcar o gol. Parei o jogo e fui arrumar a barreira, sob protesto do time adversário. Expliquei a eles que eu era o professor deles e, por ser o único que falava Libras, estava apitando o jogo. Poderia, portanto, posicionar minha equipe. Após arrumar a barreira, autorizei a cobrança. O garoto cobrou muito bem, e, para meu desespero, percebi que a bola tinha direção certa para o ângulo direito superior do nosso goleiro. Seria difícil fazer a defesa. De repente, pude ver o goleiro pular e se esticar todo tentando tocar a bola com a ponta dos dedos. Esse movimento foi em vão, pois a bola passou por ele e foi se chocar contra o travessão! O susto foi enorme, mas graças a Deus a bola não entrou. Olhei novamente para o relógio e percebi que aqueles cinco minutos estavam sendo os mais longos de minha vida. Nunca havia sofrido daquele jeito! Nem quando eu era jogador profissional tinha passado por aquilo! Agora eu entendia o que todos os técnicos de futebol diziam. Era mais fácil estar em campo jogando do que sentado no banco como treinador.

Faltavam dois minutos para o final e eu rezava para que o jogo terminasse. Nossa equipe estava no ataque tentando o gol quando o zagueiro adversário cortou a jogada, mandando a bola para escanteio. O relógio apontava um minuto para o final da partida. Os jogadores do time adversário começaram a gesticular que o jogo já havia acabado e que eu deveria encerrá-lo antes da cobrança do escanteio. Não pude deixar de ficar orgulhoso, pois nunca pensei que, em tão pouco tempo, eu veria ouvintes dando graças a Deus por empatar com surdos e ficarem felizes por isso! Eu disse a todos que faltava um minuto e mostrei o relógio para quem quisesse conferir. Todos estavam prontos para a cobrança do escanteio. Fiz um sinal com a mão, autorizando. A bola foi lançada pelo alto e cairia perto da linha da pequena área. Havia vários jogadores de ambos os times no local. A bola estava viajando, sob o olhar hipnotizado dos presentes. Em uma fração de segundo, imaginei como seria bom se aquela jogada terminasse em gol. O zagueiro subiu, tentando tirar a bola de cabeça. Junto com ele, subiu, também o atacante do nosso time. Além de mais alto, nosso jogador estava melhor posicionado e conseguiu acertar uma cabeçada certeira mandando a bola no ângulo direito do goleiro, sem a mínima chance de defesa.

— Goooolll!

Ninguém acreditava no que havia acontecido! Por um breve momento, o tempo parou! Agora, todos os jogadores do nosso time, inclusive os reservas, corriam na direção do artilheiro. A torcida invadiu o campo, abraçando e beijando os jogadores. Aquilo mais parecia uma final de Copa do Mundo, e confesso que, para nós, era isso mesmo que representava. Eu chorava como criança, emocionado em saber que meu trabalho mudava a história de toda uma comunidade. Meus alunos haviam vencido muito mais que um jogo. Seus gritos de vitória ecoavam por todo o estádio e, ironicamente, somente o ouvinte poderia escutar. Eles continham dor, frustração, preconceito, injustiça e desigualdade, represados por anos na garganta de milhares de pessoas surdas. Eles acabavam de derrubar uma barreira até então intransponível, provando que o que difere o surdo do ouvinte é a oportunidade, a inclusão, o respeito e a fraternidade. Com meu trabalho, eu iniciava uma nova etapa: a conscientização, pelo próprio surdo, de que ele pode tudo, se estiver disposto a fazer o que for preciso para consegui-lo. O surdo, a partir daquele dia, deveria ter uma nova responsabilidade sobre seu próprio futuro e, em vez de usar a deficiência como desculpa às dificuldades, deveria transpô-la como qualquer outra pessoa, se quisesse se fazer respeitado e ser exemplo para tantos outros. Eu havia provado a todos a capacidade do surdo. O que eu via no rosto de todas as pessoas ouvintes que ali estavam, sem nenhuma exceção, era uma expressão de perplexidade, orgulho ferido e vergonha em perder para um time de deficientes. Negavam-nos o aprendizado, e na primeira oportunidade eram vencidos por nós. Claro que também haviam os ouvintes que tinham lutado para que aquele projeto se realizasse e que ficaram felizes quando ficou provado que igualdade e inclusão social se fazem com oportunidades e não com preconceito.

Durante o meu devaneio, senti que algo me tirava do chão. Era toda aquela comunidade surda levantando-me nos braços e jogando-me para o alto, consagrando-me como seu líder.

Após recebermos o troféu e as medalhas de campeões, fomos para o vestiário em grande comemoração. A alegria era geral. Eu os reuni e fiz um breve e emocionado discurso:

— Era disso que eu falava quando disse: "Vão lá e vençam!". Não vencemos somente este jogo, ou mesmo este campeonato. Nós vencemos a desigualdade, o preconceito e a exclusão de toda a pessoa surda. Não existem barreiras para desenvolver habilidades ou qualidades, a não ser aquelas que nós próprios criamos. Digo isso desde o primeiro dia deste projeto e, hoje, vocês puderam comprovar por si só a força que todos nós temos dentro do coração. Vocês são heróis e eu tenho orgulho de ser professor de todos vocês!

Neste momento, entrou no vestiário o diretor do Parque da Aclimação, José Orlando, que, após algumas palavras que eu traduzi em Libras, nos parabenizou pelo início de uma nova era em que todas as pessoas deveriam se ajudar mutuamente para o crescimento contínuo do desenvolvimento humano, especialmente aqueles que precisavam de alguma necessidade especial para isso.

Para finalizar, eu disse aos alunos que José Orlando era um dos grandes responsáveis pela criação e pelo incentivo ao nosso projeto e merecia todo nosso respeito e agradecimento.

Uma salva de palmas ecoou, mas aquela festa estava só começando. Toda comunidade surda que ali se encontrava dirigiu-se para o colégio Helen Keller. A rua estava forrada de pessoas surdas pulando, dançando e comemorando atrás daquele que levava o enorme troféu acima da cabeça, mostrando a todos os transeuntes o objeto do seu orgulho. Até o trânsito parou.

Quando chegaram no colégio, houve a maior festa, pois se juntaram com as professoras que, após saberem da vitória, ficaram mais eufóricas que os alunos! Assim, continuamos a comemoração. Toda a diretoria da escola nos parabenizou pelo feito e prometeram incentivar cada vez mais aquele projeto que começava a fazer a diferença na vida daqueles alunos. Mais uma vez eu tinha vencido, e, junto comigo, toda a comunidade surda!

INCLUSÃO SOCIAL

Eu havia convidado Badeco, Leivinha, Félix e Coutinho (diretoria da Cooperesportes, Craques de Sempre) para assistir à final do quadrangular entre surdos e ouvintes. Minha intenção era mostrar a eles a evolução de nosso trabalho com aqueles meninos e, principalmente, provar que eles estavam aptos a disputar em condições de igualdade com qualquer equipe ouvinte. Sempre acreditei que a melhor forma de promover a inclusão era não fazer a exclusão, e meu sonho era colocar nossa equipe para disputar o campeonato da prefeitura com os times de garotos ouvintes de toda a cidade de São Paulo.

Com nossa vitória naquele quadrangular e com o nível técnico mostrado pelos alunos surdos, não me foi difícil convencer a todos de meu intento. O apoio irrestrito do presidente da Cooperesportes, Badeco, e do diretor Coutinho, que, como negros, sabiam o que era sofrer o preconceito das pessoas, contribuiu muito para isso. Passamos, assim, a disputar o campeonato municipal juntamente com todos os times de ouvintes, que totalizavam 65 equipes.

DEPOIMENTO DE COUTINHO

FOTO 45 – Coutinho.

As jogadas que eu fazia com Pelé ficaram famosas mundialmente, pois a gente se completava dentro de campo, e um sabia o que o outro ia fazer antes mesmo que acontecesse.

Nós vivemos uma época de ouro do futebol. Entretanto, meu maior privilégio é participar da Cooperesportes, no qual conseguimos unir vários craques do passado para que, por meio de sua luz, iluminem o caminho de tantos jovens carentes pelos nossos projetos esportivos.

Como destaque, não poderia deixar de citar este projeto especial criado pelo Julio, que educa milhares de crianças surdas pelo esporte.

Este livro dará visibilidade a um maravilhoso trabalho de inclusão social, bem como tantos outros assuntos importantes aqui abordados, para que as pessoas reflitam sobre a importância dos desenvolvimentos pessoal e profissional em suas vidas.

De uma certa forma, sinto-me co-autor de tudo isso, já que minhas jogadas em campo inspiraram estas não menos grandiosas jogadas da vida deste menino. Parabéns, Julio!

Para os outros treinadores (que eram todos ex-atletas), nossa equipe, ao iniciar o campeonato, foi vista com descrença e certa curiosidade. Porém, após as primeiras rodadas, quando os meninos puderam mostrar sua capacidade, passamos a ser respeitados e estávamos sempre nivelados tecnicamente com os demais. Chegamos, inclusive, a vencer vários jogos. Percebi que, no início, tanto os treinadores como os jogadores das equipes de ouvintes ficavam constrangidos em perder para os surdos. Porém, após a surpresa inicial, nossas vitórias passaram a ser vistas com maior naturalidade, e assim confirmei outra tese.

Tanto os ouvintes quanto os surdos ficavam chocados com muitas coisas de início, por falta de convivência, mas, conforme interagiam juntos, passavam a conviver com naturalidade.

Eu consegui, de fato, promover a inclusão social por meio do esporte!

Assim terminava aquela fase de nosso projeto, coroada de êxito, não somente pelos resultados positivos no cenário esportivo, mas, principalmente, no educacional e no social. O projeto e toda a metodologia que eu havia desenvolvido haviam sido comprovados cientificamente. Agora, deveria ser publicada e passaria a ser aceita no meio acadêmico. Os profissionais mais respeitados e conceituados no cenário nacional haviam dado seu aval, após tomarem conhecimento dos resultados por nós obtidos. Nosso projeto era uma realidade. Meses depois, foi analisado e publicado pela Secretaria da Educação e reconhecido como único no Brasil.

O avanço era grande, mas ainda havia coisas que muito me incomodavam. Uma delas era o fato de o projeto de futebol de campo só ser levado aos alunos mais velhos, uma vez que os menores iam e voltavam para o colégio com o transporte da prefeitura e não poderiam, portanto, dispor de tempo no pré ou pós-aula para participar de nosso projeto. Entretanto, eu sabia que era exatamente na faixa entre 7 e 13 anos que as crianças desenvolviam as habilidades que carregariam por toda a vida. Essa era, portanto, a época em que elas mais precisavam de esporte e atividade física para desenvolver todas as habilidades necessárias para realizar as tarefas mais simples do cotidiano. Apenas reparando a forma como os alunos entre 7 e 13 anos andavam, eu sabia que coordenação motora, confiança e autoestima não faziam parte de seu dia-a-dia. Eu conversava muito com a coordenadora do colégio Helen Keller, Maria Inês, e em uma dessas nossas conversas fiquei completamente chocado ao saber que não havia aulas de Educação Física dentro da escola. Perguntei então a ela:

— Mas aulas de Educação Física não são obrigatórias por lei, três vezes por semana?

— São sim, Julio Cesar, porém ainda está longe o tempo em que teremos a estrutura ideal para essas crianças. Isso não é falta de conhecimento e, muito menos, desleixo da secretaria especial ou da direção da escola, mas é uma série de detalhes que precisam ser corrigidos. Nós não temos o professor de Educação Física à nossa disposição na escola e, por isso, colocamos, para ministrar essa aula, uma pedagoga comum. É óbvio que não é o ideal, pois, independentemente da boa vontade que ela tenha, não foi preparada para exercer com conhecimento essa função.

— Mas por que a Secretaria da Educação Especial não contrata um professor de Educação Física para realizar essas aulas?

— Porque existe uma lei antiga que, pensando em proteger a pessoa surda de professores não especializados em deficiência, obrigava todos os profissionais que queriam dar aula a pessoas deficientes a ter uma pós-graduação em esporte adaptado, além do conhecimento do Libras. O profissional que tem todo esse desenvolvimento não vai se sujeitar a trabalhar na Secretaria da Educação, pois as escolas particulares de surdos pagam infinitamente mais. Como não existe esse profissional disponível à contratação, nós colocamos pedagogos para cumprir esse papel. Trabalhamos com o que possuímos. Infelizmente, é essa a realidade.

— Por que não se muda essa lei que, em vez de ajudar, atrapalha o desenvolvimento do surdo?

— Estamos tentando isso há algum tempo. Esperamos conseguir em breve.

— Posso realizar a aula de Educação Física dentro da escola? Não quero tomar o lugar de ninguém, mas posso dar aula junto com a pedagoga responsável. Assim, levaria este projeto não somente para aqueles que gostam de futebol de campo e participam de forma alternativa, mas à escola toda e de forma obrigatória, por meio da aula curricular de Educação Física, inclusive atingindo aqueles que mais precisam que são os alunos de entre 7 e 13 anos!

— Por que você não vem amanhã assistir a uma aula? Assim, poderá ter ideia do que é realizado e poderá conhecer a professora responsável.

— Ótimo! A que horas começa a aula?

— Às 7 horas.

— Estarei aqui! Após minhas observações, vou apresentar meu projeto reestruturado, mais específico para ser realizado dentro da escola.

Assim, despedi-me da coordenadora pedagógica do colégio com a promessa de voltar no dia seguinte.

Cheguei ao colégio às 7 horas. Procurei Maria Inês, que me encaminhou até a pedagoga responsável pelas aulas de Educação Física, Silvana.

Silvana era alta e forte. Seus longos cabelos levemente encaracolados emolduravam um rosto quadrado de uma beleza viril. Seu olhar transmitia confiança. Beirava os 45 anos e era uma mulher bonita. Estava acompanhada de mais duas outras mulheres que eram professoras também. Elas olharam-me com ar de desconfiança, principalmente quando Maria Inês apresentou-me dizendo que eu acompanharia as aulas de Educação Física.

Após as apresentações, Silvana contou como realizava as aulas e quais eram suas dificuldades. Gostou de saber que uma pessoa da área esportiva estaria com ela, dando o suporte necessário. Todas estavam sentadas em volta de uma mesa na área coberta do pátio, enquanto os alunos brincavam à vontade divididos em grupos que eles mesmos haviam formado. Uns pulavam corda, outros brincavam de pega-pega e havia aqueles que estavam sentados conversando sobre trivialidades. Todos estavam no mesmo pátio e, lá fora, na quadra esportiva, não havia ninguém. Era óbvio que, por mais que as professoras tivessem boa vontade, havia muita dificuldade em ministrar aquela disciplina. Provavelmente, o conhecimento que elas tinham em esporte ou mesmo em atividade física deveria estar limitado ao que aprenderam na época do colégio, nas aulas de Educação Física. Após acabar a primeira aula, que durou aproximadamente cinquenta minutos, retirei-me e fui conversar com Maria Inês. Disse a ela que já tinha visto o suficiente e precisaria somente de dois dias para apresentar meu projeto readaptado às necessidades do colégio. Poderia, então, ser encaminhado para a aprovação da diretoria. Ela concordou e disse que, caso fosse aprovado, poderíamos iniciar na próxima semana.

Mudanças no projeto

Fui para casa trabalhar no novo projeto com muito entusiasmo. Lentamente, eu ganhava a confiança das pessoas responsáveis pelo ensino da pessoa surda e, a cada dia, eu conquistava um espaço importante para os surdos. Porém, mal sabia das dificuldades que o futuro me reservava.

Primeiro, analisei o aspecto político daquela nova situação. Eu odiava essa parte do trabalho, pois sabia que, com raras exceções, ninguém gostava de mudanças, principalmente se não tivessem algum ganho financeiro. Porém, como coordenador e responsável pelo projeto, não podia dar-me ao luxo de ignorar toda a dificuldade que havia na implantação dele na escola. Eu sabia que sofria muitas pressões e analisei cada uma delas, pois, de uma forma ou de outra, teria que sobrepô-las:

- Eu era da Secretaria de Esporte e agora colocaria meu projeto dentro da escola que fazia parte da Secretaria da Educação. Por incrível que pareça, uma secretaria dificilmente colabora com outra e, mesmo quando existe cooperação, a burocracia pública encarrega-se de frustrar qualquer iniciativa. Além disso, existe o preconceito de que a Secretaria da Educação é a mais importante de todas, e muitos funcionários levam isso ao pé da letra. Ministraria uma aula da qual, na realidade, não era o professor oficial, mesmo sendo o único qualificado para realizá-la. O fato de eu ter sido um grande esportista dava-me um enorme direito moral perante todos, mas não direito legal;
- A aula de Educação Física, mesmo quando ministrada por um professor de Educação Física contratado pela Secretaria da Educação (o que não era o caso), sofria forte preconceito dentro da escola, pois era confundida por todos (inclusive por professores e diretores) como esporte ou mesmo recreação e não era vista como uma das disciplinas com o maior poder de educar integralmente, uma vez que era, provavelmente, a única matéria que o aluno fazia com prazer e que não impunha barreiras ao aprendizado;
- Eu encontrava-me em um universo estritamente feminino, pois, em três escolas para as quais o projeto de futebol de campo para surdos era levado, havia mais de cem professoras e somente eu era homem!
- Eu não era formado em Educação Física, apesar de ter passado a vida dentro do esporte e, principalmente, ter realizado todas as exigências da forte reciclagem que o CREF (Conselho Regional de Educação Física) havia, por lei, obrigado todas as pessoas que trabalhavam com esporte e que não tinham formação acadêmica a realizar. Nesse contexto, estava

inserida a comprovação obrigatória de ter sido profissional em alguma modalidade da área esportiva por mais de dez anos, duzentas horas comprovadas por certificados da participação em simpósios, mesas-redondas, cursos, treinos ou seminários. Por isso, escolhi, para me ajudar, um professor graduado em Educação Física como o Aguinaldo. Para todos os efeitos, ele seria o responsável técnico pelo novo projeto, pois eu pretendia inserir novas modalidades esportivas, o que, academicamente falando, eu não estava apto a fazer.

Lembrei-me então do que Deus me havia dito:
— O FUTEBOL SERÁ NECESSÁRIO PARA REALIZAR UM IMPORTANTE TRABALHO FUTURO!

A imagem de jogador de futebol e, principalmente, por ter jogado no Corinthians trariam-me, de todos, o respeito e a fascinação necessários para a realização daquele projeto.

Comecei as adaptações, modificando e acrescentando modalidades esportivas. As aulas deveriam estar restritas ao espaço escolar e não mais teríamos aula de futebol de campo no Parque da Aclimação. Coloquei, então, os esportes mais comuns realizados nas aulas de Educação Física que eram os seguintes, além de outras atividades:

- Futebol de salão;
- Basquete;
- Vôlei;
- Handebol;
- Capoeira;
- Dança.

Eu preocupava-me principalmente com o lado educacional e não somente o esportivo. O aprendizado de novos esportes daria ao aluno a possibilidade de desenvolver outras habilidades que, somente pelo futebol de campo, eu jamais conseguiria ensiná-los. Os esportes desenvolvidos com os membros superiores complementariam o desenvolvido com os membros inferiores. A dinâmica entre vôlei e handebol era completamente diferente, e era exatamente essa diversidade de oportunidades que o surdo precisava experimentar para desenvolver todas as habilidades necessárias para sua real educação integral por meio do esporte. Além disso, a aula de dança e capoeira dava ao aluno noções de ritmo e musicalidade por meio de sons graves (deslocamento de ar); mesmo colocando-se as caixas de som viradas para o chão, o aluno surdo poderia reconhecer ritmos. Assim, eu proporcionava um pouco daquilo que eu tanto fazia com meu violão e com os tipos de dança que eu conhecia, além da vivência de toda sua expressão corporal e emoções tão importantes ao desenvolvimento da sensibilidade humana. Também havia o lado social, pois, após esse aprendizado, com alguns cuidados, o aluno estaria capacitado a participar dessas atividades, inclusive com ouvintes, promovendo a inclusão social além do desenvolvimento dos aspectos físico, social e psicológico. Complementei as aulas com atividades físico-recreativas por meio de brincadeiras, gincanas e jogos cooperativos, tão importantes, principalmente, para os alunos menores e que tinham maior dificuldade de coordenação motora. Além disso, essas atividades poderiam ser realizadas simultaneamente com as modalidades esportivas, caso fosse necessário, uma vez que eram realizadas no pátio coberto, fora das quadras. Eu sabia que o surdo não tinha cultura em jogar outros esportes além de futebol. Era exatamente aí que estava a dificuldade.

Eu teria que ensinar o básico de todos os outros esportes. Isso incluía treinos táticos, regras de jogo, formas de jogar, fundamentos e até projeção de vídeos de cada modalidade para que os alunos se familiarizassem com cada uma delas. Além disso, percebi que havia um universo de assuntos pertinentes à área da educação que eu deveria levar ao conhecimento do surdo por meio de palestras. Assuntos como drogas, cigarro, bebida, sexo, prevenção de doenças, Aids, higiene, saúde, conhecimento do corpo humano, cidadania, preconceito etc., eu percebia que o surdo desconhecia por completo. Isso deveria ser feito em salas de aula e de vídeo e, de preferência, nos dias de chuva, aproveitando a impossibilidade de uso da quadra. Fiz o calendário das aulas de Educação Física dentro do horário da grade escolar. Para que todos os alunos tivessem três aulas de Educação Física semanais, era obrigatório que houvesse um rodízio diário entre as salas de aula, porém, nós somente poderíamos acompanhar Silvana em três dos cinco dias úteis de aula. Procurei fazer o rodízio de modo que todos os alunos treinassem conosco pelo menos uma vez por semana. O ideal seria que a Secretaria de Esportes disponibilizasse mais professores para realizar esse trabalho ou mesmo pagasse para que aqueles que já estavam no projeto recebessem por cinco dias trabalhados em vez de três dias. Eu montei o projeto com os recursos que tinha. Enfim, ele estava pronto e dei o nome de *Educação Integral do Surdo Através do Esporte*.

Quando terminei de criar o projeto e me dei conta de tudo que ensinaria por meio daqueles esportes e atividades físicas, percebi que tinha profundo conhecimento técnico de cada um deles. Nesse momento, eu soube o motivo de um dos maiores mistérios de minha vida que, até aquele momento, havia ficado sem explicação. Mesmo contrariando toda a lógica, eu havia, na infância, deixado inexplicavelmente o futebol de lado para disputar um ano de vôlei e, posteriormente, um ano de basquete como jogador federado pelas equipes inferiores do Palmeiras. Agora, precisaria de cada um dos fundamentos daquelas modalidades para ensinar a criança surda. Emocionado, olhei para o céu e sorri, compreendendo toda a perfeição de Deus.

— Você me induziu a aprender esses esportes.

— NEM PRECISEI DISSO! VOCÊ SEMPRE FOI LOUCO POR UMA BOLA!

— Mas, então, a vida é um jogo de cartas marcadas?

— ABSOLUTAMENTE! ENCARE ISSO COMO UM PRESENTE QUE PRECISOU PARA O FUTURO. EU SÓ O COLOQUEI À SUA FRENTE. FOI VOCÊ QUEM DECIDIU PEGÁ-LO!

— E se eu não tivesse escolhido aprender esses esportes?

— SUA VONTADE SERIA RESPEITADA, MAS TERIA ENORME DIFICULDADE EM REALIZAR ESSE PROJETO, ATRASANDO SUA EVOLUÇÃO E A DE MILHARES DE PESSOAS.

— Nossa! Quanta responsabilidade em um simples gesto! Mas por que deu a mim essa incumbência?

— CADA UM TEM UMA PROGRAMAÇÃO DE ACORDO COM SUAS EXPERIÊNCIAS ANTERIORES. RECEBEM AQUILO QUE NECESSITAM PARA SEU DESENVOLVIMENTO MORAL, INTELECTUAL E ESPIRITUAL.

— Como, experiências anteriores? Não é a primeira vez que estamos aqui?

— CLARO QUE NÃO! COMO PODERIA APRENDER TUDO EM UMA EXISTÊNCIA? A CADA UMA DELAS, VOCÊ AVANÇA UM POUCO, DE ACORDO COM AS ESCOLHAS QUE FAZ.

— Se os caminhos escolhidos são tão diferentes, então cada um está em um estágio!

— EXATAMENTE! ISSO É FÁCIL COMPROVAR. É SÓ OBSERVAR AS PESSOAS. CADA UMA TEM UMA DIFICULDADE DIFERENTE DA OUTRA, ASSIM COMO AS VIRTUDES.

— Eu gostaria de saber o que já fui no passado!

— VOCÊ NÃO PRECISA SABER. EM NADA ISSO AJUDARIA. PORÉM, OBSERVANDO SUAS MÁS TENDÊNCIAS ATUAIS, PODERÁ TER UMA BOA NOÇÃO DO QUE FOI.

— Então, eu fui um nobre acostumado a mandar, pois meu jeito intempestivo e autoritário ainda me acompanham.

— ENTÃO, TRATE DE SER MAIS BENEVOLENTE E COMPREENSIVO COM AS DIFICULDADES ALHEIAS, POIS TAMBÉM TEM AS SUAS. CONFORME DESPERTAMOS PARA ESSA CONSCIÊNCIA, MAIS RÁPIDO AVANÇAREMOS, APROXIMANDO-NOS DA VERDADEIRA FELICIDADE

— É verdade. Devemos tentar sempre melhorar, principalmente os pontos que sabemos que são menos desenvolvidos.

— É ISSO! PORTANTO, NÃO PERCA OPORTUNIDADES DE TRABALHO, QUANDO SE TRATA DE CONTRIBUIR COM O SEU DESENVOLVIMENTO E O DAS PESSOAS. OU ACHA QUE O FATO DE VIVER METADE DE SUA VIDA COMO OUVINTE E A OUTRA COMO SURDO É UM MERO ACASO?

— Nem havia notado! Mas não entendo o porquê disso!

— SOMENTE DESSA FORMA PODERÁ COMPREENDER MELHOR AS NECESSIDADES E AS DIFICULDADES TANTO DO SURDO QUANTO DO OUVINTE. VOCÊ DEVERÁ SER O ELO ENTRE ESSAS DUAS COMUNIDADES, PROMOVENDO A HARMONIA ENTRE AMBAS. É ISSO QUE ESTÁ FALTANDO NESSE MOMENTO, E FOI PARA ISSO QUE VOCÊ TEM SIDO PREPARADO. MAS A ESCOLHA DEVE PARTIR DE VOCÊ!

— Não é isso que tenho feito?

— SIM. POR ISSO, TUDO TEM DADO CERTO. PELAS SUAS ESCOLHAS, TEM ATRAÍDO PESSOAS COM AS MESMAS INTENÇÕES E VIBRAÇÕES QUE AS SUAS. ESSAS PESSOAS SERÃO IMPORTANTES PARA ALAVANCAR ESSE PROJETO QUE BENEFICIARÁ MUITA GENTE. ESCOLHA SEMPRE O AMOR, E CAMINHOS SUBLIMES AINDA SE DESDOBRARÃO À SUA FRENTE!

Esses diálogos davam-me a certeza de que eu estava no caminho certo, apesar das dificuldades que eu sabia que deveria enfrentar.

Dessa forma, foi iniciada a aula de Educação Física na escola de surdos. Por uma questão cultural, preferi começar pelo futebol de salão, pois os alunos teriam maior facilidade em aprender.

Na primeira aula, reparei que os alunos chegavam e sentavam-se para conversar uns com os outros, pois não estavam acostumados, de fato, a realizar aquela aula, principalmente as meninas. Comecei a chamar todos para a quadra. Alguns não gostaram, outros aceitaram contrariados. Eu os reuni no centro da quadra e expliquei que, a partir daquele dia, a aula deveria ser realizada por todos, pois fazia parte do aprendizado escolar, ou seja, era obrigatória. Com alguma má vontade, começamos a atividade. Eu havia desenvolvido uma divertida brincadeira que deveria ser feita como aquecimento. Depois de explicar a eles como era tal recreação, começamos a praticá-la. Em cinco minutos, a má vontade havia dado lugar a risadas e ao envolvimento com a aula. Todos participavam e se divertiam muito. Quando terminei o aquecimento, eles pediram para continuar. Eu iniciava os exercícios com um grau de dificuldade possível para que os alunos pudessem participar. Conforme o tempo passava e os estudantes aprendiam os movimentos, eu então imprimia maior dificuldade. No final, quem errasse saía da brincadeira até que sobrasse somente um aluno. Eles adoraram aquela recreação.

Comecei a confirmar o que eu já imaginava. A resistência inicial era a falta de hábito de fazer a aula. Quando eles perceberam que poderia ser muito prazeroso, não queriam mais parar! Fomos para o treino de futebol de salão e, lentamente, comecei a ensinar fundamentos e posicionamento tático. Aproveitava os dias de chuva para levá-los à sala de vídeo, onde colocava jogos de equipes profissionais para que observassem e entendessem tudo aquilo que eu falava. Em pouco tempo, tínhamos evoluído muito.

Reparei, entretanto, que havia quatro alunos que, além de surdos, eram também paraplégicos. Eles ficavam sempre em um canto da quadra, observando o treino dos companheiros sem poder participar. Seus olhos diziam que o futuro já estava selado para eles, e não esperavam participar de nenhuma emoção além de ver a vida passar sob a perspectiva de suas monótonas cadeiras de roda.

Fiquei pensando em como poderia criar uma motivação para esses meninos despertarem para a vida e superar aquele obstáculo. Quando encontrei uma forma de eles participarem da aula, chamei Silvana e disse a ela:

— Por favor, traga aqueles quatro meninos paraplégicos.

Silvana olhou para mim desconfiada, mas nada falou.

Assim que os garotos foram trazidos, comecei a prendê-los em suas cadeiras de rodas com seus próprios cintos, como se fosse um cinto de segurança improvisado. Quando estava tudo pronto, dividi todo o grupo em quatro filas paralelas, cada uma a quatros metros da outra. No final da quadra, na direção de cada fila, eu coloquei um cone.

Expliquei a eles que deveriam apostar corrida, levando o paraplégico em sua cadeira com cuidado para não derrubá-lo, dar a volta no cone e voltar. Quem chegasse sem derrubá-lo seria campeão, mesmo que fosse em último.

Dessa forma, o objetivo maior era terminar a prova sem que o aluno paraplégico caísse, ao invés de priorizar o primeiro lugar, pois uma competição acirrada naquelas circunstâncias poderia trazer sérias consequências. Quando Silvana percebeu o que eu queria fazer, disse-me, boquiaberta:

— Julio, você é completamente louco!

— Claro que sou! Você não sabe que todo gênio é um louco que deu certo?

Assim, abaixei a mão para que a corrida desse início. Os alunos saíram em disparada, empurrando as cadeiras de rodas na direção do cone, porém, cuidando para que o amigo paraplégico não caísse. Quando fizeram a volta no cone e começaram a retornar, pude olhar o rosto dos quatro paraplégicos que vinham em nossa direção, para perceber que eles gritavam de felicidade!

Então, eu soube que podemos viver uma vida em apenas um minuto!

Aqueles quatro meninos haviam voltado a viver e estavam completamente eufóricos de alegria por experimentar, provavelmente, a maior emoção de suas vidas! Quando a corrida acabou, todos os alunos abraçavam os quatro amigos paraplégicos em uma festa que eu jamais esqueceria!

Agora sim éramos de fato um grupo, onde não mais havia lugar de exclusão para ninguém que já era um excluído.

Pude, novamente, olhar para cima e agradecer àquele meu momento de loucura que, no fundo, eu sabia não ser meu, mas da espiritualidade que sempre está disposta a inspirar a quem se propõe ousar por amor ao próximo!

Aquela corrida passou a fazer parte do nosso aquecimento antes dos jogos, nas aulas de Educação Física, e confesso que era para todos o ponto alto entre todas as atividades. Os meninos tinham pelo menos mais um motivo para viver.

Porém, o que me deixou muito feliz foi iniciar a aula de Educação Física com os alunos menores.

Entre 7 e 12 horas, dávamos aula com cinquenta minutos de duração para todos os alunos maiores. Entre 14 e 16 horas, era a vez dos menores, entre 7 e 13 anos.

A dificuldade era muito maior, bem como o desafio, pois além de os alunos nunca terem participado do nosso projeto, eram ainda muito pequenos e aprendiam de forma mais lenta que os alunos maiores. Entretanto, foram os maiores beneficiados com as aulas de Educação Física.

A alegria que aqueles meninos demonstravam, ao descerem da perua escolar e se depararem comigo a esperá-los para a aula de educação física, era contagiante!

Corriam em minha direção, abraçando minhas pernas quase a me derrubar, e neste momento todas as dificuldades eram esquecidas. O carinho que aqueles pequenos me davam enchia meu coração de alegria!

Nesses momentos, emocionava-me até as lágrimas, pois eles faziam-me lembrar de meu filho Leonardo que poderia ficar surdo a qualquer momento. Pensava nos pais daqueles garotos e colocava-me no lugar deles. Como deveria ser difícil para um pai passar por essa situação! Se eu estivesse no lugar dos pais, provavelmente gostaria que dessem a meu filho uma bola, e, com ela, a oportunidade de ser uma criança mais alegre e feliz!

Após um mês, a coordenadora Maria Inês mandou me chamar, e, ao entrar em sua sala, foi logo me dizendo:

— As professoras dos alunos menores estão reunidas na sala dos professores e querem uma reunião com você.

Eu pensei: "Meu Deus! Que bobagem será que eu fiz dessa vez?".

Perguntei, ressabiado:

— Você sabe o que elas querem?

— Não tenho a menor ideia! Vá lá e você ficará sabendo.

Lá fui eu para a sala dos professores. Quando cheguei, percebi que todas estavam com sorriso no rosto e conversando animadamente. Isso me deixou mais tranquilo. Maria Inês entrou logo atrás de mim e fechou a porta, iniciando a reunião:

— Julio, o que as professoras querem saber é o que você anda fazendo com os alunos na quadra esportiva.

Todas me olharam com muita seriedade. Eu fiquei completamente desconcertado, sem saber o que deveria responder. Assim, comecei a balbuciar:

— O quê? Como assim, fazendo?

Maria Inês, agora, se esforçava para não rir. Assim, começou a falar:

— Elas querem saber o que você anda fazendo com esses alunos na quadra de esportes, pois em um mês você conseguiu o que elas não conseguem há anos!

Naquele instante, todos sorriram para mim como que em agradecimento, e fiquei emocionado com o carinho daquelas abnegadas professoras.

Maria Inês continuou:

— Os meninos estão mais felizes. Já não brigam em sala de aula o tempo todo, como antes. Conseguem prestar mais atenção às aulas e, consequentemente, melhoraram seu aprendizado. Não estão mais agressivos conosco!

E continuou, recitando uma enorme lista de benefícios que, no fundo, eu sabia que não era eu que proporcionara, e pude dizer quem era, de fato, a grande vedete daquela proeza:

— Quando você dá uma bola a uma criança, você dá rumo à sua vida! Eles estão assim pelo simples fato de terem tido a oportunidade de brincar, correr ao sol e canalizar suas energias de forma construtiva para desenvolver suas habilidades. A recreação e o esporte fazem parte da construção da educação integral de todo ser humano, e isso se dá, principalmente, na infância. Provavelmente, esses meninos não têm oportunidade de fazer isso em casa ou mesmo na rua, então devem fazer na escola, que é o local mais apropriado ao aprendizado.

Assim, apesar das dificuldades, estávamos conseguindo organizar a educação do surdo com o esporte na maior escola especial de São Paulo.

FOTO 46 – Treino com alunos surdos de 6 a 9 anos.

Na verdade, eu sabia que o colégio municipal Helen Keller era o maior e mais importante não só para a Secretaria da Educação Especial, como para toda a rede de ensino de surdos. Exatamente por isso, tudo que se fazia naquele colégio, automaticamente, servia de modelo para as outras escolas especiais. Aproveitei esse momento favorável para fazer a mudança no projeto também nos outros colégios e implantar a aula de Educação Física em todos eles. Obviamente, se isso ocorresse, nós passaríamos a atender mais de mil alunos mensalmente. Essa era minha meta.

Atingir um número maior de alunos era uma coisa muito importante pelo lado da força política, que me facilitaria conseguir maiores benefícios para toda a comunidade surda dentro do município de São Paulo como, posteriormente, para todo o Brasil. O governo federal estava em entendimento com nossa Cooperativa Craques de Sempre para ampliação do projeto de futebol de campo para crianças carentes, que deveria ir para todo o país, e seria uma consequência natural que meu projeto para surdos fosse junto. Para isso, eu precisaria de fortes argumentos de persuasão, e o maior deles deveria ser a grande quantidade de alunos surdos atendidos, além da qualidade educacional que meu projeto proporcionava àquelas crianças.

Projeto educação do surdo na Mooca

Lembrei-me de Cleide, a coordenadora da Mooca, e decidi falar com ela a respeito das mudanças no projeto.

Após o treino de futebol de campo, eu fui até a escola, porém, ao perguntar por Cleide, fui informado de que ela havia sido transferida para outro colégio de surdos. Procurei então a nova coordenadora e fiz minhas colocações, explicando o objetivo de minha visita. Esta coordenadora, ainda muito jovem, estava insegura no cargo de coordenação e, exatamente por isso, tinha receio de assumir qualquer mudança que não chegasse da burocrática Secretaria da Educação

Especial. Após muita conversa envolvendo toda a direção da escola, conseguimos realizar nosso intento. Passamos o projeto de futebol de campo para as aulas de Educação Física. Como na escola não havia quadra, conversamos com o diretor do Parque da Mooca e disse que não mais usaríamos o campo de futebol, entretanto, precisaríamos que ele nos autorizasse a usar a quadra esportiva. O diretor atendeu prontamente após explicarmos o motivo daquela mudança.

O fato de o colégio de surdos estar no Parque da Mooca facilitou muito o deslocamento dos alunos do colégio para as quadras, pois a distância não chegava a duzentos metros. Isso tranquilizou a diretora, que temia que ocorresse algum problema com os alunos fora do colégio. As professoras nos ajudavam a cuidar dos alunos, não só nesse trajeto como também durante a própria aula de Educação Física, e isso criava uma cumplicidade entre todos, facilitando até o ensino na quadra e dentro da sala de aula.

Nossa matéria, a Educação Física, agora era obrigatória. Durante a manhã, nós a ministrávamos a alunos de 14 a 20 anos e à tarde, para os de 7 a 13.

As professoras do colégio da Mooca, de uma forma geral, adoraram o novo projeto, pois sabiam da enorme importância que aquela aula teria para a educação futura daquelas crianças e, talvez por terem um bom desenvolvimento pessoal, colocavam a importância educacional dos alunos acima de seus interesses pessoais, o que nem sempre acontecia em outros colégios. Eu percebia que elas vibravam de alegria junto com os alunos todas as vezes que eles acertavam as jogadas. Aliás, isso também ocorria no colégio da Aclimação, mas por ser este muito maior, perdia o ar de cumplicidade que havia na escola da Mooca.

PROJETO ESPORTIVO EM PIRITUBA

Após a implantação do novo projeto nas duas primeiras escolas, ele deveria ser realizado na escola especial de Pirituba. Seria mais difícil, pois lá também não havia quadra esportiva no espaço físico escolar, e o CDM (Clube Desportivo Municipal), onde eu levava os alunos para aulas de futebol de campo e que agora deveria nos ceder a quadra, era um pouco mais longe do que na Mooca. Ficaria difícil, pois os alunos menores deveriam participar e teriam que sair da escola e fazer esse trajeto a pé entre ruas e avenidas. Além disso, eu já havia tido um contratempo com a diretora e, por esse motivo, decidi adaptar o projeto para que fosse realizado dentro daquela escola.

Quando tudo estava pronto, fui falar com a diretora:

— Provavelmente, a senhora deve saber que estamos modificando nosso projeto em todas as escolas especiais. Foi feito no colégio Helen Keller da Aclimação e no Colégio Neusa Basseto da Mooca, onde tivemos enorme êxito. Como existem muitas dificuldades em contratar professores de Educação Física pela Secretaria da Educação, nós estamos ocupando este espaço para que os alunos não sejam prejudicados pela falta dessa disciplina tão importante para a educação integral da pessoa surda. Pelo fato de o CDM ficar longe para levar todos, especialmente agora com a participação dos alunos menores, eu pensei em usar este espaço aqui do pátio da escola. Apesar de não ser uma quadra esportiva, pelo menos poderemos fazer alguma atividade física, recreativa, jogos cooperativos, enfim, desenvolver o aluno em todos os aspectos pertinentes a essa disciplina.

— Mas isso já é feito dentro da escola. Seu trabalho com o futebol de campo é alternativo, para quem deseja um complemento. As minhas professoras já fazem esse trabalho dentro da escola usando o espaço.

— Nas outras escolas também existe o trabalho, afinal é obrigatório por lei federal a realização de aulas de Educação Física três vezes por semana, porém em nenhuma delas existe de fato o professor de Educação Física e nós sabemos que aqui não é diferente. Não pretendo tomar o espaço de ninguém, pois a pedagoga que provavelmente ministra essas aulas hoje nesta escola é contratada efetiva da Secretaria da Educação, enquanto eu sou da Secretaria de Esportes. Proponho fazer o trabalho como nas outras escolas, ou seja, ficar junto com a pedagoga para podermos levar essa disciplina ao aluno, exatamente como deve ser.

— Eu entendo suas colocações, entretanto, mesmo sendo diretora, não tenho autoridade para mudar a determinação que vem da Secretaria da Educação Especial. Você teria de propor essas mudanças na Secretaria para que elas nos fossem encaminhadas oficialmente. Não posso, portanto, fazer o que me pede.

Percebi em seu tom de voz, bem como em seu olhar, um ar de triunfo, pois ela sabia que, se fosse requisitada aprovação oficial da burocrática Secretaria da Educação, levaria anos para iniciarmos o projeto. Essas pessoas ainda não conseguiam enxergar que o único inimigo da educação do surdo eram elas próprias e todos aqueles que, pelo preconceito, interesse próprio, comodismo ou mesmo pela falta de capacidade pedagógica, não cumpriam seu papel de professores e, principalmente, de educadores daquelas crianças já acostumadas à exclusão. Confesso que fiquei penalizado com o procedimento daquela educadora, mas, infelizmente, muitos burocratas do ensino ficam discutindo todas as vírgulas e nuances de seus mestrados e doutorados que, se de fato são importantes para a educação, sozinhos nada fariam se não arregaçassem as mangas e os colocassem na ponta do coração antes de passá-los aos alunos surdos.

Naquele momento, aquela coordenadora negou a oportunidade de aprendizado a mais de trezentas crianças surdas que estavam sob sua responsabilidade.

FOTO 47 – Espaço para Educação Física atualmente improvisado no pátio da escola de surdos de Pirituba.

Escola da Vila Nova Cachoeirinha

Eu tinha ouvido falar sobre uma escola de surdos na Vila Nova Cachoeirinha, e, com a negativa da direção da escola de Pirituba em modificar o projeto de futebol de campo para aulas de Educação Física, resolvi conhecer a tal escola para ver a possibilidade de implantar ali o projeto.

Partia-me o coração deixar a escola de surdos do bairro do meu coração, que era Pirituba, porém eu não tinha alternativa. Sabia que se quisesse ter força dentro da prefeitura eu deveria dar aulas ao maior número de alunos e ter um padrão de ensino em todas as escolas e só conseguiria isso implantando aulas de Educação Física, que eram obrigatórias. Portanto, a escola de futebol de campo, que era alternativa, estava fadada a acabar. Assim, terminamos com aquele projeto no colégio de Pirituba.

Há algum tempo, eu procurava patrocínio na iniciativa privada para aquele projeto, mas sem nenhum êxito. Essa seria a forma ideal para viabilizar aquele projeto nas seis escolas especiais municipais de São Paulo, pois eu poderia fazer uma parceria com a prefeitura e colocar um professor de Educação Física em cada escola de surdos. Este é um sonho que há muito eu acalentava, pois, se algum dia eu precisasse deixar o projeto, os professores que lá estivessem poderiam tranquilamente dar continuidade a ele sem qualquer tipo de prejuízo para a comunidade surda.

Com a intenção de mudança, fui visitar a escola da Cachoeirinha, denominada Mario Bicudo. Quando lá cheguei, fui muito bem recebido.

Estava agora diante da diretora de colégio. Ela se chamava Maria Ignez e logo simpatizei com ela.

Maria Ignez era bonita, olhar franco, bronzeada de sol e muito alegre. Parecia estar sempre de bem com a vida. Nos primeiros momentos de conversa, disse-me que tinha um filho surdo e que isso acontecera logo após seu nascimento. Automaticamente, a conversa mudou de nível, pois era a primeira pessoa que fazia parte do processo da educação do surdo que havia, de fato, convivido com esse problema dentro de casa. Provavelmente, ela sabia a real dificuldade dessas pessoas, à qual agora eu me incluía, e já sofria muito com as barreiras e o preconceito das pessoas ouvintes. Passei a respeitá-la mais por isso.

Como as outras escolas de surdos, aquela não era diferente. Também não havia professor de Educação Física efetivo, e quem ministrava essas aulas eram as próprias pedagogas e professoras de outras matérias. Após relatar como meu projeto tinha sido implantado nas outras escolas, ela disse que já sabia muito à respeito dele e que tinha enorme interesse em implantá-lo na sua escola, mas para isso chamaria a coordenadora pedagógica para participar daquela conversa. Quando Maria Ignez voltou e me apresentou a coordenadora, eu quase caí de costas! Era a Cleide!

A mesma coordenadora que eu conhecera na Mooca e que havia sido transferida de escola, mas eu jamais poderia imaginar encontrá-la ali, o que para mim foi uma grata surpresa! Cumprimentamo-nos com alegria e começamos a traçar os planos para implantar a Educação Física naquela escola.

Reparei que os alunos, bem como seus familiares, eram pessoas bem mais humildes que nos outros colégios e deveriam ter maiores dificuldades e problemas para educar os filhos surdos, e, por isso, muitas vezes jogavam toda essa responsabilidade sobre a escola, já que as mães trabalhavam fora o dia todo para ajudar no sustento da casa, quando não o único arrimo da família. Pude perceber a dificuldade que eu teria somente pelo olhar daquelas crianças e adolescentes. Era um olhar sofrido, revoltado e sem esperança.

Para ganhar a confiança e respeito desses alunos, a primeira iniciativa foi reunir todos eles. Levei alguns recortes de jornal nos quais eu havia sido manchete enquanto jogador do Corinthians e outras equipes, complementando com DVDs de gols que fiz naquela época de jogador. Foi o bastante para ganhar a admiração de todos, fazendo que "abrissem a guarda" para que eu pudesse passar todo o conhecimento educacional por meio do esporte. Todos colaboravam muito, inclusive as professoras.

Quinze dias depois, iniciávamos as aulas na Cachoeirinha, que substituíra a escola de Pirituba, ampliando para três escolas o projeto que foi denominado Educação Integral do Surdo Através do Esporte.

Assim como nas outras escolas, iniciamos os esportes pelo futebol pelo fato de a comunidade surda já ter conhecimento dessa modalidade.

Após a publicação deste projeto,[6] e de outros artigos relacionados com a comunidade surda no site da Secretaria da Educação Pública,[7] eu fiquei muito orgulhoso do nosso trabalho, pois, diferentemente de quando iniciei aquele projeto, quando nada havia sido publicado para que eu pudesse me basear, agora, entrando na internet e acessando o *Google* e buscando "educação do surdo pelo esporte", as primeiras matérias que apareciam eram as que eu tinha desenvolvido. O surdo começava a ganhar destaque na mídia e conquistar o seu lugar de direito na sociedade. Agora, cabia a ele fazer a sua parte.

Com as aulas de Educação Física sendo aplicadas nas escolas especiais, eu logo me familiarizei com as professoras e funcionários de uma forma geral. Convivendo no dia-a-dia da escola, eu passei a formar melhor ideia de como o surdo era tratado e educado e pude perceber que quase todos "afrouxavam" muito para eles, principalmente a disciplina. Comportamentos que ali eram permitidos jamais seriam aceitos em uma escola comum. Obviamente, os responsáveis não permitiam isso por descaso, mas eu sabia que, naquele universo feminino, muitas vezes o lado maternal falava mais alto que o educacional.

Lembro-me de uma oportunidade que envolveu a mim e uma grande amiga, inspetora do colégio da Aclimação, Helen Keller.

Após terminar o período matutino de aulas, por volta de 11h30, os alunos deveriam se dirigir ao refeitório e, em fila, pegar seu almoço. Porém, muitos deles ficavam conversando pelos corredores e atrasavam o trabalho das cozinheiras. Quando cheguei ao refeitório,

---

[6] http://www.educacaopublica.rj.gov.br/biblioteca/educacao/0106.html

[7] http://www.educacaopublica.rj.gov.br/suavoz/0073.html

deparei-me com a inspetora gritando e gesticulando para chamar pelos alunos que conversavam. Estes, por sua vez, a ignoravam e continuavam o que faziam sem ao menos olhar para ela.

Neste momento, eu lhe perguntei:

— Por que você está gritando e gesticulando para os alunos?

— Para que eles venham almoçar logo, pois as cozinheiras precisam preparar o lanche para os alunos da tarde.

— Ao invés de você gritar pelo corredor, por que não coloca um cartaz aqui no refeitório informando que o almoço inicia às 12 horas e termina às 12h30?

— Nem chamando eles vêm! Imagina se virão com um cartaz!

— Então, faça o seguinte: avise as cozinheiras que, ao término do horário estipulado, elas devem fechar o refeitório e não servir comida a mais ninguém.

— Mas assim muitos vão ficar sem comer! Coitados!

— Ficarão sem comer somente no primeiro dia. No segundo dia, você não precisará chamar ninguém, pois eles respeitarão as regras e manterão a disciplina para não ficarem com fome. Na realidade, agindo como agimos, estamos perpetuando a indisciplina, concorda?

— Você tem razão. Eu grito e gesticulo e nem ao menos olham para mim!

No outro dia, ao passar pelo refeitório, lá estava a inspetora a gritar e gesticular da mesma forma que no dia anterior!

Esse tipo de acontecimento era muito frequente nas três escolas em que eu dava aula. Eu sempre fazia minhas colocações quando presenciava algo assim. Dizia que o surdo precisava de carinho e respeito com sua restrição, mas que educação, principalmente a disciplinar, deveria ser feita com austeridade, como para qualquer criança comum.

Cada vez mais, eu me questionava se o estudo em escolas especiais seria de fato melhor para a criança surda. Agora, como deficiente auditivo e com melhor conhecimento do universo do surdo, eu achava incoerente que, em todas as escolas especiais, entre mais de cem professores, eu não conhecesse nenhum entre eles que fosse surdo! Um profissional surdo obviamente estaria muito mais preparado para perceber e entender as necessidades daqueles alunos não só por ser um igual, mas também por dominar a Libras com fluência, além do lado filosófico, que geraria muito maior interesse por parte dos alunos surdos em se graduar, por saberem que teriam uma oportunidade real de trabalho. Por todos esses motivos, eu achava que a prioridade de contratação nas escolas especiais deveria ser para professores surdos.

Comecei, então, a formar uma opinião a respeito disso e o que muito me ajudou foi quando tomei conhecimento do que acontecia em algumas escolas de melhor estrutura, como PUC, Rio Branco e Santa Teresinha.

A diferença daquelas escolas de surdos com a rede de ensino municipal era enorme, e pude perceber coisas que eu já estava cansado de discutir com minha diretoria e que, naquelas escolas, há muito faziam parte de seu cotidiano.

Professor de Educação Física contratado, quadras poliesportivas cobertas, material didático e esportivo à vontade, profissionais altamente preparados a exercer suas funções, funcionários de apoio como cozinheiras e serventes falando o básico em Libras eram o mínimo. Não havia conivência com indisciplina de aluno. Todos respeitavam-se mutuamente e cada um sabia seu lugar. Passei a ter conhecimento de que essas escolas promoviam a integração de alunos surdos em classe de alunos predominantemente ouvintes, a partir do Ensino Médio. Mas isso só era possível respeitando a forma de aprendizado do aluno surdo, com um intérprete de Libras dentro da sala de aula. Em matérias que exigiam muita atenção visual, como artes, os alunos surdos chegavam a se destacar mais do que alunos ouvintes.

Também tive conhecimento de que alguns dos meus alunos do ensino municipal haviam sido transferidos para escolas comuns e estavam conseguindo acompanhar as aulas apenas com a leitura labial. Outros conseguiam se igualar aos ouvintes por ouvirem um pouco com ajuda de aparelho auditivo.

Era uma comunidade de complexidades tão diversas, que ninguém, em sã consciência, poderia dizer que sabia o que era melhor para o ensino da pessoa surda. O que eu percebia, com certa tristeza, era que havia diferentes subdivisões entre a própria comunidade surda, e, em vez de imperar a tolerância pela forma como cada um preferia se comunicar, seja por via oral ou gestual, surdos e deficientes, sentiam-se no direito de se colocar como donos da verdade, segregando ainda mais uma comunidade que deveria estar unida para conquistar o respeito e os direitos de cidadãos junto aos ouvintes. Perdiam seu precioso tempo e energia com infindáveis lutas internas, quando não tinham nem o básico necessário para se educarem!

De uma coisa eu tinha absoluta certeza: o surdo, tendo oportunidades reais de aprendizado (respeitando suas necessidades) e sendo tratado com respeito e austeridade, poderia chegar ao mesmo nível intelectual que qualquer pessoa não deficiente.

Eu tinha que ser prático. Se a escola especial não era ideal, pelo menos era a realidade existente naquele momento, minha prioridade era conseguir colocar meu projeto de educação física dentro das seis escolas especiais para surdos que havia em São Paulo. Porém, ainda faltavam três delas, e a Secretaria de Esportes não me fornecia mais professores para eu realizar meu objetivo. Minha ideia, após inserir a educação física nas seis escolas, era conseguir trazer para cada uma delas um professor de Educação Física efetivo contratado pela própria Secretaria da Educação. Então, eu poderia deixar as escolas sabendo que minha luta de dez anos havia assegurado esse benefício ao surdo. Eu pensava em fazer outras coisas, pois já estava cansado de dar aula de sol a sol. Mas, primeiro, precisava encontrar os professores substitutos. Para isso, eu procurava chamar a atenção de todas as formas possíveis para a necessidade de profissionais competentes ocuparem este cargo.

PALESTRAS EM UNIVERSIDADES

Um dia, providencialmente, apareceu no colégio Helen Keller uma turma de estudantes universitários. Disseram que estavam no último ano de Educação Física e precisavam realizar um TCC (trabalho de conclusão de curso). Esse trabalho deveria falar sobre algum projeto de Educação Física envolvendo a criança surda. Eles redigiram sobre como o projeto era realizado e, então, precisariam que eu fosse à universidade e mostrasse a todos os formandos como o trabalho com os surdos havia sido criado, como se desenvolvia e quais os benefícios que proporcionava. Segundo os estudantes, eu era o único em São Paulo que havia desenvolvido um projeto educacional esportivo direcionado ao surdo, e, por isso, se eu negasse aquele pedido, eles não teriam a quem recorrer.

Percebi, naquele momento, uma enorme oportunidade de chamar a atenção de futuros professores, formandos em Educação Física, para a necessidade de se interessarem em trabalhar nas escolas de surdos. Aceitei prontamente o convite.

No dia combinado, vieram me buscar e fomos para a universidade. Chegamos bem cedo, pela manhã, e fomos direto à sala de aula. Após cumprimentar o professor (por sinal, um grande educador), fiz uma palestra explicando o que era meu projeto e como ele havia sido desenvolvido. Percebi que alguns alunos cochilavam enquanto eu falava. Sabia que, naquele período, só estudavam os mais abastados que não precisavam trabalhar para pagar a faculdade. Se não tinha interesse pela própria educação, imaginem pela educação dos surdos!

Quando terminei, o professor pediu a palavra e disse a todos:
— Vocês deveriam se envergonhar. Uns dormindo, outros conversando. O professor Julio Cesar se prontificou a vir aqui, a esta hora da manhã, sem nada cobrar, e o mínimo que vocês deveriam ter é um pouco de respeito por ele!

Na hora, eu pensei: "Meu Deus! Ainda existiam educadores de verdade! Eu não estava na contramão do mundo! Pelo menos, não estava sozinho...".

Fomos para a aula prática na quadra, na qual eu demonstraria os exercícios e as brincadeiras especiais que havia criado e tudo que esses exercícios proporcionavam de desenvolvimento aos alunos surdos.

Após estarmos todos reunidos na quadra, comecei a explicar aos alunos como deveriam ser realizados os exercícios, e, conforme explicava, os voluntários posicionavam-se.

Ao término de cada exercício, eu então expliquei quais as habilidades que eles estimulavam. No final de cinquenta minutos, todos os alunos estavam envolvidos com a aula, integrados entre si, brincando e rindo muito, num ambiente completamente descontraído. Até aqueles que haviam dormido na aula teórica participavam.

Quando terminei, aproveitei para chamar a atenção para esse detalhe e dizer o seguinte:

— Como vocês puderam ver, os exercícios que adaptei ou mesmo criei para as aulas de Educação Física dos surdos têm enorme conteúdo de aprendizado nos lados científico, social, físico e psicológico, proporcionando, de fato, uma educação integral do surdo por meio do esporte. Além disso, estes exercícios são realizados de forma completamente descontraída e recreativa, proporcionando enorme prazer e integração aos seus participantes. Mas, infelizmente, nós temos um grande problema nas escolas especiais, que é a falta do professor de Educação Física, que só pode ser contratado após aprender Libras e realizar pós-graduação em Esporte Adaptado. A maioria das pessoas que se forma nessa profissão, e acredito que entre vocês não é diferente, interessa-se somente em trabalhar nas grandes academias de ginástica ou em ser preparadores físicos de um grande clube de futebol. Acho até normal, nessa idade, buscarmos fama, dinheiro e sucesso profissional. Entretanto, posso dizer a vocês, como ex-jogador do Corinthians, que esse trabalho com deficientes é infinitamente mais importante e trará a vocês muito mais realização pessoal e profissional do que qualquer time ou academia. Espero que vocês não precisem trilhar os árduos caminhos da decepção que eu trilhei para chegarem a essa mesma conclusão. Muito obrigado!

Quando terminei, ouvi um estrondo de aplausos e pude notar alguns olhos marejados de lágrimas. Percebi que tinha o dom da palavra e conseguia emocionar as pessoas ao falar. Minha única preocupação era falar o que vinha ao coração, para que minhas palavras não caíssem no vazio da hipocrisia.

De qualquer forma, eu havia dado meu recado e esperava que, em médio prazo, eu pudesse receber os primeiros professores especializados em deficiência para encaminhá-los às escolas de surdos.

Durante quatro anos, eu participei das apresentações de meu projeto para mais de quarenta turmas de professores formandos em educação dessa universidade.

FOTO 48 – Palestras realizadas em universidades sobre a inclusão do surdo.

Meu sonho, após estruturar essas seis escolas especiais municipais para surdos, era promover um festival socioesportivo entre todas elas e convidar também as escolas de surdos particulares que eu sabia que possuíam ótima estrutura.

Juntas, seriam nove escolas e reuniríamos perto de três mil jovens surdos. Nesse festival, deveriam ser disputadas as quatro modalidades de esportes que deveriam ser ensinados nas aulas de Educação Física durante o ano letivo: basquete, handebol, futebol de salão e vôlei, seguidos de apresentação de equipes de dança e capoeira.

Para isso, entretanto, deveríamos ensinar esses esportes. Eu e Aguinaldo combinamos que sempre que houvesse uma mudança de modalidade, ela deveria ser realizada nas três escolas simultaneamente. Assim foi feito.

Nessa época, meu filho Leonardo me acompanhava na escola de surdos, pois sempre fora muito agarrado comigo. Além disso, eu incentivava, pois queria que ele crescesse tendo noção do mundo real. Inclusive, eu agora deveria fazer parte daquela comunidade. Ele estava crescendo e eu havia ensinado o básico em Libras. Leonardo adorava jogar futebol. Meus alunos ficavam encantados com aquele menininho que participava das aulas de futebol de salão e falava Libras com todos. Gostava de jogar no gol e, para minha tristeza, havia escolhido Rogério Ceni como ídolo, pois era são-paulino! Apesar de preferir que Leonardo não fosse jogador como eu, sentia-me orgulhoso de ver que aquele molequinho já despontava com enorme habilidade para o futebol.

E assim o tempo seguia...

FOTO 49 – Leornardo.

Festival Esportivo de Surdos

Um dia, fui chamado pela diretora do Helen Keller para acompanhá-la até a Secretaria da Educação Especial.

Quando lá chegamos, fiquei assustado. Vinte pessoas aguardavam-me para iniciar uma importante reunião.

Percebi que havia representante de várias escolas de surdos. A diretora da Secretaria da Educação Especial, Mônica Leone, foi quem primeiro dirigiu-me a palavra:

— Julio, nós desenvolvemos um festival cultural/esportivo que envolverá todas as escolas especiais municipais da grande São Paulo, além das escolas particulares. Como você é o coordenador desse projeto, que envolve três das nossas escolas, queremos contar com seu apoio. Por isso, foi convidado a participar desta reunião.

Quando ela acabou de falar, eu estava perplexo e disse a todos os presentes:

— É exatamente por isso que luto há tantos anos! Confesso que era a última coisa que esperava ouvir. Que notícia maravilhosa! Têm meu total apoio!

Passei então a respeitar aquelas pessoas que muito se preocupavam com a educação do surdo.

Nesse momento, o professor de Educação Física, que havia desenvolvido aquele festival esportivo, começou a explicar como seria aquele primeiro encontro. Entretanto, percebi que eu e Paullo, presidente da Associação Paulista de Surdos, éramos os únicos surdos presentes!

Na realidade, todos faziam comentários paralelos e falavam rápido, dificultando o entendimento que, para mim, já era pela leitura labial, já que ninguém falava Libras nem havia se preocupado em colocar um intérprete. Nesse momento, Paullo levantou-se e começou a reclamar que, em uma reunião com a presença de surdos, deveria ter uma intérprete de Libras.

Prometeram a presença do intérprete, mas somente para as próximas reuniões.

O professor responsável em desenvolver o festival esportivo falou sobre as modalidades que seriam disputadas e que estariam abertas as inscrições para handebol. Nesse momento, eu pedi a palavra. Todos olhavam para mim com atenção:

— Entre mais de vinte pessoas que compõem esta mesa, somente eu e Paullo somos surdos. Deveria ter mais representantes de nossa comunidade. De qualquer forma, gostaria de parabenizar toda a diretoria dessa secretaria por esta importante iniciativa. Parabéns também ao professor que desenvolveu a parte esportiva. Entretanto, como vocês sabem, não existe aula de Educação Física de fato nas escolas especiais municipais. Eu estou fazendo um papel que não é meu, pois faço parte da Secretaria de Esportes e o ideal seria contratar um profissional de Educação Física para todas as escolas da rede de ensino público pela Secretaria da Educação Especial, para que faça parte de fato do corpo docente das escolas. Nesta mesa estão as principais pessoas que fazem o ensino da criança surda, portanto vocês têm enorme responsabilidade em resolver este problema.

Neste momento, a diretora-geral da secretaria, Sra. Silvana Drago, disse:

— Julio, talvez o que você não saiba é que, no passado, pensando em proteger a pessoa surda, foi criada uma lei que obriga o profissional de Educação Física a ter, além de curso de Libras, pós-graduação em Deficiência e Esporte Adaptado. Só assim podemos contratar alguém. Esse profissional é raro e os poucos que existem preferem trabalhar na rede particular, pois recebem um salário maior.

Cleide já havia me alertado para esse importante ponto, e eu então respondi:

— Sei, sim, e reconheço que esse é um grande problema. Precisamos mudar essa lei, afinal para realizar esporte para surdos não é necessário adaptá-lo em nada. Tanto é verdade que o surdo não participa da paraolimpíada junto com os outros deficientes exatamente por ser diferenciado. A única diferença que existe no aspecto esportivo entre surdos e ouvintes foi criada pelo preconceito e não pela capacidade. Vocês sabem disso melhor do que eu. A CBDS (Confederação Brasileira Desportiva de Surdos) é o órgão oficial que se encarregava de formar as seleções de cada modalidade esportiva para disputar o campeonato mundial de surdos, que era realizado sem qualquer vínculo com a paraolimpíada.

— Não é tão simples assim. Para isso, é preciso vontade política. Esse festival esportivo será um grande passo para isso, portanto, contamos com você e todo seu magnetismo pessoal por ser um ex-jogador do Corinthians, além da sua vasta experiência no esporte.

— Pode contar comigo, pois tem meu total apoio. Só há mais um detalhe. Para colocar handebol nesse festival, precisamos, primeiro, apresentar a bola aos alunos, pois nunca viram uma! Como vamos pedir para o aluno fazer uma coisa que nunca ensinamos?

Percebi que todos riram!

Neste momento, o representante de um dos colégios particulares disse:

— Nós treinamos handebol há anos e acredito que outras escolas também.

— As outras escolas às quais você se refere são particulares como a sua, que têm toda a infraestrutura disponível, mas, como você deve saber, na rede de ensino público as escolas não têm nem quadra! Porém, não se esqueça de que quem está promovendo este festival é a Prefeitura de São Paulo e quem deve ser preservada, portanto, é a escola pública. Vocês já criaram uma cultura neste esporte e seus alunos o praticam há anos. Se colocarmos alunos da rede pública para disputar contra a rede privada sem lhes dar o mínimo de preparo, haverá um "massacre", e isso pode gerar um grande trauma, consolidando de vez o desinteresse de meus alunos por este jogo, ou até pelas aulas de Educação Física. Proponho que essa modalidade seja incluída no festival do ano que vem. Até lá, teremos tempo para nos preparar adequadamente.

Assim foi feito.

O festival cultural/esportivo nos ajudou muito a criar uma cultura de educação física na escola, pois agora os alunos teriam maior motivação em participar das aulas e aprender a jogar. Eles sabiam que toda a comunidade surda estaria presente e ninguém queria fazer feio.

Aproveitei esse momento psicológico favorável para motivar os alunos e ajudá-los a desenvolver suas qualidades e habilidades. Programei-me para mudar de modalidade somente após o festival e continuamos dando ênfase ao futsal, esporte que de fato seria disputado naquele ano. Muitos dos alunos já treinavam conosco o futebol de campo, inclusive as meninas, e só foi preciso uma readaptação para o futsal. Em pouco tempo, as equipes das várias faixas etárias, tanto masculino quanto feminino, das nossas três escolas, estavam razoavelmente preparadas para disputar o festival.

Obviamente, minha preocupação não era conquistar vitórias, pois não é esse o papel do esporte na escola, mas tinha muito medo de que houvesse um desnivelamento técnico muito grande, afinal não conhecia as outras equipes. Se isso ocorresse, poderia desmotivar de forma irreversível aqueles alunos que já tinham problemas de baixa autoestima. Minha preocupação não era somente com relação às minhas equipes, mas também às outras, principalmente das escolas municipais que eu ainda não conhecia. Pensando em preservar todos os alunos, na primeira reunião presidida pela diretora da Secretaria Especial, Mônica Leone, acompanhada de todos os responsáveis pelas equipes das escolas participantes, propus um tratado de ética esportiva que consistia no seguinte:

"Se, em algum jogo, qualquer das equipes ampliar demais o placar, o professor deve iniciar as substituições com a intenção de equilibrar o nível técnico e evitar um "massacre". Além disso, haverá o lado democrático de colocar todos para participar do jogo, principalmente os que possuem menos qualidade técnica, maior dificuldade de aprendizado e que, por esses motivos, sempre ficaram de fora.".

Todos aceitaram, inclusive Mônica Leone. Mas eu mal sabia a vergonha que passaria perante ela por ter feito aquela proposta.

Outro pedido que fiz à Mônica foi o aumento do número de atletas no banco de reservas. A presença do maior número de alunos possíveis, mesmo que não participassem do jogo, faria que todos sentissem-se parte do grupo. Com essa atitude, eu visava à não-exclusão de muitos dos alunos que participavam das aulas de Educação Física, que não poderiam sequer ficar na reserva. Isso evitaria uma evasão nas aulas de Educação Física escolar. Aproveitei o número elástico de participantes para incluir aqueles que tinham outros problemas físicos, além da surdez, inclusive os garotos paraplégicos. Entretanto, somente um deles teve permissão dos pais para participar do campeonato.

Seguíamos com os treinos para o festival, e percebi que, às vésperas de seu início, todas as três escolas estavam muito motivadas.

As professoras faziam ensaios das peças teatrais que deveriam apresentar na abertura do festival, outras ensaiavam os corais que cantariam naquela oportunidade e até os grupos de dança participavam. De uma forma ou de outra, aquele evento estava mexendo positivamente com todas as escolas. Percebi que Silvana, a pedagoga que dava aula comigo no colégio Helen Keller, estava mais ansiosa, cobrando maior desempenho dos alunos dentro dos treinos, e reparei que havia uma pressão natural das outras professoras sobre ela para que atingisse resultados positivos dizendo as seguintes frases:

— Vamos lá, hein! Como está nosso time? Tenho certeza de que seremos os campeões!

Esse era um fator que muito me preocupava, pois eu sabia, por experiência própria, o que era sofrer pressão para alcançar um bom resultado. O pior era que Silvana não havia sido preparada para isso! Era desumano o que ela estava passando. Até a diretora cobrava resultados no festival!

Este é o lado pejorativo do esporte: criar uma competição acirrada. Esse comportamento levado para o ambiente escolar, principalmente as escolas especiais que visavam à inclusão e à educação de deficientes, era altamente contraproducente. Um dia, pedi para a diretora reunir todas as professoras e os funcionários para fazer uma preleção. Disse a eles:

— Em nossa sociedade, estamos acostumados a considerar que só quem ganha é o vencedor. Precisamos entender que esse não é nosso papel. Nossa função é educar e não ganhar. Aliás, em nosso caso específico, só ganhamos quando educamos. Nossos alunos já são excluídos da sociedade e, se formos nos preocupar em levar só os melhores, que são a minoria, estaremos novamente excluindo os outros, que são os que mais precisam de oportunidades. Aqui é um ambiente de aprendizado e devemos dar oportunidade a quem precisa aprender, e não a quem já sabe. Quando exigimos uma vitória de nossos alunos, estamos colocando nosso orgulho de professores à frente do que é importante a eles: a participação e a oportunidade de experimentar para aprender. Portanto, não se preocupem em ganhar, pois a única vitória que temos a obrigação de buscar é a inclusão dos nossos alunos pela sua qualificação, e não a do placar final.

Eu disse aquilo com muito amor por todas elas, que, à sua maneira, lutavam muito para a melhora da pessoa surda. Vibrar e torcer por uma vitória dos alunos era uma forma de amá-los, mas elas nem imaginavam o quanto aquilo poderia ser prejudicial à educação daquelas crianças e nem poderiam, pois saber disso e orientar cabia a mim, que era o único profissional do esporte dentro das escolas especiais.

Fiz essa mesma preleção nas três escolas e senti que todos começavam a se conscientizar do papel da educação física naquele ambiente, mas eu sabia que não seria com apenas uma conversa que uma cultura milenar mudaria sua competitividade. Sabia que ainda enfrentaria muitos problemas daquela ordem, e nem imaginava quanto!

Estava tudo preparado. O festival seria realizado no SESC Interlagos e a data não poderia ser mais sugestiva: toda a semana que envolvia o dia 26 de setembro, o dia oficial do surdo. Nessa semana, não haveria aula nas escolas, para que todos os alunos participassem.

As categorias para os jogos de futsal haviam sido dividido em quatro, que eram as seguintes:

- Mirim - 11 e 12 anos;
- Infantil - 13 e 14 anos;
- Juvenil - 15, 16 e 17 anos;
- Adulto - acima de 18 anos.

Nossas escolas participariam de três categorias masculinas e duas femininas, somando cinco equipes por escola, totalizando 15 equipes pelas quais eu e Aguinaldo deveríamos ser os responsáveis.

Para meu desespero, os jogos deveriam ser realizados em quatro quadras simultaneamente. Ficou impossível produzir uma tabela em que não houvesse três ou quatro jogos de nossas equipes ao mesmo tempo. Éramos dois professores para 15 times! Não só as professoras que davam aula conosco como as outras se dispuseram a ajudar, caso fosse necessário. Pelo menos, poderiam tomar conta dos alunos e orientar da melhor forma possível, caso precisasse.

A inauguração do festival foi um sucesso! Rádio e televisão estavam presentes para dar cobertura ao evento, que foi amplamente divulgado na mídia. O início teve coral de surdos, peça teatral etc.

No segundo dia, iniciamos os jogos. Era uma loucura, pois mal acabávamos um jogo e já corríamos até a outra quadra para orientar mais uma de nossas equipes. Muitas vezes, eu fui técnico das minhas próprias escolas que jogavam entre si.

Percebi que o nível técnico dos outros colégios estava muito aquém do que eu esperava, principalmente os particulares, que tinham enorme estrutura e anos de cultura esportiva à frente da prefeitura.

Nossos times venciam. Mônica Leone acompanhava tudo de perto e, provavelmente sabendo do sucesso das minhas equipes, passou perto de mim e com olhar bem irônico, em tom de brincadeira, perguntou-me:

— E aí, Julio? As equipes estão equilibradas?

Eu respondi, sorrindo:

— Estão, Mônica, mas acho que você já sabe disso.

Eu percebia que a desenvoltura de meus alunos dentro da quadra era completamente diferente dos outros.

Tinham mais confiança, autoestima, coordenação, e, para minha alegria, o que fazia enorme diferença era o aproveitamento da visão periférica. Os alunos percebiam todos os movimentos laterais do adversário!

Obviamente, eu e Aguinaldo levávamos certa vantagem sobre outros professores com relação ao futsal e suas nuances, afinal, tínhamos sido profissionais naquele jogo, e a metodologia de ensino que usávamos fazia toda diferença na quadra. Porém, o que mais chamava a atenção era a diferença do aprendizado de nossos alunos no aspecto científico: cálculo de trajetória, visão periférica, resposta visual motriz, coordenação motora etc. Eu estava orgulhoso dos exercícios e da metodologia que eu mesmo havia criado, pois era duplamente comprovada, agora entre mais de três mil alunos surdos!

Em determinado jogo, estava orientando minha equipe em uma quadra e coloquei um funcionário da nossa escola para cuidar do time que jogaria simultaneamente na quadra ao lado.

Em certo momento do jogo, eu olhei para ele e perguntei:

— Quanto está o jogo?

Para meu desespero ele, me respondeu:

— Estamos bem, Julio. Estamos vencendo por 8 x 0!

Na hora, eu larguei a equipe que estava orientando e corri na outra quadra. O jogo estava sendo contra uma equipe da escola municipal de São Caetano do Sul. Os professores eram extremamente educados e eu não sabia onde enfiar a cara de vergonha. Pedia desculpas a todos enquanto substituía todos os jogadores, inclusive o goleiro. Graças a Deus, a outra equipe se recuperou um pouco e conseguiu marcar quatro gols, terminando o jogo com o placar de 8 x 4 para nós. Eu só pensava no que Mônica Leone diria quando me encontrasse!

Mal saí da quadra e dei de cara com ela, que me olhava com ar interrogativo de deboche. Eu corri a chamar como testemunha o professor da escola de São Caetano do Sul e fiz questão de explicar à Mônica o que havia acontecido e tudo que fiz para reparar o que eu mesmo havia proposto pelo código de ética. Todos rimos muito daquele episódio!

Uma das coisas que mais me emocionou foi quando a equipe de adultos do Helen Keller entrou em quadra para seu primeiro jogo.

Os alunos vieram em minha direção para pegar o colete de jogo. Empurravam a cadeira de rodas do aluno paraplégico que estava completamente fascinado e orgulhoso em poder entrar na quadra, vestir a camisa do time e participar do jogo. Lá fora, uma verdadeira multidão se formou, admirada com o que se passava dentro da quadra.

Alguns professores olhavam para mim e para o aluno na cadeira de rodas com ar interrogativo. Alunos de outras escolas riam, provavelmente perguntando-se se o paraplégico jogaria.

O mesário se aproximou e me disse:

— Professor, este aluno na cadeira de rodas não pode ficar na quadra.

— Por que não? Ele está inscrito.

— Mas ele é paraplégico!

— Então me mostre no regulamento do festival onde está escrito que o paraplégico não pode participar. Até você encontrar, nunca mais fale isso a um aluno meu!

O mesário afastou-se, constrangido.

Eu então tive a honra de pegar a camisa do time e colocar naquele menino. Lá fora, todos sorriam, aprovando aquela iniciativa. Toda a nossa equipe estava feliz com a participação do amigo paraplégico. Nesse momento, o garoto começou a chorar de emoção, pois, pela primeira vez, colocaria a camisa do time e participaria junto com todos.

Eu esforçava-me para não chorar na frente deles. Foi quando o menino, ainda em lágrimas, em sinal de agradecimento, ergueu os braços em minha direção, pedindo um abraço. Não pude resistir. Lágrimas escorreram de meus olhos e o abracei emocionado.

Lembrei-me do que Deus havia me falado a respeito do amor quando eu ainda era muito jovem:

— O CONCEITO DESSA PALAVRA AINDA MUDARÁ MUITO PARA VOCÊ!

Percebi que, por toda a vida, tinha jogado futebol para receber amor dos torcedores e, somente agora, entendia que só o teria quando estivesse pronto a dar!

FOTO 50 – Aluno na cadeira de rodas.

Conduzi meu aluno em sua cadeira de rodas para um local seguro, ao lado do banco de reservas, e pedi para que os outros o protegessem de alguma bolada que viesse a machucá-lo. Os alunos adversários não mais debochavam. Os professores haviam se afastado.

Entristecido, percebi que alguns professores de Educação Física, aqueles que mais deveriam priorizar a educação e a inclusão pelo esporte, ainda se assustavam com atitudes inclusivas como a que eu tive, pois eram os que mais fomentavam a competição acirrada com exigências de vitórias.

DEPOIMENTO DE MARA GABRILLI

FOTO 51 – Mara Gabrilli.

Gol de placa!
Julio Cesar tem poder sobre ele mesmo. Tem disciplina e liderança, qualidades que o levaram a ser um ídolo do futebol, superar as adversidades da carreira e, depois, transcender o limite do corpo e tornar-se educador.
Quando nos conhecemos, pelo olhar e em alguns minutos de conversa, imediatamente nos identificamos, porque somos do tipo que não consegue ficar parado. Sentimos a mesma inquietude constante em transformar a sociedade para melhor e acreditamos no imenso potencial de superação e inclusão social que o esporte tem. Julio Cesar sabe que pode melhorar a vida dos outros e não tem medo de assumir esta responsabilidade. Identifiquei-me, de novo.
Todos nós temos esse poder, mas nem todos usam... Eu uso e não acho que sou do tipo "boazinha".

No entanto, acredito que cada ser humano que tem sua vida melhorada faz a minha vida melhor. E pode acreditar que, mesmo sem saber, faz a sua vida melhor também. A meu ver, aquelas pessoas que acham a própria existência uma porcaria disseminam inutilidade e insatisfação no ar que respiram.

A gente tem que se incluir para poder incluir os outros.

Ao ler a obra de Julio Cesar, percebo que ele mexe com sentimento, responsabilidade, determinação, felicidade... Tudo isso ao mesmo tempo. E, generoso, divide conosco suas emoções, lembranças e aprendizados neste Jogadas da Vida, mostrando a sabedoria que estrutura o seu caráter.

Acredito que somos aquilo que lembramos, somos os registros de nossas emoções. Nossa felicidade, tristeza, angústia e euforia são desencadeadas pelos símbolos que o mundo externo apresenta, e Julio Cesar soube jogar como um craque com todas as surpresas que a vida reservou para ele.

Neste país, em que alguns brasileiros podem tudo e outros não têm teto nem nada, Jogadas da Vida conta a história de um homem que sabe se superar a cada dia, que acredita – e executa – suas ideias, que cativa quem encontra pelo caminho e se torna responsável por eles.

Espero que ele cative vocês assim como me cativou.

Nossas equipes, naturalmente, foram vencendo, e os alunos estavam cada vez mais felizes. As professoras das nossas escolas, algumas dentro da quadra, torciam muito e incentivavam a vitória. Eu achava isso natural, mas sabia que aquela atitude poderia gerar uma competitividade prejudicial aos alunos. Eu continuava dizendo a eles que não se preocupassem muito com a vitória e que, antes de pensar em vencer, se divertissem, pois esse era o principal objetivo pelo qual estavam ali. Percebia que a importância daquele evento, como promoção social, era fantástica!

Namorados que se abraçavam aqui e ali, meninas que elegiam ídolos nos jogos ou pessoas que nem se preocupavam com esporte passavam o tempo conversando em Libras. Outros curtiam o dia ensolarado naquele local maravilhoso de muito verde e ar puro. Na hora da merenda, a maioria reunia-se no gramado como se fosse um grande piquenique.

Assim passamos aqueles dias, até que chegou o momento do encerramento, reservado somente para as finais de todas as categorias e para a premiação.

Eu estava extasiado e nem acreditava no que acontecia. Mesmo acreditando no potencial dos meus alunos, jamais esperava aquela *performance*. Das 15 equipes que nós havíamos participado, 12 disputariam as finais! E o mais impressionante: quatro finais para cada escola! Todas elas tinham assimilado o aprendizado de forma linear. Estava provada a eficácia de nosso trabalho!

É claro que todos gostamos de vencer, porém, muito mais que isso, eu estava orgulhoso por saber que a metodologia que eu havia criado estava fazendo toda a diferença no desenvolvimento das qualidades e habilidades necessárias para a educação integral da criança surda.

Os jogos finais começaram e foram disputados no ginásio de esportes oficial, que ficava abarrotado com a presença de 12 escolas especiais de surdos!

Foi uma experiência única para os alunos. Estávamos todos aglomerados no mesmo local, e ficava mais evidente a competitividade existente entre as escolas, não só entre alunos, mas também entre os professores. Alguns mais exaltados chegavam a me interpelar dando palpites ou mesmo pedindo a escalação deste ou daquele aluno, por serem eles de suas classes.

Conforme os jogos se afunilavam para seu desfecho, percebia que o grau de estresse causado pela competição começava a ferver como um vulcão preparando-se para a erupção. Alunos começavam a se xingar dentro da quadra pelo menor erro e todos reclamavam do juiz. Não era difícil, para um profissional experiente como eu, administrar aquela situação, afinal havia convivido com coisas muito piores durante anos! Reuni os alunos e disse a eles que quem não mantivesse a postura esportiva correta, perante todos e principalmente entre si, estaria fora da equipe, fosse quem fosse.

O pior era administrar os funcionários das nossas próprias escolas, que estavam muito exaltados. Isso ia desde a faxineira até os diretores! Para minha alegria, eu ainda presenciaria um fato que muito me marcou e que faço questão de citar como exemplo para todos, principalmente para o educador ou mesmo para o líder, para que saibam como podem modificar o futuro das pessoas com um simples gesto.

No último jogo das finais, que era o mais esperado por ser a final do adulto masculino, nossa escola da Cachoeirinha disputaria o título contra a escola municipal do Jaçanã. Nossa equipe era tecnicamente melhor que o adversário e, portanto, a grande favorita. Vencíamos o jogo com certa tranquilidade e já tínhamos como certa a vitória, até que, no último minuto, por uma falha coletiva de nossa equipe, cedemos o empate e o jogo foi para a prorrogação. Aquilo foi, para o adversário, uma injeção de ânimo, e voltou para o jogo muito mais determinado que antes. No final da prorrogação, fizeram um gol e venceram por 1 x 0, tornando-se os campeões do torneio.

Quando o juiz apitou final do jogo, nossos alunos choravam de tristeza, completamente derrotados. Um apontava o dedo para o outro como a se culparem pela derrota. Até eu estava abatido.

Nesse momento, a diretora da escola, Maria Ignez, entrou na quadra correndo em direção aos alunos. Ela vinha enrolada na bandeira da escola e começou a abraçar todos e pular, convidando-os a fazer o mesmo. Ela gritava de alegria como se tivesse acabado de ser campeã.

Quando os alunos perceberam que a intenção da diretora era festejar aquele ótimo resultado conquistado, e que não era somente o primeiro lugar que tinha valor, todos caíram na festa e o estado de espírito dos alunos mudou completamente. Aquele que estava chorando pela derrota passou a abraçar os outros, comemorando o segundo lugar! Em menos de um minuto, toda a escola da Cachoeirinha que estava nas arquibancadas invadiu a quadra e formou um único bloco, pulando e gritando em comemoração, inclusive ofuscando a festa da escola que fora a verdadeira campeã!

Eu fiquei olhando tudo aquilo e emocionei-me ao ver o poder de transformação que tinha um líder! Aquela mulher havia mudado o ânimo de toda a escola em questão de minutos!

Peguei minhas coisas e fui para casa, satisfeito. Eu tinha cumprido meu papel.

O balanço geral daquele festival deu-nos a certeza de estarmos no caminho certo.

No ano seguinte, treinamos os alunos para que o handebol fosse incluído em sua cultura e, lutando contra todas as dificuldades, atingimos os mesmos resultados não só esportivos, como também educativos. Chegamos às finais do campeonato com praticamente todas as categorias que disputamos. Fomos campeões em algumas categorias de handebol com apenas seis meses de treinos.

Epílogo
COMPREENDENDO OS DESÍGNIOS DE DEUS

O resultado do projeto *Educação Integral do Surdo Através do Esporte* deixou explícito, não só para a comunidade ouvinte, mas, também, ao próprio surdo, que ele pode ser tão capaz quanto qualquer outra pessoa mas, para isso, precisa preparar-se, derrubar barreiras e, principalmente, acreditar!

A união entre tantas divergências dentro da própria comunidade surda deveria ser construída com base no respeito e na tolerância, em que cada um pudesse ser incluído de acordo com suas necessidades e escolhas.

À comunidade ouvinte, caberia respeitar e contribuir nesse processo, gerando oportunidades amplas dentro das reais necessidades da pessoa surda e do seu universo cultural. Isso também abrangia não somente o que concerne à área da surdez, mas todo tipo de deficiência, e a única ponte que poderia ser construída ligando toda essa diversidade humana era o amor.

No dia em que todos nós pudéssemos, por meio do desenvolvimento pessoal, deixar de olhar para dentro de nossas próprias necessidades e olhássemos para as necessidades do outro, enfim, estaríamos resolvendo os problemas básicos de nossa sociedade. Nesse dia, haveria uma única voz, que poderia ser ouvida por todos por meio do coração.

Para minha alegria, as pessoas já despertavam para essa necessidade e eram muitos a compor o time da boa vontade.

Eu, particularmente, sempre soube que recebi de Deus muito mais do que merecia, pois, apesar de meus defeitos, durante toda a minha vida, principalmente nos momentos mais difíceis, eu senti sua presença a me amparar pelo caminho!

Lembrei-me de agradecer:

— Pai amado! Que história linda eu protagonizei! Obrigado por tudo, principalmente por todos aqueles que, como estrelas-guia, iluminaram meu caminho!

— FILHO QUERIDO! CADA UM É ESTRELA-GUIA DO OUTRO E SE COMPLE-TAM ENTRE SI, COMO UM GRANDE QUEBRA-CABEÇA EM QUE CADA PEÇA É DIFERENTE E PRECISA SE ENCAIXAR PARA FORMAR O TODO. QUANDO VOCÊS CONSEGUIREM ENXERGAR ISSO, ESTE PLANETA CONHECERÁ A VERDADEIRA FELICIDADE!

— Começo a perceber isso no final desta história.

— FINAL? VOCÊ AINDA NÃO ENTENDEU! ESTA HISTÓRIA ESTÁ LONGE DE ACABAR! HÁ A HORA DE PLANTAR E A HORA DE COLHER. ATÉ AGORA, VOCÊ PLANTOU, E É CHEGADO O MOMENTO DE COLHER OS FRUTOS DO SEU TRABALHO E DIVIDI-LOS COM TODOS, PARA QUE SAIBAM QUE EU AJO POR MEIO DAQUELES QUE TÊM BOA VONTADE E CREEM. POR ISSO, ESTA HISTÓRIA SERÁ CONTADA A MUITOS!

— Nem imagino como poderia fazer isso!

— NO MOMENTO CERTO, SABERÁ! CUIDE PARA QUE ESTA HISTÓRIA LEVE UNIÃO, ESPERANÇA E AMOR A TODOS OS SEUS IRMÃOS.

De alguma forma, Deus me mostraria o melhor caminho, como sempre fizera. Agora, olhando para minha trajetória e, principalmente, para a forma como ela aconteceu, eu tive certeza de que Deus tem um propósito para cada um de nós, e esses propósitos vão delineando-se a cada passo do caminho que escolhemos de formas tão diferentes, mas, por mais diferentes que eles sejam, terminam sempre no mesmo lugar.

No amor!

Amor por nós próprios.

Amor pela família.

Amor pelo trabalho, mas principalmente, amor pelas pessoas.

Agora eu sei que esse é o maior propósito da vida e pude, enfim, entender o que Deus queria de mim quando me tirou a audição.

"Deus deixou-me surdo para que eu aprendesse a ouvir através do coração!"

Olhei pela janela e vi Leonardo brincando com a bola na grama do jardim. Meu filho estava crescendo! Tinha agora seis anos. Lembrei-me que quando eu tinha aquela idade foi quando tudo começou, há quase quarenta anos, com aquela maravilhosa Seleção Brasileira campeã de 1970, representada pelo goleiro Félix.

Só saí de meus pensamentos ao sentir alguém tocar meu ombro. Virei-me e deparei-me com Leonardo, que, com a bola nas mãos, disse:

— Pai! Quando crescer, vou ser jogador de futebol!

Abracei meu filho com força e ninguém viu quando duas lágrimas rolaram pelo meu rosto.

Aquela história estava mesmo longe de acabar, e agora, quem sabe, meu filho pudesse dar continuidade a todas as minhas *jogadas da vida*.

Apêndice
PROJETO

EDUCAÇÃO INTEGRAL DO SURDO ATRAVÉS DO ESPORTE E ATIVIDADE FÍSICA

1 FUNDAMENTAÇÃO

O esporte é parte integrante do desenvolvimento humano, desde tempos imemoráveis. Podemos dizer que a prática esportiva está diretamente ligada à qualidade de vida de todo cidadão, seja qual for sua faixa etária. Na área da saúde, está presente por intermédio da fisiologia do exercício; na área social, por meio da participação e do lazer; e na área da educação, pelo esporte escolar. Por todos esses fatores, é o segmento em condição mais favorável à promoção do desenvolvimento humano em todos seus aspectos, com papel fundamental na educação de nossos jovens, formando hábitos e valores para toda a vida. Para isso, é preciso que seja democrático e inclusivo, sendo estimulado desde a infância, e o local mais adequado para sua iniciação são as escolas. Entretanto, por meio de estudos por nós realizados, conclui-se que a pessoa surda ou deficiente auditiva é excluída do esporte, seja nas ruas, nos clubes, nos espaços municipal e estadual e também nas escolas regulares e especiais, onde não há o professor de Educação Física em número suficiente, e algumas escolas sequer contam com quadra esportiva em seu espaço físico. Nossa proposta é a criação de Núcleo Esportivo nas Escolas para alunos surdos e/ou deficiente auditivo.

2 Objetivo geral

Educar o aluno surdo ou o deficiente auditivo, oferecer oportunidades para a formação do caráter, baseado em valores de paz, ética, cidadania, convivência social, saúde e, também, desenvolver habilidades práticas necessárias à execução das mais variadas tarefas do seu cotidiano, para que adquira qualidade de vida e igualdade social.

3 Objetivo específico

Desenvolver habilidades referentes aos aspectos educacionais, tanto físico como psicológico e social.

4 Aspectos pedagógicos

Foram criteriosamente desenvolvidos, e cada exercício esportivo foi criado ou adaptado para que, por meio dele, a criança surda desenvolva simultaneamente os *aspectos educacionais físico, psicológico e social*. Houve distribuição sistemática de treinamento dos vários itens do *aspecto esportivo*, por meio do cronograma de aulas, facilitando a introdução e o aprendizado dos esportes aplicados. Foram escolhidos os quatro esportes mais populares, não somente pelo fato de fazerem parte da nossa cultura mas, também, por terem natureza democrática (com uma bola, alguns coletes e um espaço é possível treinar centenas de crianças). Tais esportes se completam, no desenvolvimento educacional e esportivo, pelo fato de terem aspectos diferentes, cada qual desenvolvendo um tipo de habilidade.

4.1 Esportes e atividades físicas praticados

- Basquete;
- Futsal;
- Handebol;
- Vôlei;
- Dança;
- Capoeira.

4.2 Dinamizações/estratégias

- Quantidade de aula: três vezes semanais (dois esportes e uma dança ou capoeira);
- Duração da aula: 50 minutos;
- Sexo: masculino e feminino;
- Idade: a partir de 7 anos;
- Turmas: duas salas de aula consecutivas (vinte alunos, aproximadamente);
- Sistema de rodízio: dois meses consecutivos cada esporte e quatro meses para capoeira e quatro meses para dança;
- Local: qualquer escola especial para surdo e/ou deficiente auditivo e escola inclusiva, seja ela municipal, estadual ou particular;
- Atividades: aula de esportes e atividade física (obrigatória);
- Horário: durante o período escolar (três períodos).

4.3 Metodologia

4.3.1 Cronograma

Atividades	1ª semana		2ª semana		3ª semana		4ª semana	
	1º treino	2º treino	3º treino	4º treino	5º treino	6º treino	7º treino	8º treino
Palestras	10 min.	10 min.	10 min.	-	10 min.	-	10 min.	-
Aquecimento	10 min.	10 min.	10 min.	10 min.	10 min.	10 min.	10 min.	10 min.
Treino Técnico	30 min.	30 min.	-	30 min.	-	20 min.	-	-
Treino Tático	-	-	30 min.	10 min.	-	-	-	10 min.
Treino Físico	Simultâneo	Simultâneo	Simultâneo	Simultâneo	Simultâneo	Simultâneo	Simultâneo	Simultâneo
Treino Coletivo	-	-	-	-	30 min.	20 min.	30 min.	30 min.

4.3.2 Palestra

Sobre temas atuais importantes, visa levar informação prática e científica ao conhecimento do surdo, capacitando-o a uma escolha mais seletiva de convivência social. Os principais assuntos são: higiene pessoal e ambiental, cuidados com a saúde, vida familiar e comunitária, sexualidade e doenças sexualmente transmissíveis, escolaridade, dependência química (fumo, álcool, drogas etc.), mundo do trabalho, espiritualidade etc.

4.3.3 Aquecimento

É obrigatório antes de qualquer atividade física e é realizado de forma recreativa.

4.3.4 Treino técnico

Visa ao aprendizado e ao aperfeiçoamento individual dos fundamentos de cada esporte.

4.3.5 Treino tático

Posicionamento individual e coletivo nas diversas situações de jogo:
- Posicionamento de defesa;
- Posicionamento de ataque;
- Deslocamento;
- Marcação sob pressão;
- Contra-ataque;
- Marcação por zona;
- Marcação individual.

4.3.6 Treino físico

Para não se tornar um treinamento sofrido e desmotivado, é realizado simultaneamente com os aspectos técnico, tático e coletivo. Somente em casos específicos serão ministrados individualmente.

4.3.7 Treino coletivo

É o jogo propriamente dito, quando o aluno deverá colocar em prática, de forma sincronizada, os fundamentos de todos os aspectos esportivos e escolher o que melhor se adapta à solução das mais variadas situações que se apresentam durante a partida. Por ser uma situação real de jogo, o treino coletivo desperta sentimentos contraditórios como insegurança, prazer, ansiedade, autoafirmação, motivação, nervosismo etc. É o momento em que o aluno demonstra suas qualidades e, também, defeitos, quando o professor deverá corrigi-las individualmente, nos aspectos esportivo e educacional.

4.3.8 Dança e capoeira

É em cada uma dessas atividades (dança e capoeira) que o aluno terá oportunidade de desenvolver noções de ritmo e musicalidade. Por meio de sons graves (maior deslocamento de ar), o aluno poderá exercitar toda sua expressão corporal, vivenciando e canalizando suas emoções de forma construtiva, inclusive se capacitando a participar dessas atividades junto com pessoas ouvintes, promovendo inclusão social além dos aspectos físico, psicológico e social.

5 Aspectos esportivos

É tudo que abrange os itens relacionados com o treinamento esportivo.

- Jogos cooperativos;
- Brincadeiras recreativas;
- Alongamento;
- Jogos participativos.

5.1 Basquete

- Bate-bola;
- Condução de bola;
- Passe de peito;
- Passe quicando;
- Tipos de arremesso;
- Bandeja;
- Lance livre.

5.2 Futsal

- Passe curto e longo;
- Condução de bola;
- Domínio de bola;
- Tipos de chute;
- Cabeceio;
- Lançamento;
- Pênalti.

5.3 Handebol

- Bate-bola;
- Tipos de passe;
- Passe curto;
- Passe longo;
- Condução de bola.

5.4 Vôlei

- Saque;
- Toque;
- Manchete;
- Cortada;
- Bloqueio.

6 Aspectos educacionais

São desenvolvidos pelo treinamento dos aspectos esportivos e compreende todas as habilidades abrangidas pelos seguintes fatores.

6.1 Aspectos físicos

- Força;
- Velocidade;
- Flexibilidade;
- Resistência;
- Fisiologia;
- Condicionamento físico;
- Estética;
- Coordenação motora;
- Aproveitamento da visão periférica;
- Orientação aerotemporal;
- Velocidade de reação visual motriz;
- Higiene;
- Sentido de direção.

6.2 Aspectos psicológicos

- Concentração;
- Observação;
- Velocidade de raciocínio;
- Autoestima;
- Confiança;
- Independência;
- Responsabilidade;
- Solidariedade;
- Determinação;
- Perseverança;
- Lidar com frustrações.

6.3 Aspectos sociais

- Respeito ao horário;
- Comprometimento com programa;
- Responsabilidade social;
- Cidadania;
- Participação social;
- Respeito às limitações (à própria e à do outro);
- Igualdade social;
- Participação em grupo;
- Desenvolvimento da ética;
- Liderança.

7 Comprovação científica

7.1 Fontes de consulta

Consistem em cursos, palestras, clínicas e mesas-redondas com a experiência de vários profissionais nas mais variadas áreas sociais e esportivas.

8 Etapas organizacionais

8.1 Primeira etapa

Observações, estudos e debates com outros profissionais da área, tendo como base os primeiros núcleos esportivos criados. Preparação dos testes a serem realizados por profissionais experientes em grupos diferenciados de alunos, objetivando a comprovação científica.

8.2 Segunda etapa

Aplicação dos testes elaborados, durante três anos consecutivos. Estudo, análise dos resultados obtidos e comprovação científica dos conceitos da Pedagogia e Metodologia aplicadas neste projeto.

9 Conclusão

O projeto *Educação Integral do Surdo Através do Esporte*, comprovado cientificamente há cerca de dez anos, beneficia mensalmente mais de mil crianças e jovens surdos entre 7 e 25 anos em quatro escolas especiais municipais de São Paulo.

Acreditamos que, com a realização deste projeto, contribuímos para o desenvolvimento integral do surdo, tanto nos aspectos esportivos quanto nos educacionais. Acreditamos, também, que por meio da implantação do núcleo esportivo dentro das escolas com alunos surdos estaremos dando um grande passo em prol da igualdade social e, pela prática esportiva com todos os benefícios inerentes a ela, a educação e a capacitação do surdo. Tanto no sentido qualitativo como no quantitativo, será uma realidade sempre presente.

Nossa maior alegria é comprovar que, a partir deste projeto, muitos surdos terão mais oportunidades de conviver com a sociedade predominantemente ouvinte, promovendo a inclusão social.

Uma observação mais apurada deixa claro que, fisicamente, o aluno surdo e o aluno ouvinte de mesma faixa etária estão no mesmo patamar de desenvolvimento e aprendizado, e a única dificuldade que qualquer profissional de Educação Física enfrentaria, a princípio, seria a barreira da comunicação. Porém, ressaltamos que esse entrave seria mínimo se levarmos em consideração que alguns desses alunos conseguem escutar relativamente bem com o auxílio de aparelhos auditivos, muitas vezes sendo intérpretes para os demais. Deve-se considerar que, pela importância em realizar essas atividades físicas e esportivas com todos os alunos, não seria inoportuno dizer que o custo em virtude do benefício seria nulo ou baixíssimo para qualquer município que tivesse a iniciativa de fazer parcerias ou mesmo contratar intérpretes de Língua Brasileira de Sinais (Libras), capacitados por instituições reconhecidas pelo governo, como a Feneis – Federação Nacional de Educação e Integração dos Surdos –, para desempenharem suas funções, dando suporte inicial aos profissionais de Educação Física. Dessa forma, conseguiríamos democratizar, de fato, a Educação Física nas escolas, propiciando a todos, alunos surdos e ouvintes, oportunidades para se educarem e se qualificarem por meio do esporte quanto ao desenvolvimento físico, psicológico e social.

Urge, portanto, que os responsáveis pelo ensino do surdo ousem, cada vez mais, mudar, criando e estabelecendo uma pedagogia educacional na qual cada educador seja operante e responsável em contribuir cada vez mais com a melhora da qualidade do ensino aos surdos. Somente assim estaremos realizando, com responsabilidade, nossa nobre função de educadores, ao colaborarmos com a construção de uma sociedade mais justa em que todos tenham direito à verdadeira inclusão social.

10 Equipe

10.1 Colaboradores

Dr. Antonio Douglas Menon
Dr. Luis Alberto Chaves de Oliveira
Prof. Lorenzo Rosales e equipe

10.2 Responsável técnico

Prof. Aguinaldo Mota

10.3 Idealizador e dinamizador

Julio Cesar Prado Pereira de Souza

DVD Palestra Jogadas da Vida

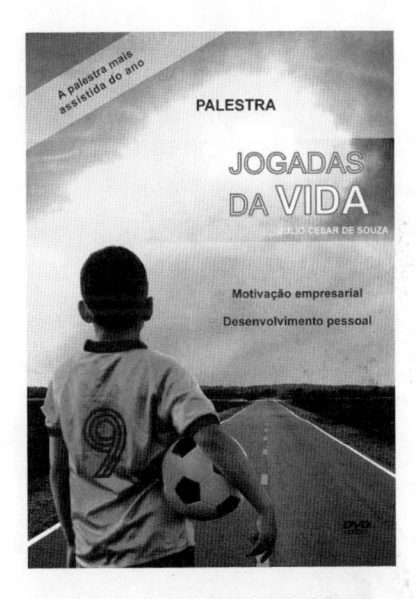

Apontado por especialistas como o mais novo fenômeno de motivação empresarial e desenvolvimento pessoal, Julio Cesar mostra, ao longo de sua trajetória, como o sucesso profissional e pessoal está ao alcance de todos.

Conta, ainda, como a espiritualidade o ajudou a superar a surdez e criar o projeto que hoje beneficia milhares de crianças surdas, tornando-o um exemplo de vida. A seguir, alguns tópicos da palestra:

- Escolha do objetivo;
- Confiança;
- Determinação;
- Perseverança;
- Trabalho em equipe;
- Motivação;
- Ética profissional;
- Superação;
- Criatividade.

Dados técnicos

Idiomas: Português
Libras
Legenda: Português
Duração: Aprox. 70 min

SOBRE O LIVRO

Formato: 16 x 23 cm

Mancha: 10,9 x 18 cm

Tipologia: Folio Lt Bt, helvetica

Papel: Polén 80 g

nº páginas: 344

1ª edição: 2009

EQUIPE DE REALIZAÇÃO

Edição de Texto

Talita Gnidarchichi (Assistente editorial)

Maria Apparecida F. M. Bussolotti (Estabelecimento de texto)

Nathalia Ferrarezi (Preparação)

Claudia Levy (Copidesque)

Renata Sangeon (Revisão)

Editoração Eletrônica

Fabiana Tamashiro (Capa, projeto gráfico, diagramação e tratamento de imagens)

Acervo do autor (Fotografia)

Impressão: Edelbra gráfica